高等学校经济管理类专业系列教材

# 税 法

胡　蓉　曾祥慈　主　编

王慧华　胡珊珊　冷晓海　袁美华　副主编

西安电子科技大学出版社

# 内 容 简 介

　　本书系统地讲述了我国现行税法的基本原理和企业的纳税申报，包括增值税、消费税、企业所得税、个人所得税、资源环境税类、其他税类等六大项目内容。通过本书，读者可以完整地学习我国现行税种的征税范围、纳税人、税率、减免税、税额计算和申报缴纳等内容。

　　本书可以作为应用型本科、高职高专财经类专业"税法"课程教学用书，也可以作为纳税单位及其他单位有关人员的学习或参考用书。

**图书在版编目(CIP)数据**

税法 / 胡蓉，曾祥慈主编. —西安：西安电子科技大学出版社，2021.2(2024.1 重印)
ISBN 978-7-5606-6007-3

Ⅰ. ①税…　Ⅱ. ①胡…　②曾…　Ⅲ. ①税法—中国—高等学校—教材　Ⅳ. ①D922.22

中国版本图书馆 CIP 数据核字(2021)第 028265 号

策　　划　李鹏飞
责任编辑　李鹏飞　马晓娟
出版发行　西安电子科技大学出版社(西安市太白南路 2 号)
电　　话　(029)88202421　88201467　　　　　邮　　编　710071
网　　址　www.xduph.com　　　　　　　　电子邮箱　xdupfxb001@163.com
经　　销　新华书店
印刷单位　咸阳华盛印务有限责任公司
版　　次　2021 年 2 月第 1 版　2024 年 1 月第 2 次印刷
开　　本　787 毫米×1092 毫米　1/16　印张　15.25
字　　数　360 千字
定　　价　45.00 元
ISBN 978 - 7 - 5606 - 6007 - 3 / D

**XDUP 6309001-2**

***如有印装问题可调换***

# 前　言

我国经济已由高速增长阶段转向高质量发展阶段，经济高质量发展需要有适宜的经济政策和法律政策。税法是国家法律的重要组成部分，在现代市场经济中，税收深刻影响着人们的社会经济活动，征税主体推行税收大数据和风险管理，税收营商环境在不断优化，纳税主体既要依法纳税，也要享受"纳税春风"。生活中"税法"无处不在，税法思维已成为公民立身现代社会应有的基本素质。明达我国税收法律制度，洞识税制背后的税法原理、方法和逻辑，培养税法意识，提升涉税法律风险防控能力，这是编写本书的出发点。

本书的特色如下：

(1) 关注新政、与时俱进。关注了各项财税新政，吸纳了我国最新的税收法规、制度，力求新颖，紧跟实际。

(2) 理论铺垫、注重实务。采用项目化教学，在实务训练前，进行各税种的原理知识铺垫，为后续实务操作提供原理指导。针对每个税种，都设计了案例，突出应纳税额的计算和纳税申报，列示了对应的企业纳税申报基本表单，衔接实际业务，体验实战演练，掌握实际纳税申报。

(3) 循序渐进、注释难点。对各税种进行剖析，按照由浅到深、先易后难的顺序进行内容编排，对于难理解的知识点，提供了专门注释，以便读者轻松阅读。

(4) 立足学习，融合考证。本书还原了税法学习的本质，充分体现了税法学习的规律性和系统性，降低阅读难度。同时，本书很好地融合了初级会计师职称考试"经济法基础"科目中有关税收法律制度的内容，做到教材和职业资格证书考试对接。

本书由胡蓉、曾祥慈任主编，王慧华、胡珊珊、冷晓海、袁美华任副主编。主编负责全书的总纂、修改和最终定稿工作。

由于时间仓促和编者水平有限，书中不足之处在所难免，恳请专家和读者提出宝贵的意见和建议，我们将不胜感激。

编　者

2020 年 10 月

# 目　　录

# 知 识 准 备

## 一、税收的概念与特征

### (一) 税收的概念

税收是国家为了实现其职能,凭借政治权力参与社会产品和国民收入分配,按照法律规定的标准,强制无偿地取得财政收入的一种分配关系。税收体现为一定的利益关系,即国家与纳税人以及纳税人相互之间的利益关系。

从古至今,政府取得财政收入的形式多种多样,但使用时间最长、运用范围最广、积累财政资金最为有效的就是税收这种财政收入分配形式。因此,当今世界绝大多数国家都是以税收为其主要收入来源的,一般来说,政府财政收入的 80%以上都来自各种税收。我国自 1985 年开始,税收收入一直占全部财政收入的 90%以上,这是由税收在分配上所具有的特殊性决定的。

### (二) 税收的特征

税收有其固有的形式特征,这是税收区别于其他财政收入方式的基本标志。

(1) 强制性。强制性是指国家凭借其政治权力,通过法律形式对国民收入进行强制征收。负有纳税义务的单位和个人必须依法定的标准和期限履行纳税义务,否则就要受到法律的制裁。

(2) 无偿性。无偿性是指国家向纳税人进行的无需偿还的征收,即国家征税后,税款即为国家所有,不需归还纳税人,也不需向纳税人支付任何报酬。

(3) 固定性。固定性是指国家征税以法律形式预先规定了征税范围、计税依据以及征税比例或税额,并且相关规定在一定时期内具有相对稳定性。

### (三) 税收的形态

从历史演变来看,税收的形态有力役、实物和货币。力役是税收的特殊形态,实物和货币是税收的主要形态。在奴隶社会和封建社会,税收以实物和力役形态为主;在封建社会末期至近代社会,税收形态从实物过渡到以货币为主,如我国明朝万历年间实施的"一条鞭法"改革,计亩征银;在我国现阶段,各种税均以货币形式征收。

## 二、税收的分类

### (一) 按征税对象的性质分类

按征税对象的性质分类，税收可分为流转税类、所得税类、财产税类、资源税类和行为税类。

流转税类是以商品或劳务的交易额或交易量为征税对象的税类，如增值税、消费税、关税等。

所得税类是以纳税人的所得额为征税对象的税类，如企业所得税、个人所得税。在西方国家，社会保险税、资本利得税也属此类。

财产税类是以纳税人拥有或支配的财产数量或价值为征税对象的税类，如房产税、车船税、遗产税、赠与税等。

资源税类是以纳税人占有或开发利用的自然资源为征税对象的税类，如资源税、土地税等。

行为税类是以纳税人特定的经济或社会行为为征税对象的税类，如印花税、屠宰税等。

### (二) 按税负能否转嫁为标准分类

按税负能否转嫁为标准，可以把税收分为直接税和间接税。通常把税负不能转嫁或难以转嫁的税种称为直接税，如所得税、财产税等；把税负能够转嫁或易于转嫁的税种称为间接税，如流转税。

### (三) 按征税标准分类

按征税标准的不同，税收可以分为从价税和从量税。从价税以征税对象的价值为计税标准，实行比例征税或累进征税。作为计税依据的价值额，可以是销售额、营业额，也可以是所得额。在商品货币经济条件下，从价税是普遍采用的方式。从量税以征税对象的实物量为计税标准，如重量、面积、容积、个数等。我国城镇土地使用税、耕地占用税、车船税等都属于从量税。

### (四) 按税收与价格的关系分类

按税收与价格的关系可以把流转税收分为价内税和价外税。凡税金构成商品价格组成部分的，称为价内税；凡税金作为商品价格之外的附加，称为价外税。与此相适应，价内税的计税依据为含税价格，价外税的计税依据为不含税价格。一般认为，价外税比价内税更容易转嫁，价内税征税的重点在厂家或生产者，价外税征收的重点在消费者。如我国的消费税属于价内税，增值税属于价外税。

## 三、税法的概念与地位

### (一) 税法的定义

税法是指有权的国家机关制定的用以调整国家与纳税人之间征纳税方面的权利与义

务关系的法律规范的总称。它是国家及纳税人依法征税、依法纳税的行为准则，其目的是保障国家利益和纳税人的合法权益，维护正常的税收秩序，保证国家的财政收入。

税法有广义与狭义之分，广义上的税法是指国家立法机关、政府及其有关部门制定的有关税收方面的法律、规定和规章等；狭义上的税法特指国家立法机关制定和颁布的税收法律。本书中所说的税法是指广义上的税法。

### （二）税法与其他法律的关系

#### 1. 税法与宪法的关系

宪法是我国的根本大法，代表着法律的最高权威，它是制定所有法律、法规的依据，也是税法制定的根本依据。税法对宪法的依从表现在两个层面上：一是直接依据宪法中有关税收的条款规范税法的相关内容，税法是宪法有关税收条款的具体化和延伸；二是根据宪法的原则精神制定税法，宪法对税法的这种影响更多、更大。

宪法规定，中华人民共和国公民有依照法律纳税的义务。这一规定是立法机关制定税法并据以向公民征税、公民必须依照税法纳税的法律依据。宪法还规定，国家要保护公民的合法收入、财产所有权，保护公民的人身自由不受侵犯等，据此，税法要规定纳税人享有的各项权利以及国家税务机关行使征税权的约束条件，同时还要求税务机关在行使征税权时不能侵犯纳税人的合法权益。宪法还规定，公民在法律面前人人平等，据此，税法要对所有的纳税人平等对待。

#### 2. 税法与民法的关系

民法是调整平等主体之间，即公民之间、法人之间、公民与法人之间财产关系和人身关系的法律规范，其调整方法的主要特点是平等、等价和有偿。税法是调整国家与纳税人征纳关系的法律规范，其调整方法的主要特点是命令和服从。

税法与民法之间又有联系。当税法的某些规范同民法的规范基本相同时，税法一般援引民法条款。在征税过程中，经常涉及大量的民事权利和义务问题，如印花税中有关经济合同关系的成立、房产税中有关房屋产权的认定等，这些在民法中已予以规定，所以税法就不再另行规定。

当涉及税收征纳关系时，一般以税法规定为准则。如两个关联企业的一方以高进低出的价格与关联方进行商业交易，然后以其他方式从关联方取得利益补偿进行避税，虽然上述交易符合民法中规定的"民事活动应遵循自愿、公平、等价有偿、诚实信用"的原则，但从"税收公平、保证收入"角度出发，税法规定必须对这种交易进行相应的税收调整。

#### 3. 税法与刑法的关系

税法与刑法的区别在于二者调整的范围不同。刑法是关于犯罪、刑事责任与刑罚的法律规范；税法是调整税收征纳关系的法律规范。

税法与刑法的联系表现在两者对违反税法的行为都规定了处罚条款。但应指出的是违法与犯罪是两个概念，违反了税法并不一定就是税收犯罪。例如，征管法规定：纳税人偷税的，由税务机关追缴其不缴或少缴的税款、滞纳金，并处以不缴或少缴税款50%到5倍的罚款。刑法规定，纳税人偷税数额较大并占应纳税额10%以上的，处3年以下有期徒刑或者拘役，并处罚金；数额巨大并且占应纳税额30%以上的，处3年以上7年以下有期徒刑，并处罚金。从上述相关规定看，两者之间的区别就在于情节是否严重，轻者要受到行政处罚，重者则要受到刑事处罚。

## 四、税法的构成要素

税法的构成要素一般指税收实体法的组成要素，主要包括以下几方面内容。

### (一) 纳税义务人

纳税义务人，简称纳税人，是指税法中规定直接负有纳税义务的单位和个人，即对谁征税，又称"纳税主体"。无论征什么税，其税负总要由有关的纳税人来承担。每一种税都有关于纳税人的规定，通过规定纳税人落实税收任务和法律责任。纳税人一般分为自然人和法人。

自然人，指依法享有民事权利，并承担民事义务的个人。我国税法中的自然人纳税人具体指我国公民、居民、在我国的外国人和无国籍人，以及属于自然人范围的企业，如个体工商户、合伙企业和个人独资企业等。

法人，指依法成立，能够独立地支配财产，并能以自己的名义享受民事权利和承担民事义务的社会组织。法人一般应具备四个条件：①依法进行登记并经批准；②拥有能够独立支配的产出，并能进行独立核算；③有自己的名称、组织机构和场所；④能独立承担民事上的权利和义务，并能以自己的名义参与民事诉讼。我国的法人纳税人主要指企业法人。

与纳税人相关的概念：

(1) 负税人，指实际负担税款的单位和个人。纳税人是直接向征税机关缴纳税款的单位和个人，如果纳税人能够通过一定方式把税款转嫁出去，纳税人就不再是负税人，否则，纳税人同时又是负税人。

(2) 扣缴义务人，指按照税法的规定，负有代扣代缴、代收代缴义务的单位和个人。为了实行源泉控制，保证国家财政收入，税法除了规定纳税人，有时还规定扣缴义务人。如消费税法规定委托加工的消费品以委托方为纳税人，由受托方在向委托方交货时代收代缴税款，受托方为个人除外。扣缴义务人直接负有税款的扣缴义务，应当按照税法规定代扣代缴或代收代缴，并在规定期限内足额缴入国库。

### (二) 征税对象

征税对象又称课税对象或"纳税客体"，是税法中规定征税的目的物，即对什么征税。征税对象是区别不同税种的主要标志。现行税法对每种税都规定了各自的征税对象，如增值税的征税对象是商品或劳务流转过程中的增值额，企业所得税的税收对象是企业应税所得。与征税对象相关的概念主要有征税范围、税目和计税依据。

征税范围是征税对象的范围，即征税对象的具体内容或课征税收的具体界限。因此，凡列入征税范围的都应征税，反之，则不征税。如我国现行个人所得税以个人所得为征税对象，而税法规定列入征税范围的有九项个人所得：工资、薪金所得，劳务报酬所得，稿酬所得，特许权使用费所得，经营所得，利息、股息、红利所得，财产租赁所得，财产转让所得，偶然所得。未明确列举的个人所得一般不属于征税范围。

税目，又称"征税品目"，它规定征税对象的具体项目，是征税对象在应税内容上的具体化，体现征税的广度。如我国现行消费税的征收对象是工业生产的消费品，其税目为烟，酒，高档化妆品，贵重首饰及珠宝玉石，鞭炮、焰火，成品油，摩托车，小汽车，高尔夫球及球具，高档手表，游艇，木制一次性筷子，实木地板，电池，涂料等15种消费品。

计税依据又称"税基"，指税法中规定的据以计算各种应征税款的依据或标准，是征税对象在量上的具体化。计税依据分从价与从量两种，从价是按征税对象的价格或价值计税的；从量是按征税对象的数量、重量、面积等物理计量单位计税的。

### (三) 税率

税率是应纳税额与计税依据之间的比例，是计算税额的尺度，代表征税的深度，关系着国家税收收入多少和纳税人的税收负担程度。税率包括比例税率、累进税率和定额税率，

#### 1. 比例税率

比例税率是对同一征税对象或同一税目，无论数额大小都按同一比例征税的税率。采用比例税率，税额随计税依据的增加等比增加。在具体运用中，比例税率有以下几种。

(1) 单一比例税率，又称"统一比例税率"，即一个税种只规定一个征税比例的税率，如我国现行企业所得税税率为25%。

(2) 差别比例税率，即根据征税对象或纳税人的不同性质规定不同征税比例的税率，如根据不同产品、行业、地区、部门和不同纳税人分别规定高低不同的税率。

(3) 幅度比例税率，即税法统一规定幅度，由各地区在此幅度内具体规定本地区征税比例的税率，如现行契税规定3%～5%的幅度比例税率。

#### 2. 累进税率

累进税率，指同一征税对象，随数量的增大，征收比例也随之增高的税率，表现为将征税对象按一定的标准分为若干等级，不同等级适用由低到高的不同税率。累进税率有下列几种形式。

(1) 全额累进税率，是指将计税依据划分为若干等级，从低到高每一等级规定一个适用税率，当计税依据由低的一级升到高的一级时，全部计税依据均按高一级税率计算应纳税额的累进税率。其缺点是会产生"档次爬升"效应，即在两个等级的临界点处，会出现应纳税额的增加超过计税依据增加的不合理现象。

【例题 0.1】甲应纳税所得额为 60 001 元，适用税率为 35%；乙应纳税所得额为 60 000 元，适用税率为 30%。则甲应纳所得税额 = 60 001 × 35% = 21 000.35(元)；乙应纳所得税额 = 60 000 × 30% = 18 000(元)。甲应纳税所得额比乙多 1 元，而应纳所得税额却比乙多 3 000.35 元，这种现象即为"档次爬升"效应。

(2) 超额累进税率，是指按征税对象的大小划分若干等级，从低到高每一等级规定一个适用税率，各个等级的计税依据分别按照本级的适用税率计算，然后加总计算应纳税额的累进税率。目前采用这种税率的有个人所得税。

(3) 超率累进税率，是指按征税对象的相对率大小划分若干个等级，从低到高每一等级规定一个适用税率，各个等级的计税依据分别按照本级的适用税率计算，然后加总计算

应纳税额的累进税率。目前采用这种税率的有土地增值税。

### 3. 定额税率

定额税率，又称"固定税额"，是指按征税对象的标准计量单位直接规定应纳税额的税率形式。按定额税率征税，税额的多少只与征税对象的数量有关，与价格无关。在具体运用中，定额税率又分为地区差别定额税率、分类分级定额税率、幅度定额税率。

#### (四) 纳税环节

纳税环节是指税法规定的征税对象从生产到消费流转过程中应当缴纳税款的环节。

纳税环节分为全部流转环节征税和特定流转环节征税。全部流转环节征税又称为道道征税或多环节征税，即商品不论经过多少流转环节，每流转一次就征税一次，如现行增值税就采用这种征税方式；特定流转环节征税分为生产环节征税、批发环节征税和零售环节征税，如现行消费税对酒类产品在生产环节征税，卷烟在生产和批发环节征税，金银首饰、钻石及钻石饰品在零售环节征税。

纳税环节又可分为流转环节征税、分配环节征税和保有环节征税。如流转税在生产和流转环节征税，所得税在分配环节征税，房产税在保有环节征税。

#### (五) 纳税期限

纳税期限是指纳税人按照税法规定缴纳税款的期限。它是税收强制性和固定性在时间上的体现。纳税期限分为按期纳税和按次纳税。

按期纳税，是指以纳税人发生纳税义务的一定时间为纳税期限。如增值税法规定，按期纳税的纳税间隔为 1 日、3 日、5 日、10 日、15 日、1 个月和 1 个季度。纳税人的具体纳税间隔期限由主管税务机关根据纳税人生产经营情况和应纳税额的大小分别核定。以 1 个月或 1 个季度为一期纳税的，自期满之日起 15 日内申报纳税，以其他间隔期为纳税期限的，自期满之日起 5 日内预缴税款，于次月 1 日起 15 日内申报纳税并结清上月税款。

按次纳税，是指以纳税人从事生产经营活动或取得收入的次数为纳税期限。如我国目前对进口商品征收的关税，以及契税、耕地占用税都是按次纳税。

#### (六) 纳税地点

纳税地点是指税法规定的纳税人(包括代征人、扣缴义务人)缴纳税款的地点。纳税地点主要根据各个税种纳税对象的纳税环节和有利于对税款源泉控制而确定。一般而言，在各税种的法律制度中要根据不同情况分别规定不同的纳税地点，既要方便税务机关和纳税人征纳税款，又要有利于维护各地区、各征收机关的税收利益。

#### (七) 减免税

减免税主要是对某些纳税人和征税对象采取减少征税或者免予征税的特殊规定。减税是从应征税款中减征部分税款；免税是免征全部税款。减免税是国家为实现一定的政治、经济政策，给某些纳税人或征税对象的鼓励或照顾措施，一般在税收法规中列举确定，有的由各级政府根据税法精神和税收管理权限具体规定。

**1. 减免税的基本形式**

(1) 法定减免，是指各税种的基本立法中列举的减免税。

(2) 特定减免，是根据政治经济情况发展变化和贯彻税收政策的需要，专案规定的减免税。

(3) 临时减免，是指法定减免和特定减免以外的其他减免，主要是照顾纳税人某些特殊的、暂时的困难而临时批准的一些减免税。

**2. 减免税的内容**

(1) 税基式减免，是指对具体项目列举减免或对征税对象规定起征点、免征额。起征点是指对征税对象开始征税的数量界限。征税对象的数额未达到起征点的不征税，达到或超过起征点的，就其全部数额征税。免征额是指在征税对象总额中免于征税的数额，它按一定标准从征税对象总额中扣除一部分数额，免征额部分不征税，只对超过免征额的部分征税。

(2) 税率式减免，是指将原定税率降低一定幅度，征税时按降低后的税率计征所实现的减免税。

(3) 税额式减免，是指对征税对象先按同一规定计算应纳税额，然后减征一定数量的税额而实现的减免税。

# 项目一

# 增 值 税

## 任务一 纳 税 人

### 一、基本规定

#### (一) 纳税人

根据《增值税暂行条例》的规定，凡在中华人民共和国境内(以下简称境内)销售货物或提供加工、修理修配劳务(以下简称劳务)，以及进口货物的单位和个人，为增值税的纳税人。

根据财政部、国家税务总局《关于全面推开营业税改征增值税试点的通知》(财税〔2016〕36 号)，在中华人民共和国境内销售服务、无形资产或者不动产(以下简称应税行为)的单位和个人，为增值税纳税人，应当按照规定缴纳增值税，不缴纳营业税。

单位，是指企业、行政单位、事业单位、军事单位、社会团体及其他单位。

个人，是指个体工商户和其他个人。

纳税人分为一般纳税人和小规模纳税人。

#### (二) 扣缴义务人

中华人民共和国境外(以下简称境外)单位或个人在境内提供应税劳务，在境内未设有经营机构的，其应纳税款以境内代理人为扣缴义务人；在境内没有代理人的，以购买者为扣缴义务人。

中华人民共和国境外单位或个人在境内销售服务、无形资产或者不动产，在境内未设有经营机构的，以购买方为增值税扣缴义务人。财政部和国家税务总局另有规定的除外。

#### (三) 境内的理解

(1) 境内销售货物是指销售货物的起运地或所在地在境内；

(2) 境内提供的应税劳务发生地在境内；

(3) 服务(租赁不动产除外)或者无形资产(自然资源使用权除外)的销售方或者购买方在境内；

(4) 所销售或者租赁的不动产在境内；

(5) 所销售自然资源使用权的自然资源在境内；

(6) 财政部和国家税务总局规定的其他情形。

【例题1.1】 下列情形中，应征收增值税的是( )。

A. 法国A公司向我国B公司销售位于我国境内的办公楼

B. 德国C公司向我国D公司出租完全在德国境内使用的客车

C. 英国E公司向我国F公司销售完全在英国境内使用的无形资产

D. 美国G公司向我国H公司提供在美国境内的会议展览服务

【答案】 A

【解析】 下列情形不属于在境内销售服务或无形资产：(1) 境外单位或者个人向境内单位或者个人销售完全在境外发生的服务(选项D)；(2) 境外单位或者个人向境内单位或者个人销售完全在境外使用的无形资产(选项C)；(3) 境外单位或者个人向境内单位或者个人出租完全在境外使用的有形动产(选项B)；(4) 财政部和国家税务总局规定的其他情形。

## 二、增值税纳税人分类的依据

根据《增值税暂行条例》及其实施细则的规定，划分一般纳税人和小规模纳税人的基本依据是纳税人的会计核算是否健全，是否能够提供准确的税务资料及企业规模的大小。衡量企业规模的大小一般以年销售额为依据。因此，现行增值税制度是以纳税人年销售额的大小和会计核算水平这两个标准为依据来划分一般纳税人和小规模纳税人的。会计核算健全是指能够按照国家统一的会计制度规定设置账簿，根据合法、有效凭证核算。

## 三、划分一般纳税人与小规模纳税人的目的

对增值税纳税人进行分类，主要是为了适应纳税人经营管理规模差异大、财务核算水平不一的实际情况。分类管理有利于税务机关加强重点税源管理，简化小型企业的计算缴纳程序，也有利于对增值税专用发票正确使用与安全管理要求的落实。增值税专用发票既是增值税纳税人纳税的依据，又是纳税人据以扣税的凭证。而且增值税实施面广、情况复杂，纳税人多且核算水平差距很大，为保证对增值税专用发票的正确使用和安全管理，有必要对增值税纳税人进行分类。通常将纳税人分为一般纳税人和小规模纳税人。

这两类纳税人在税款计算方法、适用税率及管理办法上都有所不同。对一般纳税人实行凭发票扣税的计税方法；对小规模纳税人规定简便易行的计税方法和征收管理办法。

## 四、划分标准

### (一) 一般规定

根据(财税〔2018〕33号)文件规定，自2018年5月1日起，统一增值税小规模纳税人标准，即年应税销售额在500万元(含)以下的纳税人为小规模纳税人，超过标准的则为

一般纳税人。

年应税销售额是指纳税人在连续不超过 12 个月或 4 个季度的经营期内累计应征增值税销售额，包括纳税申报销售额、稽查查补销售额、纳税评估调整销售额。

销售服务、无形资产或者不动产有扣除项目的纳税人，其应税行为应税销售额按未扣除之前的销售额计算。

纳税人偶然发生的销售无形资产、转让不动产的销售额，不计入应税行为应税销售额。

纳税申报销售额是指纳税人自行申报的全部应征增值税销售额，其中包括免税销售额和税务机关代开发票销售额。

稽查查补销售额和纳税评估调整销售额计入查补税款申报当月(或当季)的销售额，不计入税款所属期销售额。

## (二) 特殊规定

(1) 年应税销售额超过小规模纳税人标准的其他个人按小规模纳税人纳税；

(2) 年应税销售额超过小规模纳税人标准的非企业性单位、不经常发生应税行为的企业可选择按小规模纳税人纳税。

(3) 年应税销售额超过规定标准，但不经常发生应税行为的单位和个体工商户可选择按照小规模纳税人纳税。

(4) 年应税销售额未超过规定标准的纳税人，会计核算健全，能够提供准确税务资料的，可以向主管税务机关办理一般纳税人资格登记，成为一般纳税人。

符合一般纳税人条件的纳税人应当向主管税务机关办理一般纳税人资格登记，具体登记办法由国家税务总局制定。

另外规定，一经登记为一般纳税人后，不得转为小规模纳税人。

【例题 1.2】 下列各项中，不可以登记为增值税一般纳税人的是(    )。

A. 年应税销售额 300 万元、会计核算健全的某公司

B. 年应税销售额超过小规模纳税人标准的某自然人

C. 年应税销售额 500 万元以上的某船舶修理厂

D. 年应税销售额 500 万元以上的某个体户

【答案】 B

【解析】 年应税销售额超过小规模纳税人标准的其他个人按小规模纳税人纳税。

【例题 1.3】 下列销售额应计入增值税纳税人判定标准的有(    )。

A. 纳税评估调整的销售额

B. 稽查查补的销售额

C. 免税销售额

D. 税务机关代开发票销售额

E. 偶尔发生的销售无形资产销售额

【答案】 ABCD

【解析】 选项 ABCD：年应税销售额是指纳税人在连续不超过 12 个月或 4 个季度的经营期内累计应征增值税销售额，包括纳税申报销售额、稽查查补销售额、纳税评估调整销售额。纳税申报销售额是指纳税人自行申报的全部应征增值税销售额，其中包括免税销

售额和税务机关代开发票销售额。选项 E：纳税人偶然发生的销售无形资产、转让不动产的销售额，不计入应税行为应税销售额。

# 任务二 征 税 范 围

增值税征税范围包括货物的生产、批发、零售和进口四个环节。2016 年 5 月 1 日以后，营业税改征增值税试点扩大到了销售服务、无形资产或者不动产，使得增值税的征税范围覆盖了第一产业、第二产业和第三产业。

自全面推开营业税改征增值税之后，我国的三大流转税中原本互补的两种税——增值税和营业税的格局发生了改变，营业税退出了历史舞台，我国所有的货物和行为都应该缴纳增值税。具体的征税范围包括货物、劳务和服务，以及无形资产和不动产。

## 一、一般规定

(1) 货物指有形动产，包括电力、热力和气体在内。

(2) 劳务指加工、修理修配劳务。其中加工是指接收来料承做货物，加工后货物所有权仍属于委托者的业务，即通常所说的委托加工业务；修理修配是指受托对损伤和丧失功能的货物进行修复，使其恢复原状和功能的业务。

(3) 服务是指提供交通运输服务、邮政服务、电信服务、建筑服务、金融服务、现代服务、生活服务。

(4) 无形资产指不具有实物形态，但能带来经济利益的资产，包括技术、商标、著作权、商誉、自然资源使用权和其他权益性无形资产。

(5) 不动产指不能移动或者移动后会引起性质、形状改变的财产，包括建筑物、构筑物等。

▶小知识

委托加工业务是指由委托方提供原料及主要材料，受托方按照委托方的要求制造货物并收取加工费的业务。如果委托方不能提供原料和主要材料，而是受托方以某种形式提供原料，那就不能称为委托加工，而是受托方在自制货物了。

## 二、具体规定

(一) 销售服务

销售服务，是指提供交通运输服务、邮政服务、电信服务、建筑服务、金融服务、现代服务、生活服务。

**1. 交通运输服务**

交通运输服务，是指利用运输工具将货物或者旅客送达目的地，使其空间位置得到转移的业务活动。交通运输服务包括陆路运输服务、水路运输服务、航空运输服务和管道运输服务。

1) 陆路运输服务

陆路运输服务，是指通过陆路(地上或者地下)运送货物或者旅客的运输业务活动，包括铁路运输服务和其他陆路运输服务。

(1) 铁路运输服务，是指通过铁路运送货物或者旅客的运输业务活动。

(2) 其他陆路运输服务，是指铁路运输以外的陆路运输业务活动，包括公路运输、缆车运输、索道运输、地铁运输、城市轻轨运输等。

出租车公司向使用本公司自有出租车的出租车司机收取的管理费用，按照陆路运输服务缴纳增值税。

2) 水路运输服务

水路运输服务，是指通过江、河、湖、川等天然、人工水道或者海洋航道运送货物或者旅客的运输业务活动。水路运输的程租、期租业务，属于水路运输服务。

(1) 程租业务，是指运输企业为租船人完成某一特定航次的运输任务并收取租赁费的业务。

(2) 期租业务，是指运输企业将配备有操作人员的船舶承租给他人使用一定期限，承租期内听候承租方调遣，不论是否经营，均按天向承租方收取租赁费，发生的固定费用均由船东负担的业务。

3) 航空运输服务

航空运输服务，是指通过空中航线运送货物或者旅客的运输业务活动。航空运输的湿租业务，属于航空运输服务。

湿租业务，是指航空运输企业将配备有机组人员的飞机承租给他人使用一定期限，承租期内听候承租方调遣，不论是否经营，均按一定标准向承租方收取租赁费，发生的固定费用均由承租方承担的业务。

航天运输服务，按照航空运输服务缴纳增值税。

航天运输服务，是指利用火箭等载体将卫星、空间探测器等空间飞行器发射到空间轨道的业务活动。

4) 管道运输服务

管道运输服务，是指通过管道设施输送气体、液体、固体物质的运输业务活动。

无运输工具承运业务，是指经营者以承运人身份与托运人签订运输服务合同，收取运费并承担承运人责任，然后委托实际承运人完成运输服务的经营活动。无运输工具承运业务，按照交通运输服务缴纳增值税。

自 2018 年 1 月 1 日起，纳税人已售票但客户逾期未消费取得的运输逾期票证收入，按照"交通运输服务"缴纳增值税。

## 2. 邮政服务

邮政服务，是指中国邮政集团公司及其所属邮政企业提供邮件寄递、邮政汇兑和机要通信等邮政基本服务的业务活动，包括邮政普遍服务、邮政特殊服务和其他邮政服务。

1) 邮政普遍服务

邮政普遍服务，是指函件、包裹等邮件寄递，以及邮票发行、报刊发行和邮政汇兑等业务活动。

(1) 函件，是指信函、印刷品、邮资封片卡、无名址函件和邮政小包等。

(2) 包裹，是指按照封装上的名址递送给特定个人或者单位的独立封装的物品，其质量不超过 50 千克，任何一边的尺寸不超过 150 厘米，长、宽、高合计不超过 300 厘米。

2) 邮政特殊服务

邮政特殊服务，是指义务兵平常信函、机要通信、盲人读物和革命烈士遗物的寄递等业务活动。

3) 其他邮政服务

其他邮政服务，是指邮册等邮品销售、邮政代理等业务活动。

中国邮政速递物流股份有限公司及其子公司(含各级分支机构)，不属于中国邮政集团公司所属邮政企业。

### 3. 电信服务

电信服务，是指利用有线、无线的电磁系统或者光电系统等各种通信网络资源，提供语音通话服务，传送、发射、接收或者应用图像、短信等电子数据和信息的业务活动，包括基础电信服务和增值电信服务。

1) 基础电信服务

基础电信服务，是指利用固网、移动网、卫星、互联网，提供语音通话服务的业务活动，以及出租或者出售带宽、波长等网络元素的业务活动。

2) 增值电信服务

增值电信服务，是指利用固网、移动网、卫星、互联网、有线电视网络，提供短信和彩信服务、电子数据和信息的传输及应用服务、互联网接入服务等业务活动。

卫星电视信号落地转接服务，按照增值电信服务缴纳增值税。

### 4. 建筑服务

建筑服务，是指各类建筑物、构筑物及其附属设施的建造、修缮、装饰，线路、管道、设备、设施等的安装，以及其他工程作业的业务活动，包括工程服务、安装服务、修缮服务、装饰服务和其他建筑服务。

1) 工程服务

工程服务，是指新建、改建各种建筑物、构筑物的工程作业，包括与建筑物相连的各种设备或者支柱、操作平台的安装或者装设工程作业，以及各种窑炉和金属结构工程作业。

2) 安装服务

安装服务，是指生产设备、动力设备、起重设备、运输设备、传动设备、医疗实验设备以及其他各种设备、设施的装配、安置工程作业，包括与被安装设备相连的工作台、梯子、栏杆的装设工程作业，以及被安装设备的绝缘、防腐、保温、油漆等工程作业。

固定电话、有线电视、宽带、水、电、燃气、暖气等经营者向用户收取的安装费、初装费、开户费、扩容费以及类似收费，按照安装服务缴纳增值税。

3) 修缮服务

修缮服务，是指对建筑物、构筑物进行修补、加固、养护、改善，使之恢复原来的使用价值或者延长其使用期限的工程作业。

　　4) 装饰服务

　　装饰服务，是指对建筑物、构筑物进行修饰装修，使之美观或者具有特定用途的工程作业。

　　5) 其他建筑服务

　　其他建筑服务，是指上列工程作业之外的各种工程作业服务，如钻井(打井)、拆除建筑物或者构筑物、平整土地、园林绿化、疏浚(不包括航道疏浚)、建筑物平移、搭脚手架、爆破、矿山穿孔、表面附着物(包括岩层、土层、沙层等)剥离和清理等工程作业。

　　物业服务企业为业主提供的装修服务，按照"建筑服务"缴纳增值税。

　　纳税人将建筑施工设备出租给他人使用并配备操作人员的，按照"建筑服务"缴纳增值税。

　　**5. 金融服务**

　　金融服务，是指经营金融保险的业务活动，包括贷款服务、直接收费金融服务、保险服务和金融商品转让。

　　1) 贷款服务

　　贷款，是指将资金贷予他人使用而取得利息收入的业务活动。

　　各种占用、拆借资金取得的收入，包括金融商品持有期间(含到期)利息(保本收益、报酬、资金占用费、补偿金等)收入、信用卡透支利息收入、买入返售金融商品利息收入、融资融券收取的利息收入，以及融资性售后回租、押汇、罚息、票据贴现、转贷等业务取得的利息及利息性质的收入，按照贷款服务缴纳增值税。

　　融资性售后回租，是指承租方以融资为目的，将资产出售给从事融资性售后回租业务的企业后，从事融资性售后回租业务的企业将该资产出租给承租方的业务活动。

　　以货币资金投资收取的固定利润或者保底利润，按照贷款服务缴纳增值税。

　　2) 直接收费金融服务

　　直接收费金融服务，是指为货币资金融通及其他金融业务提供相关服务并且收取费用的业务活动。直接收费金融服务包括提供货币兑换、账户管理、电子银行、信用卡、信用证、财务担保、资产管理、信托管理、基金管理、金融交易场所(平台)管理、资金结算、资金清算、金融支付等服务。

　　3) 保险服务

　　保险服务，是指投保人根据合同约定，向保险人支付保险费，保险人对于合同约定的可能发生的事故因其发生所造成的财产损失承担赔偿保险金责任，或者当被保险人死亡、伤残、疾病或者达到合同约定的年龄、期限等条件时，承担给付保险金责任的商业保险行为。保险服务包括人身保险服务和财产保险服务。

　　人身保险服务，是指以人的寿命和身体为保险标的的保险业务活动。

　　财产保险服务，是指以财产及其有关利益为保险标的的保险业务活动。

　　4) 金融商品转让

　　金融商品转让，是指转让外汇、有价证券、非货物期货和其他金融商品所有权的业务活动。

其他金融商品转让包括基金、信托、理财产品等各类资产管理产品和各种金融衍生品的转让。

**6. 现代服务**

现代服务，是指围绕制造业、文化产业、现代物流产业等提供技术性、知识性服务的业务活动，包括研发和技术服务、信息技术服务、文化创意服务、物流辅助服务、租赁服务、鉴证咨询服务、广播影视服务、商务辅助服务和其他现代服务。

1) 研发和技术服务

研发和技术服务，包括研发服务、合同能源管理服务、工程勘察勘探服务、专业技术服务。

(1) 研发服务，也称技术开发服务，是指就新技术、新产品、新工艺或者新材料及其系统进行研究与试验开发的业务活动。

(2) 合同能源管理服务，是指节能服务公司与用能单位以契约形式约定节能目标，节能服务公司提供必要的服务，用能单位以节能效果支付节能服务公司投入及其合理报酬的业务活动。

(3) 工程勘察勘探服务，是指在采矿、工程施工前后，对地形、地质构造、地下资源蕴藏情况进行实地调查的业务活动。

(4) 专业技术服务，是指气象服务、地震服务、海洋服务、测绘服务、城市规划、环境与生态监测服务等专项技术服务。

2) 信息技术服务

信息技术服务，是指利用计算机、通信网络等技术对信息进行生产、收集、处理、加工、存储、运输、检索和利用，并提供信息服务的业务活动，包括软件服务、电路设计及测试服务、信息系统服务、业务流程管理服务和信息系统增值服务。

(1) 软件服务，是指提供软件开发服务、软件维护服务、软件测试服务的业务活动。

(2) 电路设计及测试服务，是指提供集成电路和电子电路产品设计、测试及相关技术支持服务的业务活动。

(3) 信息系统服务，是指提供信息系统集成、网络管理、网站内容维护、桌面管理与维护、信息系统应用、基础信息技术管理平台整合、信息技术基础设施管理、数据中心、托管中心、信息安全服务、在线杀毒、虚拟主机等业务活动，包括网站对非自有的网络游戏提供的网络运营服务。

(4) 业务流程管理服务，是指依托信息技术提供的人力资源管理、财务经济管理、审计管理、税务管理、物流信息管理、经营信息管理和呼叫中心等服务的活动。

(5) 信息系统增值服务，是指利用信息系统资源为用户附加提供的信息技术服务。包括数据处理、分析和整合、数据库管理、数据备份、数据存储、容灾服务、电子商务平台等。

3) 文化创意服务

文化创意服务，包括设计服务、知识产权服务、广告服务和会议展览服务。

(1) 设计服务，是指把计划、规划、设想通过文字、语言、图画、声音、视觉等形式传递出来的业务活动，包括工业设计、内部管理设计、业务运作设计、供应链设计、造型设计、服装设计、环境设计、平面设计、包装设计、动漫设计、网游设计、展示设计、网站设计、机械设计、工程设计、广告设计、创意策划、文印晒图等。

(2) 知识产权服务，是指处理知识产权事务的业务活动，包括对专利、商标、著作权、软件、集成电路布图设计的登记、鉴定、评估、认证、检索服务。

(3) 广告服务，是指利用图书、报纸、杂志、广播、电视、电影、幻灯、路牌、招贴、橱窗、霓虹灯、灯箱、互联网等各种形式为客户的商品、经营服务项目、文体节目或者通告、声明等委托事项进行宣传和提供相关服务的业务活动，包括广告代理和广告的发布、播映、宣传、展示等。

(4) 会议展览服务，是指为商品流通、促销、展示、经贸洽谈、民间交流、企业沟通、国际往来等举办或者组织安排的各类展览和会议的业务活动。

宾馆、旅馆、旅社、度假村和其他经营性住宿场所提供会议场地及配套服务的活动，按照会议展览服务缴纳增值税。

4) 物流辅助服务

物流辅助服务，包括航空服务、港口码头服务、货运客运场站服务、打捞救助服务、装卸搬运服务、仓储服务和收派服务等。

(1) 航空服务，包括航空地面服务和通用航空服务。

航空地面服务，是指航空公司、飞机场、民航管理局、航站等向在中国境内航行或者在境内机场停留的境内外飞机或者其他飞行器提供的导航等劳务性地面服务的业务活动，包括旅客安全检查服务、停机坪管理服务、机场候机厅管理服务、飞机清洗消毒服务、空中飞行管理服务、飞机起降服务、飞行通信服务、地面信号服务、飞机安全服务、飞机跑道管理服务、空中交通管理服务等。

通用航空服务，是指为专业工作提供飞行服务的业务活动，包括航空摄影、航空培训、航空测量、航空勘探、航空护林、航空吊挂播洒、航空降雨、航空气象探测、航空海洋监测、航空科学实验等。

(2) 港口码头服务，是指港务船舶调度服务、船舶通信服务、航道管理服务、航道疏浚服务、灯塔管理服务、航标管理服务、船舶引航服务、理货服务、系解缆服务、停泊和移泊服务、海上船舶溢油清除服务、水上交通管理服务、船只专业清洗消毒检测服务和防止船只漏油服务等为船只提供服务的业务活动。

港口设施经营人收取的港口设施保安费按照港口码头服务缴纳增值税。

(3) 货运客运场站服务，是指货运客运场站提供货物配载服务、运输组织服务、中转换乘服务、车辆调度服务、票务服务、货物打包整理、铁路线路使用服务、加挂铁路客车服务、铁路行包专列发送服务、铁路到达和中转服务、铁路车辆编解服务、车辆挂运服务、铁路接触网服务、铁路机车牵引服务等业务活动。

(4) 打捞救助服务，是指提供船舶人员救助、船舶财产救助、水上救助和沉船沉物打捞服务的业务活动。

(5) 装卸搬运服务，是指使用装卸搬运工具或者人力、畜力将货物在运输工具之间、装卸现场之间或者运输工具与装卸现场之间进行装卸和搬运的业务活动。

(6) 仓储服务，是指利用仓库、货场或者其他场所代客贮放、保管货物的业务活动。

(7) 收派服务，是指接受寄件人委托，在承诺的时限内完成函件和包裹的收件、分拣、派送服务的业务活动。

收件服务，是指从寄件人收取函件和包裹，并运送到服务提供方同城的集散中心的业务活动。

分拣服务，是指服务提供方在其集散中心对函件和包裹进行归类、分发的业务活动。

派送服务，是指服务提供方从其集散中心将函件和包裹送达同城的收件人的业务活动。

5) 租赁服务

租赁服务，包括融资租赁服务和经营租赁服务。

(1) 融资租赁服务，是指具有融资性质和所有权转移特点的租赁活动，即出租人根据承租人所要求的规格、型号、性能等条件购入有形动产或者不动产租赁给承租人，合同期内租赁物所有权属于出租人，承租人只拥有使用权，合同期满付清租金后，承租人有权按照残值购入租赁物，以拥有其所有权。不论出租人是否将租赁物销售给承租人，均属于融资租赁。

按照标的物的不同，融资租赁服务可分为有形动产融资租赁服务和不动产融资租赁服务。

融资性售后回租不按照本税目缴纳增值税。

(2) 经营租赁服务，是指在约定时间内将有形动产或者不动产转让他人使用且租赁物所有权不变更的业务活动。

按照标的物的不同，经营租赁服务可分为有形动产经营租赁服务和不动产经营租赁服务。

将建筑物、构筑物等不动产或者飞机、车辆等有形动产的广告位出租给其他单位或者个人用于发布广告，按照经营租赁服务缴纳增值税。

车辆停放服务、道路通行服务(包括过路费、过桥费、过闸费等)等按照不动产经营租赁服务缴纳增值税。

水路运输的光租业务、航空运输的干租业务，属于经营租赁。

光租业务，是指运输企业将船舶在约定的时间内出租给他人使用，不配备操作人员，不承担运输过程中发生的各项费用，只收取固定租赁费的业务活动。

干租业务，是指航空运输企业将飞机在约定的时间内出租给他人使用，不配备机组人员，不承担运输过程中发生的各项费用，只收取固定租赁费的业务活动。

6) 鉴证咨询服务

鉴证咨询服务，包括认证服务、鉴证服务和咨询服务。

(1) 认证服务，是指具有专业资质的单位利用检测、检验、计量等技术，证明产品、服务、管理体系符合相关技术规范、相关技术规范的强制性要求或者标准的业务活动。

(2) 鉴证服务，是指具有专业资质的单位受托对相关事项进行鉴证，发表具有证明力的意见的业务活动，包括会计鉴证、税务鉴证、法律鉴证、职业技能鉴定、工程造价鉴证、工程监理、资产评估、环境评估、房地产土地评估、建筑图纸审核、医疗事故鉴定等。

(3) 咨询服务，是指提供信息、建议、策划、顾问等服务的活动，包括金融、软件、技术、财务、税收、法律、内部管理、业务运作、流程管理、健康等方面的咨询。

翻译服务和市场调查服务取得的收入按照咨询服务缴纳增值税。

7) 广播影视服务

广播影视服务，包括广播影视节目(作品)的制作服务、发行服务和播映(含放映，下同)服务。

(1) 广播影视节目(作品)制作服务，是指进行专题(特别节目)、专栏、综艺、体育、动画片、广播剧、电视剧、电影等广播影视节目和作品制作的服务，具体包括与广播影视节目和作品相关的策划、采编、拍摄、录音、音视频文字图片素材制作、场景布置、后期的剪辑、翻译(编译)、字幕制作、片头、片尾、片花制作、特效制作、影片修复、编目和确权等业务活动。

(2) 广播影视节目(作品)发行服务，是指以分账、买断、委托等方式，向影院、电台、电视台、网站等单位和个人发行广播影视节目(作品)以及转让体育赛事等活动的报道及播映权的业务活动。

(3) 广播影视节目(作品)播映服务，是指在影院、剧院、录像厅及其他场所播映广播影视节目(作品)，以及通过电台、电视台、卫星通信、互联网、有线电视等无线或者有线装置播映广播影视节目(作品)的业务活动。

8) 商务辅助服务

商务辅助服务，包括企业管理服务、经纪代理服务、人力资源服务、安全保护服务。

(1) 企业管理服务，是指提供总部管理、投资与资产管理、市场管理、物业管理、日常综合管理等服务的业务活动。

(2) 经纪代理服务，是指各类经纪、中介、代理服务，包括金融代理、知识产权代理、货物运输代理、代理报关、法律代理、房地产中介、职业中介、婚姻中介、代理记账、拍卖等。

货物运输代理服务，是指接受货物收货人、发货人、船舶所有人、船舶承租人或者船舶经营人的委托，以委托人的名义，为委托人办理货物运输、装卸、仓储和船舶进出港口、引航、靠泊等相关手续的业务活动。

代理报关服务，是指接受进出口货物的收、发货人委托，代为办理报关手续的业务活动。

拍卖行受托拍卖取得的手续费或佣金收入，按照经纪代理服务缴纳增值税。

(3) 人力资源服务，是指提供公共就业、劳务派遣、人才委托招聘、劳动力外包等服务的业务活动。

(4) 安全保护服务，是指提供保护人身安全和财产安全，维护社会治安等的业务活动，包括场所住宅安保、特种安保、安全系统监控及其他安保服务。

纳税人提供武装守护押运服务取得的收入按照安全保护服务缴纳增值税。

9) 其他现代服务

其他现代服务，是指研发和技术服务、信息技术服务、文化创意服务、物流辅助服务、租赁服务、鉴证咨询服务、广播影视服务和商务辅助服务以外的现代服务。

纳税人对安装运行后的机器设备提供的维护保养服务取得的收入按照其他现代服务

缴纳增值税。

自 2018 年 1 月 1 日起，纳税人为客户办理退票而向客户收取的退票费、手续费等收入，按照其他现代服务缴纳增值税。

**7. 生活服务**

生活服务，是指为满足城乡居民日常生活需求提供的各类服务活动，包括文化体育服务、教育医疗服务、旅游娱乐服务、餐饮住宿服务、居民日常服务和其他生活服务。

1) 文化体育服务

文化体育服务，包括文化服务和体育服务。

(1) 文化服务，是指为满足社会公众文化生活需求提供的各种服务，包括文艺创作、文艺表演、文化比赛，图书馆的图书和资料借阅，档案馆的档案管理，文物及非物质遗产保护，组织举办宗教活动、科技活动、文化活动，提供游览场所。

(2) 体育服务，是指组织举办体育比赛、体育表演、体育活动，以及提供体育训练、体育指导、体育管理的业务活动。

纳税人在游览场所经营索道、摆渡车、电瓶车、游船等取得的收入，按照文化体育服务缴纳增值税。

2) 教育医疗服务

教育医疗服务，包括教育服务和医疗服务。

(1) 教育服务，是指提供学历教育服务、非学历教育服务、教育辅助服务的业务活动。

学历教育服务，是指根据教育行政管理部门确定或者认可的招生和教学计划组织教学，并颁发相应学历证书的业务活动，包括初等教育、初级中等教育、高级中等教育、高等教育等。

非学历教育服务，包括学前教育、各类培训、演讲、讲座、报告会等。

教育辅助服务，包括教育测评、考试、招生等服务。

(2) 医疗服务，是指提供医学检查、诊断、治疗、康复、预防、保健、接生、计划生育、防疫服务等方面的服务，以及与这些服务有关的提供药品、医用材料器具、救护车、病房住宿和伙食的业务。

3) 旅游娱乐服务

旅游娱乐服务，包括旅游服务和娱乐服务。

(1) 旅游服务，是指根据旅游者的要求，组织安排交通、游览、住宿、餐饮、购物、文娱、商务等服务的业务活动。

(2) 娱乐服务，是指为娱乐活动同时提供场所和服务的业务，具体包括歌厅、舞厅、夜总会、酒吧、台球、高尔夫球、保龄球、游艺(包括射击、狩猎、跑马、游戏机、蹦极、卡丁车、热气球、动力伞、射箭、飞镖)。

4) 餐饮住宿服务

餐饮住宿服务，包括餐饮服务和住宿服务。

(1) 餐饮服务，是指通过同时提供饮食和饮食场所的方式为消费者提供饮食消费服务的业务活动。

(2) 住宿服务，是指提供住宿场所及配套服务等的活动。包括宾馆、旅馆、旅社、度假村和其他经营性住宿场所提供的住宿服务。

纳税人以长(短)租形式出租酒店式公寓并提供配套服务取得的收入，按照住宿服务缴纳增值税。

5) 居民日常服务

居民日常服务，主要是指为满足居民个人及其家庭日常生活需求而提供的服务，包括市容市政管理、家政、婚庆、养老、殡葬、照料和护理、救助救济、美容美发、按摩、桑拿、氧吧、足疗、沐浴、洗染、摄影扩印等服务。

6) 其他生活服务

其他生活服务，是指文化体育服务、教育医疗服务、旅游娱乐服务、餐饮住宿服务和居民日常服务之外的生活服务。

纳税人提供植物养护服务取得的收入按照其他生活服务缴纳增值税。

### (二) 销售无形资产

销售无形资产，是指转让无形资产所有权或者使用权的业务活动。无形资产，是指不具实物形态，但能带来经济利益的资产，包括技术、商标、著作权、商誉、自然资源使用权和其他权益性无形资产。

技术，包括专利技术和非专利技术。

自然资源使用权，包括土地使用权、海域使用权、探矿权、采矿权、取水权和其他自然资源使用权。

其他权益性无形资产，包括基础设施资产经营权、公共事业特许权、配额、经营权(包括特许经营权、连锁经营权、其他经营权)、经销权、分销权、代理权、会员权、席位权、网络游戏虚拟道具、域名、名称权、肖像权、冠名权、转会费等。

### (三) 销售不动产

销售不动产，是指转让不动产所有权的业务活动。不动产，是指不能移动或者移动后会引起性质、形状改变的财产，包括建筑物、构筑物等。

建筑物，包括住宅、商业营业用房、办公楼等可供居住、工作或者进行其他活动的建造物。

构筑物，包括道路、桥梁、隧道、水坝等建造物。

转让建筑物有限产权或者永久使用权、转让在建的建筑物或者构筑物所有权，以及在转让建筑物或者构筑物时一并转让其所占土地的使用权所取得的收入，按照销售不动产缴纳增值税。

【例题1.4】 下列应按照有形动产租赁服务缴纳增值税的有(　　)。

A. 航空运输的干租业务　　　B. 有形动产经营性租赁

C. 有形动产融资租赁　　　　D. 远洋运输的期租业务

E. 水路运输的程租业务

【答案】 ABC

【例题1.5】 下列属于增值税征税范围的有(　　)。

A. 单位聘用的员工为本单位提供(取得工资)的运输服务

B. 航空运输企业提供的湿租业务

C. 广告公司提供的广告代理业务

D. 房地产评估咨询公司提供的房地产评估业务

E. 出租车公司向使用本公司自有出租车的出租车司机收取的管理费用

【答案】 BCDE

## 三、境内销售服务或无形资产的界定

在境内销售服务或无形资产，是指销售服务或无形资产的提供方或者接受方在中华人民共和国境内。

(1) 下列情形不属于在境内提供销售服务或无形资产。

① 境外单位或者个人向境内单位或者个人销售完全在境外发生的服务。

② 境外单位或者个人向境内单位或者个人销售完全在境外使用的无形资产。

③ 境外单位或者个人向境内单位或者个人出租完全在境外使用的有形动产。

④ 财政部和国家税务总局规定的其他情形。

(2) 境外单位或者个人发生的下列行为不属于在境内销售服务或者无形资产。

① 为出境的函件、包裹提供的在境外的邮政服务、收派服务。

② 向境内单位或者个人提供的工程施工地点在境外的建筑服务、工程监理服务。

③ 向境内单位或者个人提供的工程、矿产资源在境外的工程勘察勘探服务。

④ 向境内单位或者个人提供的会议展览地点在境外的会议展览服务。

【例题1.6】 下列业务属于在我国境内发生增值税应税行为的是(　　)。

A. 英国会展单位在我国境内为境内某单位提供会议展览服务

B. 境外企业在巴基斯坦为我国境内单位提供工程勘察勘探服务

C. 我国境内单位转让在德国境内的不动产

D. 新西兰汽车租赁公司向我国境内企业出租汽车，供其在新西兰考察中使用

【答案】 A

【解析】 选项B：向境内单位或者个人提供的工程、矿产资源在境外的工程勘察勘探服务，不属于在境内销售服务；选项C：销售的不动产在境外的，不属于在境内销售不动产；选项D：境外单位或者个人向境内单位或者个人出租完全在境外使用的有形动产，不属于在境内销售服务。

【例题1.7】 根据增值税现行政策规定，下列业务属于在境内销售服务、无形资产或不动产的是(　　)。

A. 境外单位为境内单位提供境外矿山勘探服务

B. 境外单位向境内单位出租境外的厂房

C. 境外单位向境内单位销售在境外的不动产

D. 境外单位向境内单位提供运输服务

【答案】 D

# 任务三　增值税的税率、征收率及计税方法

## 一、税率

为贯彻落实党中央、国务院决策部署，推进增值税实质性减税，增值税一般纳税人适用的税率不断调低。

### 1. 基本税率：13%

基本税率对应的征税范围：适用低税率以外的一般货物，加工、修理修配劳务，适用低税率以外的应税服务(主要指有形动产租赁服务)。本税率就是通常所说的基本税率。

### 2. 较低税率：9%

较低税率对应的征税范围：粮食等农产品、食用植物油、食用盐、自来水、暖气、热水、冷气、煤气、石油液化气、天然气、二甲醚、沼气、居民用煤炭制品、图书、报纸、杂志、音像制品、电子出版物、饲料、化肥、农药、农膜、农机、国务院规定的其他货物；交通运输服务、邮政服务、基础电信服务、建筑服务、不动产租赁服务、销售不动产、转让土地使用权。

### 3. 低税率：6%

低税率对应的征税范围：现代服务 (租赁服务除外)、增值电信服务、金融服务、生活服务、销售无形资产(转让土地使用权除外)。

### 4. 零税率

零税率对应的征税范围：出口货物、劳务或者境内单位和个人发生的跨境应税行为。具体范围由财政部和国家税务总局另行规定，具体规定如下：

1. 境内单位和个人销售的下列服务和无形资产，适用增值税零税率

(1) 国际运输服务：

① 在境内载运旅客或者货物出境；

② 在境外载运旅客或者货物入境；

③ 在境外载运旅客或者货物。

(2) 航天运输服务。

(3) 向境外单位提供的完全在境外消费的服务：研发服务、合同能源管理服务、设计服务、广播影视节目(作品)的制作和发行服务、软件服务、电路设计及测试服务、信息系统服务、业务流程管理服务、离岸服务外包业务、转让技术。

(4) 财政部和国家税务总局规定的其他服务。

(5) 当向境内单位和个人提供程租、期租、湿租服务时，如果租赁的交通工具用于国际运输服务和港澳台运输服务，则适用零税率政策。

(6) 境内单位和个人以无运输工具承运方式提供的国际运输服务，由境内实际承运人适用增值税零税率；无运输工具承运业务的经营者适用免税政策。

(7) 境内单位和个人发生的与港澳台有关的应税行为，除另有规定外，均参照上述规

定执行。

2. 完全在境外消费

(1) 服务的实际接受方在境外，且与境内的货物和不动产无关。

(2) 无形资产完全在境外使用，且与境内的货物和不动产无关。

(3) 财政部和国家税务总局规定的其他情形。

3. 放弃零税率的规定

境内的单位和个人销售适用增值税零税率的服务或无形资产的，可以放弃适用增值税零税率，选择免税或按规定缴纳增值税。放弃适用增值税零税率后，36 个月内不得再申请适用增值税零税率。

## 二、征收率

### 1. 3%征收率的适用范围

(1) 小规模纳税人在中华人民共和国境内销售货物、销售服务、无形资产或不动产，适用简易方法计税，增值税征收率为 3%(适用 5%征收率的除外)，征收率的调整，由国务院决定。

(2) 小规模纳税人(其他个人除外)销售自己使用过的固定资产(动产)，适用简易方法依照 3%征收率减按 2%征收，并且只能开具普通发票，不得由税务机关代开增值税专用发票。

(3) 小规模纳税人(其他个人除外)销售自己使用过的固定资产(动产)以外的物品，应按 3%的征收率征收增值税。

(4) 根据国家税务总局(公告〔2015〕90 号)文件规定，自 2016 年 2 月 1 日起，纳税人销售自己使用过的固定资产，适用简易方法依照 3%征收率减按 2%征收增值税政策的，可以放弃减税，按照简易方法依照 3%征收率缴纳增值税，并可以开具增值税专用发票。

纳税人适用按照简易方法依照 3%征收率减按 2%征收增值税政策的，按下列公式确定销售额和应纳税额：

$$销售额 = 含税销售额 \div (1 + 3\%)$$
$$应纳税额 = 销售额 \times 2\%$$

一般纳税人销售自己使用过的固定资产以外的物品，应当按照适用税率征收增值税。

(5) 对于一般纳税人生产销售的特定货物和应税服务，可以选择适用简易计税方法计税，增值税征收率为 3%，包括纳税人销售自产的建筑用和生产建筑材料所用的砂、土、石料；纳税人销售自产的商品混凝土；纳税人销售自产的自来水；寄售商店代销寄售物品(包括居民个人寄售的物品在内)；典当业销售死当物品；生产销售和批发、零售罕见病药品及抗癌药；公共交通运输服务；电影放映服务；仓储服务；装卸搬运服务；收派服务；文化体育服务；非学历教育服务、教育辅助服务；一般纳税人以清包工方式提供的建筑服务等。

(6) 纳税人(包括一般纳税人和小规模纳税人)销售旧货，按照简易方法依照 3%征收率减按 2%征收增值税。

销售旧货，按照简易方法依照 3%征收率减按 2%征收增值税政策的，按下列公式确定销售额和应纳税额：

$$销售额 = 含税销售额 \div (1 + 3\%)$$
$$应纳税额 = 销售额 \times 2\%$$

旧货,是指进入二次流通的具有部分使用价值的货物(含旧汽车、旧摩托车和旧游艇),但是不包括自己使用过的物品。

纳税人销售旧货,应开具普通发票,不得自行开具或者由税务机关代开增值税专用发票。

【例题1.8】 务实汽车生产公司的二手车分部销售收购的旧机动车100辆,支付收购价560万元,销售其中的30辆,取得销售收入240万元,同时协助客户办理车辆过户手续,取得收入5万元。另外,销售自己使用过的包装物,取得含税销售额80 000元。计算该公司上述业务的应纳税额和销项税额。

【解析】 本案例销售旧机动车属于销售旧货,按照简易方法依照3%征收率减按2%征收增值税政策执行。销售自己使用过的包装物属于固定资产以外的物品,应当按照适用税率征收增值税。

销售旧机动车业务:

计税销售额 = 含税销售额 ÷ (1 + 3%) = (2 400 000 + 50 000) ÷ (1 + 3%)

= 2 378 640.78(元);

应纳税额 = 销售额 × 2% = 2 378 640.78 × 2% = 47 572.82(元)。

销售自己使用过的包装物:

计税销售额 = 含税销售额 ÷ (1 + 13%) = 80 000 ÷ (1 + 13%) = 70 796.46(元);

销项税额 = 销售额 × 13% = 70 796.46 × 13% = 9 203.54(元)。

**2. 5%征收率的适用范围**

(1) 一般纳税人销售不动产或经营租赁不动产,选择简易计税方法计税的,适用5%征收率。

(2) 房地产开发企业的一般纳税人销售自行开发的房地产老项目,选择简易计税方法的,适用5%征收率。

(3) 小规模纳税人销售不动产、开展不动产租赁、转让土地使用权、提供劳务派遣服务、安全保护服务选择简易计税方法的,适用5%征收率。

特例:个人出租住房,应按照5%征收率减按1.5%计算应纳税额。

(4) 一般纳税人2016年4月30日前签订的不动产融资租赁合同,或2016年4月30日前取得的不动产提供的融资租赁服务,选择简易计税方法的,适用5%征收率。

(5) 纳税人提供劳务派遣服务,选择差额纳税的,征收率为5%。

(6) 纳税人提供安全保护服务,选择差额纳税的,征收率为5%。

(7) 一般纳税人提供人力资源外包服务,选择简易计税方法的,征收率为5%。

一般纳税人选择简易方法计算缴纳增值税后,36个月内不得变更。

## 三、计 税 方 法

增值税的计税方法,包括一般计税方法、简易计税方法和扣缴计税方法。

**1. 一般计税方法**

一般纳税人适用一般计税方法计税,但是一般纳税人提供财政部和国家税务总局规定的特定应税行为,可以选择简易计税方法计税,一经选择,36个月内不得变更。一般计税方法计算公式如下:

当期应纳增值税税额＝当期销项税额－当期进项税额

### 2. 简易计税方法

小规模纳税人适用简易计税方法计税，计算公式如下：

当期应纳增值税税额＝当期销售额×征收率

### 3. 扣缴计税方法

境外单位或个人在境内提供应税行为，在境内未设有经营机构的，扣缴义务人按照扣缴计税方法计税，应扣缴税额计算公式如下：

应扣缴税额＝接受方支付的价款÷(1＋税率)×税率

【例题1.9】 2019年6月，境外公司为我国A企业提供广告设计服务，合同总额为600万元，该境外公司在境内未设立机构，则A企业应当扣缴的增值税税额为( )万元。

【解析】 应扣缴增值税＝600÷(1＋6%)×6%＝33.96(万元)。

# 任务四 一般计税方法

增值税一般纳税人销售货物、劳务、服务、无形资产、不动产(以下统称应税行为)，采用一般计税方法计算缴纳增值税，即国际上通行的购进扣税法，当期应纳增值税税额的大小取决于当期销项税额和当期进项税额。计算公式如下：

当期应纳增值税税额＝当期销项税额－当期进项税额

当期销项税额小于当期进项税额，不足抵扣时，其不足部分可以结转下期继续抵扣。

## 一、销项税额

销售货物或提供应税劳务、销售服务、无形资产或者不动产，按照销售额和税法规定的税率计算并向购买方收取的增值税额为销项税额。其计算公式如下：

销项税额＝销售额×税率

现行增值税实行价外税，即纳税人向购买方销售货物或应税劳务所收取的价款中不应包含增值税税款，价款和税款在增值税专用发票上分别注明。根据税法规定，有些一般纳税人，如商品零售企业或其他企业将货物、劳务以及服务出售给消费者、使用单位或小规模纳税人，只能开具普通发票，不能开具增值税专用发票。

部分纳税人在销售货物或提供应税劳务时，将价款和税款合并定价，发生销售额和增值税合并收取的情况。在这种情况下，就必须将含税销售额换算成不含税销售额，作为增值税的税基。其换算公式如下：

不含税销售额＝含税销售额÷(1＋税率)

(一) 货物和劳务销售额的确定

### 1. 销售额的一般规定

销售额为纳税人销售货物或者应税劳务以及发生应税行为向购买方收取的全部价款和价外费用，财政部和国家税务总局另有规定的除外，但是不包括收取的销项税额。

价外费用，是指价外收取的各种性质的收费，包括价外向购买方收取的手续费、补贴、基金、集资费、返还利润、奖励费、违约金、滞纳金、延期付款利息、赔偿金、代收款项、代垫款项、包装费、包装物租金、储备费、优质费、运输装卸费以及其他各种性质的价外收费。下列项目不包括在内：

(1) 受托加工应征消费税的消费品所代收代缴的消费税。

(2) 同时符合两个条件的代垫运费：承运部门的运费发票开具给购买方，并且由纳税人将该项发票转交给购买方。

(3) 同时符合以下条件代为收取的政府性基金或者行政事业性收费：

① 由国务院或者财政部批准设立的政府性基金，由国务院或省级人民政府及其财政、价格主管部门批准设立的行政事业性收费；

② 收取时开具省级以上财政部门印制的财政票据；

③ 所收款项全额上缴财政。

(4) 销售货物的同时代办保险等而向购买方收取的保险费，以及向购买方收取的代购买方缴纳的车辆购置税、车辆牌照费。

【例题 1.10】 希望集团公司是一家大型企业，被认定为一般纳税人。下属企业包括务实汽车生产公司、旺旺百货公司、酒香酒品生产公司、健康餐饮公司、平安运输公司。务实汽车生产公司将产品销售给代理商，开具增值税专用发票，收取代理商 100 万元的货款和 13 万元的税款。平安运输公司对外为一般纳税人提供运输服务，开具增值税专用发票，收取对方运输费 20 万元和 1.8 万元的税。计算该公司上述业务的销项税额。

【解析】 本案例中务实汽车生产公司的计税销售额是 100 万元，销项税额是 13 万元(税率为 13%)。平安运输公司的计税销售额是 20 万元，销项税额是 1.8 万元(税率为 9%)。

【例题 1.11】 旺旺百货公司某一天的营业额明细为：服装的营业额为 56.5 万元，电器的营业额为 67.8 万元，蔬菜部的营业额为 50 万元，音像制品的营业额为 87.2 万元，图书的营业额为 43.6 万元。计算该公司上述业务的销项税额。

【解析】 本案例不得开具增值税专用发票，只能开具增值税普通发票，因此发票上的销售额均为含税销售额，要通过换算公式计算计税销售额。

服装不含税销售额 = 含税销售额 ÷ (1 + 税率) = 56.5 ÷ (1 + 13%) = 50(万元)；

服装的销项税额 = 50 × 13% = 6.5(万元)。

电器不含税销售额 = 含税销售额 ÷ (1 + 税率) = 67.8 ÷ (1 + 13%) = 60(万元)；

电器的销项税额 = 60 × 13% = 7.8(万元)。

蔬菜免征增值税。

音像制品不含税销售额 = 含税销售额 ÷ (1 + 税率) = 87.2 ÷ (1 + 9%) = 80(万元)；

音像制品的销项税额 = 80 × 9% = 7.2(万元)。

图书不含税销售额 = 含税销售额 ÷ (1 + 税率) = 43.6 ÷ (1 + 9%) = 40(万元)；

图书的销项税额 = 40 × 9% = 3.6(万元)。

▶小知识

根据增值税专用发票的使用和管理规定，商业企业一般纳税人零售的烟、酒、食品、服装、鞋帽(不包括劳保专用部分)、化妆品等消费品不得开具专用发票。

根据相关税收优惠的规定，自 2012 年 1 月 1 日起，免征蔬菜流通环节增值税。

▶小提示

有关增值税专用发票的使用和管理规定以及更多税收优惠的政策法规可以查阅国家税务总局网站和各地税务局网站。

销售额以人民币计算。纳税人以人民币以外的货币结算销售额的，应当折合成人民币计算。折合率可以选择销售额发生的当天或者当月 1 日的人民币汇率中间价。纳税人应当在事先确定采用何种折合率，确定后 12 个月内不得变更。

纳税人销售货物或者应税劳务的价格明显偏低并无正当理由的，由主管税务机关核定其销售额。

纳税人兼营销售货物、劳务、服务、无形资产或者不动产，适用不同税率或者征收率的，应当分别核算适用不同税率或者征收率的销售额；未分别核算的，从高适用税率。

一项销售行为如果既涉及服务又涉及货物，为混合销售。从事货物的生产、批发或者零售的单位和个体工商户的混合销售行为，按照销售货物缴纳增值税；其他单位和个体工商户的混合销售行为，按照销售服务缴纳增值税。

纳税人兼营免税、减税项目的，应当分别核算免税、减税项目的销售额；未分别核算的，不得免税、减税。

纳税人发生应税行为，开具增值税专用发票后，发生开票有误或者销售折让、中止、退回等情形的，应当按照国家税务总局的规定开具红字增值税专用发票；未按照规定开具红字增值税专用发票的，不得按照规定扣减销项税额或者销售额。

**2. 特殊销售方式下销售额的规定**

在市场竞争过程中，纳税人会采取某些特殊、灵活的销售方式销售货物、销售服务、无形资产或不动产，以求扩大销售、占领市场。这些特殊销售方式及销售额的确定方式有以下几种。

1）以折扣方式销售货物

折扣销售又称商业折扣，是指销售方在销售货物或提供应税劳务，销售服务、无形资产或不动产时，因购买方需求量大等原因，而给予的价格方面的优惠。

按照现行税法规定：纳税人采取折扣方式销售货物或提供应税劳务和发生应税行为，如果销售额和折扣额在同一张发票上的"金额"栏分别注明，则可以按折扣后的销售额征收增值税，即余额纳税；未在同一张发票上"金额"栏注明，而仅在发票上的"备注"栏注明折扣额的，折扣额不得从销售额中减除，即全额纳税。如果将折扣额另开发票，不论其在财务上如何处理，均不得从销售额中减除折扣额，即全额纳税。

在这里应该注意以下几点：

一是税法中所指的折扣销售有别于销售折扣。销售折扣又称现金折扣，是为了鼓励购货方及时偿还货款而给予的折扣优待。销售折扣发生在销货之后，而折扣销售则是与实现销售同时发生的。销售折扣实际是企业的一种融资行为，不得从销售额中减除，即全额纳税。

二是销售折扣与销售折让是不同的。销售折让是指由于货物的品种或质量等原因引起的销售额的减少，即销货方给予购货方未予退货状况下的价格折让。销售折让可以从销售额中减除。

三是折扣销售仅限于货物价格的折扣。如果销货方将自产、委托加工和购买的货物用于实物折扣，则该实物款不得从货物销售额中减除，应按"视同销售货物"计征增值税。

【例题1.12】旺旺百货公司10月1日拿出部分商品搞活动，制订了一项销售政策：顾客购买指定的某些同一条码的商品，购买两件打九折，购买三件打八折，购买四件打七折。

某顾客购买了其中一件标价为1 000元的商品四件，按规定顾客可以享受七折优惠，只需要支付2 800元。计算该公司上述业务的销项税额。

【解析】　本案例中标价1 000元的商品，全额为4 000元，为含税销售额。顾客实际只支付了2 800元(折扣后的金额即余额)，折扣额为1 200元。对于顾客而言，支付价款里既包括了商品的价格，还包括了商品的税款。

对于百货公司而言，如果在发票的金额栏分别填写原价4 000元，折扣1 200元，实收2 800元，则按规定是余额纳税。

不含税销售额 = 含税销售额 ÷ (1 + 税率) = 2 800 ÷ (1 + 13%) = 2 477.88(元)；

销项税额 = 2 477.88 × 13% = 322.12(元)。

如果未在金额栏分别列示，只是在发票的备注栏列示或另开一张发票，则应该全额纳税。

不含税销售额 = 含税销售额 ÷ (1 + 税率) = 4 000 ÷ (1 + 13%) = 3 539.82(元)；

销项税额 = 3 539.82 × 13% = 460.18(元)。

▶小提示

如果是按后者操作，百货公司不仅收入少了，还要自己垫付税款。

【例题1.13】　务实汽车生产公司为了让代理商及时偿还货款，制定一项不包含税款的应收账款政策：2/10，1/20，n/30。代理商针对自己的一项100 000元的货款，选择9天后付款，则可以享受100 000 × 2% = 2 000(元)的现金折扣政策。对于务实汽车生产公司而言，少收的2 000元属于财务费用，不得从销售额中扣减，不影响销项税额的计算。

▶小提示

务实汽车生产公司的应收账款确定入账时税款就已经计算出来了，之后的应收账款的偿还不能影响之前已经发生的业务。

【例题1.14】　如果顾客收到之前购买的同一条码的四件货物中发现有一件有瑕疵，则可要求百货公司作出让步，否则退货。双方经过协商后达成共识：百货公司给予顾客200元的销售折让。由于这200元是商品本身的质量问题，因此可以从销售额中减除，但必须取得相关的合法的红字发票。百货公司的当期销售额就减少了176.99元(200 ÷ (1 + 13%))。

▶小提示

顾客支付价款的同时还支付了税款，反过来，在退回货款的同时应同时退回相应的税款。

2) 以旧换新方式销售货物

以旧换新销售，是指纳税人在销售过程中，折价收回同类旧货物，并以折价款部分冲减货物价款的一种销售方式。

税法规定：纳税人采取以旧换新方式销售货物的(金银首饰除外)，应按新货物的同期销售价格确定销售额，即全额纳税。

纳税人采取以旧换新方式销售金银首饰，应按实际收取的价格确定销售额，即余额纳税。

【例题1.15】 旺旺百货公司10月1日采取"以旧换新"方式销售无氟电冰箱，开出普通发票25张，收到货款50 000元，并注明已扣除旧货折价款20 000元。计算该公司上述业务的销项税额。

【解析】 本月计税销售额 = (50 000 + 20 000) ÷ (1 + 13%) = 61 946.90(元)；

销项税额 = 61 946.90 × 13% = 8 053.10(元)。

【例题1.16】 金银专柜以"以旧换新"方式销售金项链3 000克，每克零售价300元，按规定顾客旧项链每克作价200元，实际只支付了300 000元。计算公司上述业务的销项税额。

【解析】 计税销售额 = 3 000 × (300−200) ÷ (1 + 13%) = 265 486.73(元)；

销项税额 = 265 486.73 × 13% = 34 513.27(元)。

▶小提示

收回的旧货物按购入商品入库处理。

3) 还本销售方式销售货物

所谓还本销售，是指销货方将货物出售后，按约定的时间，一次或分次将购货款部分或全部退还给购货方，退还的货款即为还本支出。

税法规定：纳税人采取还本销售货物的，不得从销售额中减除还本支出，即全额纳税。

4) 采取以物易物方式销售货物

以物易物是一种较为特殊的购销方式，是指购销双方不得以货币结算，而是以同等价款的货物相互结算，实现货物购销的一种方式。

税法规定：以物易物双方都应作购销处理，以各自发出的货物核算销售额并计算销项税额，以各自收到的货物核算购货款及进项税额。

需要强调的是，双方应各自开具合法的票据，必须计算销项税额，但如果收到货物不能取得相应的增值税专用发票或者其他合法票据，则不得抵扣进项税额。

5) 包装物押金计税问题

包装物是指纳税人用来包装本单位货物的各种物品。为了促使购货方尽早退回包装物以便周转使用，一般情况下，销货方向购货方收取包装物押金，购货方在规定的期间内返回包装物，销货方再将收取的包装物押金返还。

税法规定：纳税人为了销售货物而出租、出借包装物收取的押金，单独记账的，时间在1年内且未过期的，不并入销售额征税；但对逾期未收回不再退还的包装物押金，应按所包装货物的适用税率计算纳税。

需要注意两个问题：一是"逾期"的界定，是以 1 年(12 个月)为期限；二是押金属于含税收入，应先将其换算为不含税销售额再并入销售额征税。

另外，包装物押金与包装物租金不能混淆，包装物租金属于价外费用，在收取时便并入销售额征税。

从 1995 年 6 月 1 日起，对销售啤酒、黄酒以外的其他酒类产品收取的包装物押金，无论是否返还，以及会计上如何处理，均应并入销售额征税。

【例题 1.17】　旺旺百货公司提供礼品包装服务(费用另行收取)，现销售一批商品，并负责提供包装服务，包装物单独计价，开具增值税普通发票，注明商品价款 200 000 元，包装物价款 2 000 元。计算该公司上述业务的销项税额。

【解析】　计税销售额 = 200 000 ÷ (1 + 13%) + 2 000 ÷ (1 + 13%) = 178 761.06(元)；
销项税额 = 178 761.06 × 13% = 23 238.94(元)。

▶小提示

包装物随同货物一起出售，不论是否单独计价，均应计入销售额并计征增值税。

【例题 1.18】　酒香酒品生产公司销售 500 吨啤酒给代理商，不含税单位售价 5 000 元，因销售而出租的包装物 500 件，租期 3 个月，租金 56 500 元，同时，收取包装物押金 50 000 元，所有款项已存银行。计算该公司上述业务的销项税额。

【解析】　包装物租金计税销售额 = 56 500 ÷ (1 + 13%) = 50 000(元)；
销项税额 = 5 000 × 500 × 13% + 50 000 × 13% = 331 500(元)。

▶小提示

本题中如果销售的是白酒，收取的包装物押金应计入销售额并计征增值税。

【例题 1.19】　假若酒香酒品生产公司上述出租的包装物一年以后仍未收回，按规定没收其押金。计算该公司上述业务的销项税额。

【解析】　计税销售额 = 50 000 ÷ (1 + 13%) = 44 247.79(元)；
销项税额 = 44 247.79 × 13% = 5 752.21(元)。

### 3. 视同销售行为

单位或者个体工商户的下列行为，视同销售货物、服务、无形资产或不动产，征收增值税：

(1) 将货物交付其他单位或者个人代销；

(2) 销售代销货物；

(3) 设有两个以上机构并实行统一核算的纳税人，将货物从一个机构移送其他机构用于销售，但相关机构设在同一县(市)的除外；

(4) 将自产、委托加工的货物用于集体福利或者个人消费；

(5) 将自产、委托加工或者购进的货物作为投资，提供给其他单位或者个体工商户；

(6) 将自产、委托加工或者购进的货物分配给股东或者投资者；

(7) 将自产、委托加工或者购进的货物无偿赠送其他单位或者个人；

(8) 向其他单位或者个人无偿提供服务，但用于公益事业或者以社会公众为对象的除外；

(9) 向其他单位或者个人无偿转让无形资产或者不动产，但用于公益事业或者以社会公众为对象的除外；

(10) 财政部和国家税务总局规定的其他情形。

对上述行为视同销售货物或提供应税服务，按规定计算销售额并征收增值税。一是为了防止通过这些行为逃避纳税，造成税基被侵蚀，税款流失；二是为了避免税款抵扣链条的中断，导致各环节税负的不均衡，形成重复征税。

视同销售行为是增值税税法规定的特殊销售行为，一般不以资金形式反映出来，因而会出现视同销售而无销售额的情况。另外，有时纳税人销售货物或提供应税劳务的价格明显偏低且无正当理由，或者纳税人发生应税行为价格明显偏低或偏高且不具有合理商业目的的，或者发生上述行为而无销售额的，主管税务机关有权按照下列顺序确定销售额：

(1) 按照纳税人最近时期销售同类货物、同类劳务、同类服务、无形资产或者不动产的平均价格确定。

(2) 按照其他纳税人最近时期销售同类货物、同类劳务、同类服务、无形资产或者不动产的平均价格确定。

(3) 用以上两种方法均不能确定其销售额的情况下，可按照组成计税价格确定。

组成计税价格的公式为：组成计税价格 = 成本 × (1 + 成本利润率)

不属于征收消费税的货物的成本利润率为10%；属于应征消费税的货物，组成计税价格应加计消费税税额，成本利润率按照《消费税若干具体问题的规定》执行；服务、无形资产和不动产的成本利润率由国家税务总局确定。不具有合理商业目的，是指以谋取税收利益为主要目的，通过人为安排，减少、免除、推迟缴纳增值税税款，或者增加退还增值税税款。

▶小提示

上述视同销售行为在实务中可能需要开具发票，也可能不能开具发票。

【例题1.20】 务实汽车生产公司将自产的货车与另一家单位组建一家汽车运输公司，开具增值税专用发票上注明货车的价款是100万元(价款在合理范围)，税款是13万元；将10辆自产的小汽车奖励给企业优秀员工，开具普通发票，注明价税合计80万元(价款在合理范围)；其他员工可以享受内部优惠价格每辆5万元购买与奖励优秀员工同款的小汽车，有30名员工参与了内部优惠活动(假定按每辆8万元开具普通发票)；将自产的新款房车5辆分配给股东，每辆成本是30万元；将特制的一批救护车赠送给了老年服务机构，成本为80万元(假定分配给股东的房车和赠送给老年服务机构的救护车未开具发票)。计算该公司上述业务的销项税额。

【解析】 本案例中的计税销售额的确定：开具发票的价款在合理范围之内的，可以按照发票金额计算销项税额，价款不在合理范围之内的，应该按照主管税务机关规定的顺序确定销售额。新款房车(不涉及消费税)和特制的救护车(不涉及消费税)由于没有市场参考价格，应按照组成计税价格来确定。

用于投资的货车计税销售额 = 100(万元)，销项税额 = 13(万元)。

奖励给优秀员工的小汽车计税销售额 = 800 000 ÷ (1 + 13%) = 707 964.60(元);

销项税额 = 707 964.60 × 13% = 92 035.40(元)。

参与内部优惠活动的计税销售额 = 707 964.60 ÷ 10 × 30 = 2 123 893.80(元);

销项税额 = 2 123 893.80 × 13% = 276 106.19(元)。

新款房车的计税销售额 = 组成计税价格 = 300 000 × 5 × (1 + 10%) = 1 650 000(元);

销项税额 = 1 650 000 × 13% = 214 500(元)。

救护车的计税销售额 = 800 000 × (1 + 10%) = 880 000(元);

销项税额 = 880 000 × 13% = 114 400(元)。

### (二) 营改增行业销售额的确定

营改增纳税人销售服务、无形资产或者不动产的销售额，是指纳税人发生应税行为取得的全部价款和价外费用，财政部和国家税务总局另有规定的除外。

#### 1. 交通运输服务销售额的确定

(1) 交通运输业纳税人有偿提供交通运输服务，以取得的全部价款和价外费用为计税依据计算销项税额。但也有特殊规定，按差额计征。

(2) 航空运输企业的销售额不包括代收的机场建设费和代售其他航空运输企业客票而代收转付的价款。

#### 2. 邮政服务销售额的确定

(1) 各省、自治区、直辖市和计划单列市邮政企业(即总机构)应当汇总计算总机构及其分支机构提供邮政服务的应交增值税，抵减分支机构已缴纳的增值税税款(包括预缴和补缴的增值税税款)后，在总机构所在地解缴入库。

总机构汇总的应征增值税销售额，为总机构及其分支机构提供邮政服务的应征增值税销售额。

总机构汇总的进项税额，是指总机构及其分支机构因提供邮政服务而购进货物或者接受加工修理修配劳务和应税服务，支付或者负担的增值税税额。总机构及其分支机构用于提供邮政服务之外的进项税额不得汇总。总机构汇总的销项税额，按照上述规定的应征增值税销售额和增值税适用税率计算。

(2) 分支机构提供邮政服务，按照应征增值税销售额和预征率计算缴纳增值税，预征率由财政部和国家税务总局规定，并适时予以调整。计算公式如下:

$$应预缴的增值税 = 应征增值税销售额 × 预征率$$

分支机构提供邮政服务当期已预缴的增值税税款，在总机构当期增值税应纳税额中抵减不完的，可以结转下期继续抵减。

每年的第一个纳税申报期结束后，对上一年度总机构和分支机构汇总纳税情况进行清算。总机构和分支机构年度清算应交增值税，按照各自销售收入占比和总机构汇总的上一年度应交增值税税额计算。分支机构预缴的增值税超过其年度清算应交增值税的，通过暂停以后纳税申报期预缴增值税的方式予以解决。分支机构预缴的增值税小于其年度清算应交增值税的，差额部分在以后纳税申报期由分支机构在预缴增值税时一并就地补缴入库。

### 3. 电信服务销售额的确定

(1) 纳税人提供电信业服务时，附带赠送用户识别卡、电信终端等货物或电信业服务的，应将其取得的全部价款和价外费用分别进行核算，按各自适用的税率计算缴纳增值税。

(2) 中国移动通信集团公司、中国联合网络通信集团有限公司、中国电信集团公司及其成员单位通过手机短信公益特服号为公益性机构接受捐款服务，以其取得的全部价款和价外费用，扣除支付给公益性机构捐款后的余额为销售额。

### 4. 建筑服务销售额的确定

纳税人提供建筑服务适用简易计税方法的，以取得的全部价款和价外费用扣除支付的分包款后的余额为销售额。

纳税人提供建筑服务取得预收款，应在收到预收款时，以取得的预收款扣除支付的分包款后的余额，按规定的预征率预缴增值税。适用一般计税方法的项目预征率为 2%，适用简易计税方法的项目预征率为 3%。

### 5. 金融服务销售额的确定

(1) 贷款服务，以提供贷款服务取得的全部利息及利息性质的收入为销售额。

(2) 直接收费金融服务的销售额，以提供直接收费金融服务收取的手续费、佣金、酬金、管理费、服务费、经手费、开户费、过户费、结算费、转托管费等各类费用为销售额。

(3) 金融商品转让，按照卖出价扣除买入价后的余额为销售额，不得扣除买卖交易中的其他税费。

转让金融商品出现的正负差，按盈亏相抵后的余额为销售额。若相抵后出现负差，则可结转下一纳税期与下期转让金融商品销售额相抵，但年末时仍出现负差的，不得转入下一个会计年度。

金融商品的买入价，可以选择按照加权平均法或者移动加权平均法进行核算，选择后36 个月内不得变更。

金融商品转让，不得开具增值税专用发票。

(4) 自 2018 年 1 月 1 日起，金融机构开展贴现、转贴现业务，以其实际持有票据期间取得的利息收入作为贷款服务的销售额计算缴纳增值税。此前贴现机构已就贴现利息收入全额缴纳增值税的票据，转贴现机构转贴现利息收入继续免征增值税。

(5) 经中国人民银行、商务部、银监会批准从事融资租赁业务的试点纳税人，提供融资性售后回租服务，以收取的全部价款和价外费用(不含本金)，扣除支付的借款利息(包括外汇借款和人民币借款利息)、发行债券利息后的余额为销售额。

【例题 1.21】 关于转让金融商品征收增值税的规定，下列说法正确的是(　　)。

A. 可以开具增值税专用发票

B. 以卖出价为计税销售额

C. 按照卖出价扣除买入价后的余额为计税销售额

D. 转让金融商品出现的负差可结转到下一个会计年度的金融商品销售额中抵扣

【答案】 C

【解析】 选项 A，不得开具增值税专用发票；选项 B、C，按照卖出价扣除买入价后的余额为计税销售额；选项 D，转让金融商品出现的正负差，按盈亏相抵后的余额为销售额。若相抵后出现负差，则可结转下一纳税期与下期转让金融商品销售额相抵，但年末时仍出现负差的，不得转入下一个会计年度。

【例题 1.22】 某商业银行(增值税一般纳税人)2018 年第一季度提供贷款服务取得含税利息收入 5 300 万元，提供直接收费金融服务取得含税收入 106 万元，开展贴现业务取得含税利息收入 500 万元。该银行上述业务的销项税额为(　　)万元。

【解析】 金融服务适用 6%的增值税税率。

该银行上述业务的销项税额 = (5 300 + 106 + 500) ÷ (1 + 6%) × 6% = 334.30(万元)

#### 6. 现代服务销售额的确定

(1) 经纪代理服务的销售额为取得的全部价款和价外费用，扣除向委托方收取并代为支付的政府性基金或者行政事业性收费后的余额。向委托方收取的政府性基金或者行政事业性收费，不得开具增值税专用发票。

(2) 客运场站服务，以其取得的全部价款和价外费用，扣除支付给承运方运费后的余额为销售额。

(3) 纳税人提供签证代理服务，以取得的全部价款和价外费用，扣除向服务接受方收取并代为支付给外交部和外国驻华使(领)馆的签证费、认证费后的余额为销售额。

(4) 纳税人代理进口按规定免征进口增值税的货物，其销售额不包括向委托方收取并代为支付的货款。向委托方收取并代为支付的款项，不得开具增值税专用发票，可以开具增值税普通发票。

(5) 自 2018 年 1 月 1 日起，航空运输销售代理企业提供境外航段机票代理服务，以取得的全部价款和价外费用，扣除向客户收取并支付给其他单位或者个人的境外航段机票结算款和相关费用后的余额为销售额。

航空运输销售代理企业提供境内机票代理服务，以取得的全部价款和价外费用，扣除向客户收取并支付给航空运输企业或其他航空运输销售代理企业的境内机票净结算款和相关费用后的余额为销售额。

(6) 纳税人提供人力资源外包服务，按经纪代理服务缴纳增值税(6%)，销售额不包括受客户单位委托代为向客户单位员工发放的工资和代理缴纳的社保、住房公积金。一般纳税人也可选择适用简易计税方法，依 5%征收率计算缴纳增值税。

#### 7. 生活服务销售额的确定

(1) 纳税人提供旅游服务，可以选择以取得的全部价款和价外费用，扣除向旅游服务购买方收取并支付给其他单位或者个人的住宿费、餐饮费、交通费、签证费、门票费和支付给其他接团旅游企业的旅游费用后的余额为销售额。向旅游服务购买方收取并支付的上述费用，不得开具增值税专用发票。纳税人提供旅游服务，将火车票、飞机票等交通费发票原件交付给旅游服务购买方而无法收回的，以交通费发票复印件作为差额扣除凭证。

(2) 境外单位通过教育部考试中心及其直属单位在境内开展考试，应以取得的考试费收入扣除支付给境外单位考试费后的余额为销售额，按提供教育辅助服务缴纳增值税。

#### 8. 无形资产销售额的确定

纳税人转让无形资产，以纳税人转让无形资产从受让方取得的货币、货物或其他经济利益为销售额。

### 9. 不动产销售额的确定

房地产开发企业中的一般纳税人销售其开发的房地产项目(选择简易计税方法的房地产老项目除外),以取得的全部价款和价外费用,扣除受让土地时向政府部门支付的土地价款(征地和拆迁补偿费用、土地前期开发费用和土地出让收益)后的余额为销售额。

【例题 1.23】 关于增值税计税销售额,下列说法正确的有( )。

A. 航空运输服务,代收的机场建设费不计入计税销售额

B. 以物易物方式销售货物,双方以各自发出的货物核算销售额

C. 以销售折扣方式销售货物,折扣不得从销售额中扣除

D. 客运场站服务,以其取得的全部价款和价外费用为计税销售额

E. 贷款服务以实收利息和应收未收利息之和为计税销售额

【答案】 ABC

【解析】 选项 D,一般纳税人提供的客运场站服务,以其取得的全部价款和价外费用,扣除支付给承运方运费后的余额为销售额。选项 E,贷款服务,以提供贷款服务取得的全部利息及利息性质的收入为销售额。

【例题 1.24】 关于增值税的销售额,下列说法正确的是( )。

A. 旅游服务,一律以取得的全部价款和价外费用为销售额

B. 经纪代理服务,以取得的全部价款和价外费用为销售额

C. 劳务派遣服务,一律以取得的全部价款和价外费用为销售额

D. 航空运输销售代理企业提供境内机票代理服务,以取得的全部价款和价外费用,扣除向客户收取并支付给航空运输企业或其他航空运输销售代理企业的境内机票净结算款和相关费用后的余额为销售额

【答案】 D

【解析】 选项 A,纳税人提供旅游服务,可以选择以取得的全部价款和价外费用,扣除向旅游服务购买方收取并支付给其他单位或者个人的住宿费、餐饮费、交通费、签证费、门票费和支付给其他接团旅游企业的旅游费用后的余额为销售额;选项 B,经纪代理服务,以取得的全部价款和价外费用,扣除向委托方收取并代为支付的政府性基金或者行政事业性收费后的余额为销售额;选项 C,劳务派遣服务,可以选择差额纳税,以全部价款和价外费用,扣除代用工单位支付给劳务派遣员工的工资、福利和为其办理社会保险及住房公积金后的余额为销售额,按照简易计税方法计算缴纳增值税。

## 二、销项税额的时间界定

增值税纳税人发生了应税行为后,计算销项税额的时间,关系到当期销项税额的大小。关于销项税额的时间界定,总的原则是:销项税额的确定不得滞后。税法对此做了严格的规定,具体确定销项税额的时间要根据增值税纳税义务发生时间的有关规定执行。

### (一) 基本规定

增值税纳税义务发生时间,是指增值税纳税义务人、扣缴义务人发生应税、扣缴税款

行为应承担纳税义务、扣缴义务的时间。

这一规定在增值税管理中非常重要，说明纳税义务发生时间一经确定，必须按此时间计算应缴税款。

目前实行的增值税纳税义务发生时间基本上是按照财务制度规定，根据权责发生制的原则，以销售实现时间来确定的。《增值税暂行条例》明确规定了增值税纳税义务发生时间有以下两个方面：销售货物或者应税劳务，为收讫销售款或者取得索取销售款凭据的当天；先开具发票的，为开具发票的当天。进口货物，为报关进口的当天。

(二) 具体规定

(1) 销售货物或提供应税劳务的纳税义务发生时间，按销售结算方式的不同，具体规定如下：

① 采取直接收款方式销售货物，不论货物是否发出，均为收到销售款或取得索取销售款凭据的当天。

② 采取托收承付和委托银行收款方式销售货物，为发出货物并办妥托收手续的当天。

③ 采取赊销和分期收款方式销售货物的，为书面合同约定收款日期的当天；无书面合同或书面合同没有约定收款日期的，为货物发出的当天。

④ 采取预收货款方式销售货物，为货物发出的当天。但生产销售、生产工期超过12 个月的大型机械设备、船舶、飞机等货物，为收到预收款或书面合同约定的收款日期的当天。

⑤ 委托其他纳税人代销货物，为收到代销清单或者收到全部或者部分货款的当天；未收到代销清单及货款的，为发出代销货物满 180 天的当天。

⑥ 销售应税劳务，为提供劳务同时收讫销售款或取得索取销售款的凭据的当天。

⑦ 纳税人发生将货物交付其他单位或个人代销和销售代销货物以外的视同销售货物行为，为货物移送的当天。

(2) 营改增行业的增值税纳税义务发生时间的具体规定如下：

① 纳税人提供应税行为并收讫销售款项或者取得索取销售款项凭据的当天；先开具发票的，为开具发票的当天。

收讫销售款项，是指纳税人提供应税行为过程中或者完成后收到款项。

取得索取销售款项凭据的当天，是指书面合同确定的付款日期；未签订书面合同或者书面合同未确定付款日期的，为应税行为完成的当天。

② 纳税人提供租赁服务采取预收款方式的，其纳税义务发生时间为收到预收款的当天。

③ 纳税人从事金融商品转让的，为金融商品所有权转移的当天。

④ 纳税人发生视同销售服务、无形资产或不动产情形的，其纳税义务发生时间为服务、无形资产转让完成的当天或不动产权属变更的当天。

⑤ 增值税扣缴义务发生时间为纳税人增值税纳税义务发生的当天。

⑥ 纳税人提供建筑服务，被工程发包方从应支付的工程款中扣押的质押金、保证金，未开具发票的，以纳税人实际收到质押金、保证金的当天为纳税义务发生时间。

## 三、进项税额

进项税额是指纳税人购进货物或接受应税劳务所支付或负担的增值税税额,进项税额的大小直接影响纳税人应纳税额的多少。

进项税额与销项税额是相互对应的两个概念,销货方收取的销项税额就是购货方支付的进项税额。

增值税一般纳税人当期应纳增值税额采用购进抵扣法计算,即以当期销项税额扣除当期进项税额,其余额为应纳增值税税额。进项税额的大小影响纳税人实际缴纳的增值税。

一般而言,准予抵扣的进项税额要正确审定,严格按照税法规定计算可抵扣的进项税额,保证增值税贯彻实施和国家财政收入的落实。为此,《增值税暂行条例》及其实施细则对进项税额的抵扣范围、条件、数额及方法作了专门规定。

### (一) 准予从销项税额中抵扣的进项税额

(1) 从销售方取得的增值税专用发票上注明的增值税额(含税控机动车销售统一发票,下同)。

(2) 从海关取得的海关进口增值税专用缴款书上注明的增值税额。

(3) 购进农产品进项税额的扣除:

① 取得一般纳税人开具的增值税专用发票或者海关进口增值税专用缴款书,以增值税专用发票或者海关进口增值税专用缴款书上注明的增值税额为进项税额。

② 从按照简易计税方法依照 3%征收率计算缴纳增值税的小规模纳税人取得增值税专用发票的,以增值税专用发票上注明的金额和9%的扣除率计算进项税额。

③ 纳税人取得(或开具)农产品销售发票或收购发票的,以农产品销售发票或者收购发票上注明的农产品买价和9%的扣除率计算进项税额。计算公式如下:

$$进项税额 = 买价 \times 扣除率$$

▶小提示

采购成本 = 买价 - 进项税额

买价,是指纳税人在购进农产品时,在农产品收购发票或者销售发票上注明的价款和按照规定缴纳的烟叶税。购进农产品,按照《农产品增值税进项税额核定扣除试点实施办法》抵扣进项税额的除外。

④ 2019 年 4 月 1 日起,纳税人购进农产品用于生产或委托加工 13%税率货物的,按照 10%的扣除率计算进项税额。

取得批发零售环节纳税人销售免税农产品开具的免税发票,以及小规模纳税人开具的增值税普通发票,均不得计算抵扣进项税额。

纳税人从批发、零售环节购进适用免征增值税政策的蔬菜、部分鲜活肉蛋而取得的普通发票,不得作为计算抵扣进项税额的凭证。

⑤ 部分行业试点增值税进项税额核定扣除方法。具体范围包括以购进农产品为原料生产销售液体乳及乳制品、酒及酒精、植物油的增值税一般纳税人。具体规定详见财税〔2012〕38 号文件。

(4) 从境外单位或者个人购进劳务、服务、无形资产或者境内的不动产，自税务机关或者扣缴义务人取得的解缴税款的完税凭证上注明的增值税额。

(5) 纳税人购进国内旅客运输服务，其进项税额允许从销项税额中抵扣。

纳税人未取得增值税专用发票的，暂按照以下规定确定进项税额：

① 取得增值税电子普通发票的，为发票上注明的税额；

② 取得注明旅客身份信息的航空运输电子客票行程单的，按照下列公式计算进项税额：

$$航空旅客运输进项税额 = (票价 + 燃油附加费) \div (1 + 9\%) \times 9\%$$

③ 取得注明旅客身份信息的铁路车票的，按照下列公式计算进项税额：

$$铁路旅客运输进项税额 = 票面金额 \div (1 + 9\%) \times 9\%$$

④ 取得注明旅客身份信息的公路、水路等其他客票的，按照下列公式计算进项税额：

$$公路、水路等其他旅客运输进项税额 = 票面金额 \div (1 + 3\%) \times 3\%$$

国内旅客运输服务，限于与本单位签订了劳动合同的员工，以及本单位作为用工单位接受的劳务派遣员工发生的国内旅客运输服务。

(6) 不动产进项税的抵扣，适用一般计税方法的试点纳税人，2019 年 4 月 1 日后取得并在会计制度上按固定资产核算的不动产或者不动产在建工程，其进项税额应自取得之日起不再分 2 年从销项税额中抵扣，即取得时可以全部抵扣。

取得不动产，包括以直接购买、接受捐赠、接受投资入股、自建及抵债等各种形式取得不动产，不包括房地产开发企业自行开发的房地产项目。

纳税人新建、改建、扩建、修缮、装饰不动产，属于不动产在建工程。

购进货物是指构成不动产实体的材料和设备，包括建筑装饰材料和给排水、采暖、卫生、通风、照明、通信、煤气、消防、中央空调、电梯、电气、智能化楼宇设备及配套设施。

融资租入的不动产以及在施工现场修建的临时建筑物、构筑物，其进项税额不适用上述抵扣的规定。

按照有关规定，不得抵扣且未抵扣进项税额的固定资产、无形资产、不动产，发生用途改变，用于允许抵扣进项税额的应税项目，可在用途改变的次月按照下列公式计算可以抵扣的进项税额：

$$可以抵扣的进项税额 = 固定资产、无形资产、不动产净值 \div (1 + 适用税率) \times 适用税率$$

上述可以抵扣的进项税额应取得合法有效的增值税扣税凭证。

(7) 进项税额的加计扣减政策。

2019 年 4 月 1 日至 2021 年 12 月 31 日，允许生产、生活性服务业纳税人按照当期可抵扣进项税额加计 10%，抵减应纳税额(以下称加计抵减政策)。

2019 年 10 月 1 日至 2021 年 12 月 31 日，允许生活性服务业纳税人按照当期可抵扣进项税额加计 15%，抵减应纳税额(以下称加计抵减政策)。

① 生产、生活性服务业纳税人，是指提供邮政服务、电信服务、现代服务、生活服务(以下称四项服务)取得的销售额占全部销售额的比重超过 50% 的纳税人。四项服务的具体范围按照《销售服务、无形资产、不动产注释》(财税〔2016〕36 号印发)执行。

2019 年 3 月 31 日前设立的纳税人，2018 年 4 月至 2019 年 3 月的销售额(经营期不满 12 个月的，按照实际经营期的销售额)符合上述规定条件的，2019 年 4 月 1 日起适用加计抵减政策。

2019年4月1日后设立的纳税人,自设立之日起3个月的销售额符合上述规定条件的,自登记为一般纳税人之日起适用加计抵减政策。

纳税人确定适用加计抵减政策后,当年内不再调整,以后年度是否适用,根据上年度销售额计算确定。

纳税人可计提但未计提的加计抵减额,可在确定适用加计抵减政策当期一并计提。

② 纳税人(生活性服务业除外)应按照当期可抵扣进项税额10%计提当期加计抵减额。按照现行规定不得从销项税额中抵扣的进项税额,不得计提加计抵减额;已计提加计抵减额的进项税额,按规定作进项税额转出的,应在进项税额转出当期,相应调减加计抵减额。计算公式如下:

$$当期计提加计抵减额 = 当期可抵扣进项税额 × 10\%$$
$$当期可抵减加计抵减额 = 上期末加计抵减额余额 + 当期计提加计抵减额$$
$$- 当期调减加计抵减额$$

2019年10月1日至2021年12月31日,生活性服务业纳税人应按照当期可抵扣进项税额的15%计提当期加计抵减额。(2019年4月1日至2019年9月30日,生活性服务业纳税人应按照当期可抵扣进项税额的10%计提当期加计抵减额),其计算公式如下:

$$当期计提加计抵减额 = 当期可抵扣进项税额 × 15\%$$
$$当期可抵减加计抵减额 = 上期末加计抵减额余额 + 当期计提加计抵减额$$
$$- 当期调减加计抵减额$$

③ 纳税人按照现行规定计算一般计税方法下的应纳税额(以下称抵减前的应纳税额)后,区分以下情形加计抵减:

a. 抵减前的应纳税额等于零的,当期可抵减加计抵减额全部结转下期抵减。

b. 抵减前的应纳税额大于零,且大于当期可抵减加计抵减额的,当期可抵减加计抵减额全额从抵减前的应纳税额中抵减。

c. 抵减前的应纳税额大于零,且小于或等于当期可抵减加计抵减额的,以当期可抵减加计抵减额抵减应纳税额至零。未抵减完的当期可抵减加计抵减额,结转下期继续抵减。

④ 纳税人出口货物劳务、发生跨境应税行为不适用加计抵减政策,其对应的进项税额不得计提加计抵减额。

纳税人兼营出口货物劳务、发生跨境应税行为且无法划分不得计提加计抵减额的进项税额,按照以下公式计算:

$$不得计提加计抵减额的进项税额 = 当期无法划分的全部进项税额 × 当期出口货物劳务$$
$$和发生跨境应税行为的销售额 ÷ 当期全部销售额$$

⑤ 纳税人应单独核算加计抵减额的计提、抵减、调减、结余等变动情况。骗取适用加计抵减政策或虚增加计抵减额的,按照《中华人民共和国税收征收管理法》等有关规定处理。

⑥ 加计抵减政策执行到期后,纳税人不再计提加计抵减额,结余的加计抵减额停止抵减。

(8) 2018年1月1日起,纳税人支付的道路、桥、闸通行费,按照以下规定抵扣进项税额:

①纳税人支付的道路通行费,按照收费公路通行费增值税电子普通发票上注明的增值税额抵扣进项税额。

②纳税人支付的桥、闸通行费,暂凭取得的通行费发票上注明的收费金额按照下列公式计算可抵扣的进项税额:

桥、闸通行费可抵扣进项税额 = 桥、闸通行费发票上注明的金额 ÷ (1 + 5%) × 5%

(9) 2018 年 1 月 1 日起,纳税人租入固定资产、不动产,用于一般计税方法计税项目、简易计税方法计税项目、免征增值税项目、集体福利或个人消费的,其进项税额准予从销项税额中全额抵扣。

### (二) 不得从销项税额中抵扣的进项税额

#### 1. 一般规定

纳税人取得的增值税扣税凭证不符合法律、行政法规或者国家税务总局有关规定的,其进项税额不得从销项税额中抵扣。

增值税扣税凭证,是指增值税专用发票、海关进口增值税专用缴款书、农产品收购发票、农产品销售发票和税收缴款凭证。

纳税人凭完税凭证抵扣进项税额的,应当具备书面合同、付款证明和境外单位的对账单或者发票。资料不全的,其进项税额不得从销项税额中抵扣。

#### 2. 具体规定

(1) 用于简易计税方法计税项目、免征增值税项目、集体福利或者个人消费的购进货物、劳务、服务、无形资产和不动产。其中涉及的固定资产、无形资产、不动产,仅指专用于上述项目的固定资产、无形资产(不包括其他权益性无形资产)、不动产。个人消费包括纳税人的交际应酬消费。

(2) 非正常损失的购进货物及相关的劳务和交通运输业服务。

非正常损失,是指因管理不善造成货物被盗、丢失、霉烂变质的损失,以及因违反法律法规造成货物或不动产被依法没收、销毁、拆除的情形。

(3) 非正常损失的在产品、产成品所耗用的购进货物(不包括固定资产)、加工修理修配劳务和交通运输业服务。

(4) 非正常损失的不动产以及该不动产所耗用的购进货物、设计服务和建筑服务。

(5) 非正常损失的不动产在建工程所耗用的购进货物、设计服务和建筑服务。

纳税人新建、改建、扩建、修缮、装饰不动产,均属于不动产在建工程。

(6) 购进的贷款服务、餐饮服务、居民日常服务和娱乐服务。

(7) 财政部和国家税务总局规定的其他情形。

(8) 适用一般计税方法的纳税人,兼营简易计税方法计税项目、免征增值税项目而无法划分不得抵扣的进项税额,按照下列公式计算不得抵扣的进项税额:

不得抵扣的进项税额 = 当期无法划分的全部进项税额 × (当期简易计税方法计税项目销售额 + 免征增值税项目销售额) ÷ 当期全部销售额

主管税务机关可以按照上述公式依据年度数据对不得抵扣的进项税额进行清算。

(9) 已抵扣进项税额的不动产,发生非正常损失,或者改变用途,专用于简易计税方法计税项目、免征增值税项目、集体福利或个人消费的，按照下列公式计算不得抵扣的进项税额，并从当期进项税额中扣减：

$$不得抵扣的进项税额 = 已抵扣进项税额 \times 不动产净值率$$
$$不动产净值率 = (不动产净值 \div 不动产原值) \times 100\%$$

## 四、进项税额抵扣时限的界定

增值税专用发票认证是进项税额抵扣的前提。增值税发票认证是指通过增值税发票税控系统对增值税发票所包含的数据进行识别、确认。纳税人通过增值税发票税控系统开具发票时，系统会自动将发票上的开票日期、发票号码、发票代码、购买方纳税人识别号、销售方纳税人识别号、金额、税额等要素，经过加密形成防伪电子密文打印在发票上。认证时，税务机关利用扫描仪采集发票上的密文和明文图像，或由纳税人自行采集发票电子信息传送至税务机关，通过认证系统对密文解密还原，再与发票明文进行对比，比对一致则通过认证。

发票认证是税务机关进行纳税申报管理、出口退税审核、发票稽核比对、异常发票核查及税务稽查的重要依据，在推行"以票控税"、加强税收征管中发挥着重要作用。

进项税额抵扣时间影响纳税人不同纳税期应纳税额。关于进项税额的抵扣时间，总的原则是：进项税额的抵扣不得提前。

2019年3月1日起扩大了取消增值税发票认证的纳税人范围，将取消增值税发票认证的纳税人范围扩大至全部一般纳税人。一般纳税人取得增值税发票(包括增值税专用发票、机动车销售统一发票、收费公路通行费增值税电子普通发票)取消认证确认、稽核比对、申报抵扣的期限，应当通过本省(自治区、直辖市和计划单列市)增值税发票综合服务平台对上述扣税凭证信息进行用途确认。

## 五、当期销项税额的扣减

纳税人在销售货物时，因货物质量、规格等原因而发生的销货退回或销售折让，不仅涉及销货价款或折让价款的退回，还涉及增值税的退回。税法规定，一般纳税人因销货退回或折让而退还给购买方的增值税额，应从发生销货退回或折让当期的销项税额中扣减。

## 六、当期进项税额的扣减

当期进项税额的扣减规定如下：

(1) 纳税人在购进货物时，因货物质量、规格等原因而发生的进货退回或折让，不仅涉及货款或折让价款的收回，还涉及增值税的收回。税法规定，一般纳税人因进货退回或折让而从销货方收回的增值税额，应从发生进货退回或折让当期的进项税额中扣减。

如不按规定扣减，造成进项税额虚增，不纳或少纳增值税的，则属于偷税行为，按偷税予以处罚。

(2) 向供货方收取的返还收入的税务处理。

2004年7月1日起，对商业企业向供货方收取的与商品销售量、销售额挂钩(如以一定比例、金额、数量计算)的各种返还收入，均应按平销返利行为的有关规定冲减当期增值税进项税额。

$$当期应冲减的进项税额 = 当期取得的返还资金 \div (1 + 所购进货物适用增值税税率) \times$$
$$所购进货物适用增值税税率$$

商业企业向供货方收取的各种返还收入，一律不得开具增值税专用发票。

### 七、增值税税控系统专用设备和技术维护费用抵减增值税税额有关政策

根据财政部、国家税务总局《关于增值税税控系统专用设备和技术维护费用抵减增值税税额有关政策的通知》(财税〔2012〕15 号)有关规定，2011 年 12 月 1 日起，增值税纳税人购买增值税税控系统专用设备支付的费用以及缴纳的技术维护费(以下称二项费用)可在增值税应纳税额中全额抵减。具体规定如下：

(1) 增值税纳税人 2011 年 12 月 1 日(含，下同)以后初次购买增值税税控系统专用设备(包括分开票机)支付的费用，可凭购买增值税税控系统专用设备取得的增值税专用发票，在增值税应纳税额中全额抵减(抵减额为价税合计额)，不足抵减的可结转下期继续抵减。增值税纳税人非初次购买增值税税控系统专用设备支付的费用，由其自行负担，不得在增值税应纳税额中抵减。

增值税税控系统包括增值税防伪税控系统，货物运输业增值税专用发票税控系统，机动车销售统一发票税控系统和公路、内河货物运输业发票税控系统。

增值税防伪税控系统的专用设备包括金税卡、IC 卡、读卡器、金税盘和报税盘；货物运输业增值税专用发票税控系统专用设备包括税控盘和报税盘；机动车销售统一发票税控系统和公路、内河货物运输业发票税控系统专用设备包括税控盘和传输盘。

(2) 增值税纳税人 2011 年 12 月 1 日以后缴纳的技术维护费(不含补缴的 2011 年 11 月 30 日以前的技术维护费)，可凭技术维护服务单位开具的技术维护费发票，在增值税应纳税额中全额抵减，不足抵减的可结转下期继续抵减。技术维护费按照价格主管部门核定的标准执行。

(3) 增值税一般纳税人支付的二项费用在增值税应纳税额中全额抵减的，其增值税专用发票不作为增值税抵扣凭证，其进项税额不得从销项税额中抵扣。

(4) 纳税人购买的增值税税控系统专用设备自购买之日起 3 年内因质量问题无法正常使用的，由专用设备供应商负责免费维修，无法维修的免费更换。

【例题 1.25】 一家新开业的大型饮食公司，被认定为一般纳税人，初次购买了一批增值税税控系统，取得增值税专用发票上注明价款为 100 000 元，税款为 13 000 元。分析该业务对公司增值税的影响。

【解析】 本案例中的抵减税额 = 100 000 + 13 000 = 113 000(元)，按相关规定填报。

### 八、增值税税收优惠

增值税的免税、减税项目由国务院规定，其他任何地区、部门均不得规定免税、减税项目。

（一）法定免税项目

法定的免税项目有：

(1) 农业生产者销售的自产农产品；

(2) 避孕药品和用具；

(3) 古旧图书；

(4) 直接用于科学研究、科学试验和教学的进口仪器、设备；

(5) 外国政府、国际组织无偿援助的进口物资和设备；

(6) 由残疾人组织直接进口供残疾人专用的物品；

(7) 其他个人销售的自己使用过的物品。

（二）蔬菜、部分鲜活肉蛋产品流通环节增值税免税政策

2012 年 1 月 1 日起，从事蔬菜批发、零售的纳税人销售的蔬菜(不含蔬菜罐头)，免征流通环节增值税。

纳税人既销售蔬菜又销售其他增值税应税货物的，应分别核算蔬菜和其他增值税应税货物的销售额；未分别核算的，不得享受蔬菜增值税免税政策。

2012 年 10 月 1 日起，对从事农产品批发、零售的纳税人销售的部分鲜活肉蛋产品免征增值税。

免征增值税的鲜活肉产品是指猪、牛、羊、鸡、鸭、鹅及其整块或分割的鲜肉、冷藏或冷冻肉，内脏、头、尾、骨、蹄、翅、爪等组织。

免征增值税的鲜活蛋产品是指鸡蛋、鸭蛋、鹅蛋，包括鲜蛋、冷藏蛋以及对其进行破壳分离的蛋液、蛋黄和蛋壳。

（三）营改增免征增值税的项目

营改增免征增值税的项目有：

(1) 托儿所、幼儿园提供的保育和教育服务。

(2) 养老机构提供的养老服务。

(3) 残疾人福利机构提供的育养服务。

(4) 婚姻介绍服务。

(5) 殡葬服务。

(6) 残疾人员本人为社会提供的服务。

(7) 医疗机构提供的医疗服务。

(8) 从事学历教育的学校提供的教育服务。

(9) 学生勤工俭学提供的服务。

(10) 社会团体收取的会员费。

(11) 农业机耕、排灌、病虫害防治、植物保护、农牧保险以及相关技术培训业务，家禽、牲畜、水生动物的配种和疾病防治。

(12) 纪念馆、博物馆、文化馆、文物保护单位管理机构、美术馆、展览馆、书画院、图书馆在自己的场所提供文化体育服务取得的第一道门票收入。

(13) 寺院、宫观、清真寺和教堂举办文化、宗教活动的门票收入。

(14) 个人转让著作权。

(15) 个人销售自建自用住房。

(16) 家庭财产分割的个人无偿转让不动产、土地使用权。

家庭财产分割，包括下列情形：离婚财产分割；无偿赠予配偶、父母、子女、祖父母、外祖父母、孙子女、外孙子女、兄弟姐妹；无偿赠与对其承担直接抚养或者赡养义务的抚养人或者赡养人；房屋产权所有人死亡，法定继承人、遗嘱继承人或者受遗赠人依法取得房屋产权。

(17) 将土地使用权转让给农业生产者用于农业生产。

【例题 1.26】　健康餐饮公司 1 月份的部分采购情况如下：从农业生产者手中采购 200 万元蔬菜，按规定开具了农产品收购凭证；采购餐饮其他用品，取得了注明价款 100 万元的增值税专用发票；请运输公司负责运输采购物品，取得注明价款 50 万元的增值税专用发票(假设涉及增值税专用发票一共 65 份，农产品收购凭证 35 份)。本月由于保管不善，采购的部分蔬菜腐烂变质，成本为 100 000 元(其中运费成本为 5 000 元)，将部分新鲜蔬菜发放给员工作为福利，成本为 250 000 万元(其中运费成本为 12 500 元)。计算该公司上述业务的进项税额。

【解析】　本题中，1 月底在增值税发票查询平台确认上述增值税专用发票，于 2 月份抵扣进项税额。

其中：农产品的进项税额 = 2 000 000 × 9% = 180 000(元)；

其他用品的进项税额 = 1 000 000 × 13% = 130 000(元)；

运输费的进项税额 = 500 000 × 9% = 45 000(元)。

本案例中因保管不善发生蔬菜变质，属于非正常损失，按规定不得抵扣进项税额。

将收购的蔬菜发放职工福利，按规定也不得抵扣进项税额。

非正常损失涉及的进项税额 = 5 000 × 9% + (100 000 − 5 000) ÷ (1 − 9%) × 9%

= 9 845.60(元)；

集体福利涉及的进项税额 = 12 500 × 9% + (250 000 − 12 500) ÷ (1 − 9%) × 9%

= 24 614.01(元)；

进项税额转出 = 9 845.60 + 24 614.01 = 34 459.61(元)。

▶小提示

根据国家税务总局公告 2016 年第 26 号文件规定，餐饮行业增值税一般纳税人购进农业生产者自产农产品，可以使用国税机关监制的农产品收购发票，按照现行规定计算抵扣进项税额。有条件的地区，应积极在餐饮行业推行农产品进项税额核定扣除办法，按照《财政部　国家税务总局关于在部分行业试行农产品增值税进项税额核定扣除办法的通知》(财税〔2012〕38 号)有关规定计算抵扣进项税额。

## 九、进口货物应纳税额的计算

根据《增值税暂行条例》的规定，进口货物的单位和个人均应按规定缴纳增值税。

进口货物增值税的纳税人为进口货物的收货人或办理报关手续的单位和个人,包括国内一切从事进口业务的企事业单位、机关团体和个人。

根据《增值税暂行条例》的规定,申报进入中华人民共和国海关境内的货物,均应缴纳增值税。确定一项货物是否属于进口货物,看其是否有报关手续。只要是报关进境的应税货物,不论其用途如何,是自行采购用于贸易,还是自用;不论是购进,还是国外捐赠,均应按规定缴纳进口环节的增值税(免税进口的货物除外)。

进口货物增值税税率与一般纳税人在国内销售同类货物的税率相同。

纳税人进口货物,按照组成计税价格和适用的税率计算应纳税额,不得抵扣任何税额(即发生在我国境外的各种税金)。计算公式如下:

$$应纳税额 = 组成计税价格 \times 税率$$

进口货物在海关缴纳的增值税,符合抵扣范围的,凭海关完税凭证,可以从当期的销项税额中抵扣。

公式中组成计税价格包括已纳关税税额;如果进口货物属于消费税应税消费品,则还要包括进口环节已纳消费税税额。

$$组成计税价格 = 关税完税价格 + 关税 + 消费税$$

或

$$组成计税价格 = (关税完税价格 + 关税) \div (1 - 消费税税率)$$

【例题 1.27】某生产企业因生产需要从国外进口一批原材料,完税价格为 100 000 元,关税税率为 20%,按规定由海关代征增值税并取得海关开具的税款缴款书一份,相关税款通过银行转账付讫,货已验收入库。计算海关代征的增值税税额并进行相应的账务处理。

【解析】　关税 = 100 000 × 20% = 20 000.00(元);

组成计税价格 = 100 000.00 + 20 000.00 = 120 000.00(元);

海关代征的增值税 = 120 000.00 × 13% = 15 600.00(元)。

借:原材料　　　　　　　　　　　　　　　120 000.00
　　应交税费——应交增值税(进项税额)　　15 600.00
　　贷:银行存款　　　　　　　　　　　　　　　　135 600.00

▶小提示◀

关税在账务处理中属于采购成本,应计入所采购物资的入账价值中。

【例题 1.28】　增值税(一般纳税人)纳税申报表的案例如下:

希望集团公司是一家大型企业,被认定为一般纳税人。下属企业包括务实汽车生产公司、旺旺百货公司、酒香酒品生产公司、健康餐饮公司、平安运输公司;假设统一申报纳税,发生如下业务(销售业务均为当月数据;采购业务由于进项税额的抵扣时限问题,均在当月申报抵扣):

(1) 务实汽车生产公司当月生产某一畅销型号的小汽车 500 台,销售给代理商 480 台,每台不含税单价为 80 000 元,开具增值税专用发票,合计价款为 38 400 000 元,税款 4 992 000 元。购进原材料均取得增值税专用发票,本月申报抵扣,增值税专用发票共计 10 张,注明价款合计 3 500 000 元,税款 455 000 元。

(2) 旺旺百货公司当月的销售情况为:服装部营业额 5 000 000 元,鞋帽部营业额 4 500 000

元，珠宝专柜营业额 3 000 000 元。以上均开具增值税普通发票，价税合计 12 500 000 元。购进服装、鞋帽、珠宝等均取得增值税专用发票，本月申报抵扣，增值税专用发票共计 15 张，注明价款 10 000 000 元，税款 1 300 000 元。

(3) 酒香酒品生产公司当月生产白酒 1 000 吨，销售给代理商 900 吨，每吨不含税单价为 4 000 元，开具增值税专用发票，合计价款为 36 000 000 元，税款 4 680 000 元。从农民手中收购粮食生产白酒，开具收购凭证，注明收购价款合计 2 800 000 元；购入其他原材料取得增值税专用发票 12 张，本月申报抵扣，注明价款 1 500 000 元，税款 195 000 元。

(4) 健康餐饮公司当月营业额 1 200 000 元，均开具增值税普通发票。从蔬菜批发市场采购蔬菜，取得免税凭证，注明价款为 200 000 元；从其他批发市场购进食材及辅材，取得增值税专用发票共计 8 张，注明价款为 500 000 元，税款 65 000 元。

(5) 平安运输公司为其他公司提供货物运输服务，开具增值税专用发票，注明价款为 800 000 元，税款 72 000 元。部分货物跟其他公司联合运输，取得其他公司开具的增值税专用发票，注明价款 100 000 元，税款 9 000 元。

(6) 集团购进办公用品，取得增值税专用发票，注明价款 500 000 元，税款 65 000 元。办公用品均已领用。

(7) 以前月份已开具增值税专用发票并收取白酒价款 565 000 元，因白酒质量原因，经协商调减 20%，当月凭购买方税务机关出具的《开具红字增值税专用发票通知单》，开具红字增值税专用发票，注明价款 -100 000 元，税款 -13 000 元，相应款项已退还。

(8) 集团公司提供技术咨询服务实现收入 106 000 元，开具增值税专用发票，注明价款 100 000 元，税款 6 000 元。

(9) 收到某代理商以前月份拖欠的汽车销售应收款 3 390 000 元(已在所属月份开具增值税专用发票，并确认销项税额申报纳税)，经协商另收延期付款利息 30 000 元，并开具增值税普通发票。

(10) 集团公司支付广告费 318 000 元，取得增值税专用发票，注明价款 300 000 元，税款 18 000 元。

(11) 集团公司支付自来水公司通过银行托收水费 2 120 000 元，取得自来水公司开具的增值税专用发票，注明价款 2 000 000 元，税款 120 000 元。

(12) 进口新型汽车生产设备一台，进口价 1 500 000 元，报关进口时海关征收关税 200 000 元，增值税 221 000 元，分别取得海关关税完税凭证和海关进口增值税专用缴款书(本月报送电子数据，申请稽核比对)，价款、税款均已支付。

(13) 向主管税务机关查询海关进口增值税专用缴款书稽核比对结果信息。上月申请比对的两份海关进口增值税专用缴款书，其中进口白酒生产设备的海关进口增值税专用缴款书比对相符，金额 153 846.15 元，税款 20 000 元，进口货物运输设备的海关进口增值税专用缴款书比对不符，经核查不得抵扣的进项税额金额 76 923.08 元，税款 10 000 元。

(14) 支付境外某公司管理软件服务费 74 200 元，该境外公司境内无代理人；企业于当月将代扣代缴的增值税已向主管税务机关缴纳。

(15) 进项税额已抵扣的货物(适用税率13%)，职工福利部门领用 30 000 元。

(16) 一批生产物资(适用税率13%)因管理不善被盗，该物资账面实际成本为 20 000 元。

(17) 因企业经营业务调整，将一批运输公司更换的货车(适用税率均为13%)出售，使

用过的固定资产相关情况如下表 (开增值税普通发票):

| 固定资产名称 | 购置原值/元 | 进项税额抵扣 | 已提折旧/元 | 净值/元 | 出售金额/元 |
|---|---|---|---|---|---|
| 货车 | 500 000 | 未抵扣 | 260 000 | 240 000 | 300 000 |

(18) 支付增值税税款系统技术维护费用合计付款 6 600 元, 取得增值税专用发票, 注明价款 6 226.42 元, 税款 373.58 元。

根据上述业务完成该企业的增值税申报。

**【解析】** (1) 务实汽车生产公司当期的计税销售额 = 38 400 000(元);

销项税额 = 4 992 000(元);

可抵扣的进项税额 = 455 000(元)。

(2) 旺旺百货公司当期的计税销售额 = 12 500 000 ÷ (1 + 13%) = 11 061 946.90(元);

销项税额 = 11 061 946.90 × 13% = 1 438 053.10(元);

可抵扣的进项税额 = 1 300 000(元)。

(3) 酒香酒品生产公司当期的计税销售额 = 36 000 000(元);

销项税额 = 4 680 000(元);

收购农产品可抵扣的进项税额 = 2 800 000 × 10% = 280 000(元);

其他购进可抵扣的进项税额 = 195 000(元)。

(4) 健康餐饮公司当期的计税销售额 = 1 200 000 ÷ (1 + 6%) = 1 132 075.47(元);

销项税额 = 1 132 075.47 × 6% = 67 924.53(元);

其他购进可抵扣的进项税额 = 65 000(元)。

(5) 平安运输公司当期的计税销售额 = 800 000(元);

销项税额 = 72 000(元);

可抵扣的进项税额 = 9 000(元)。

(6) 购买办公用品可抵扣的进项税额 = 65 000(元)。

(7) 销售折让应冲减的销项税额 = 13 000(元)。

(8) 提供技术咨询服务的计税销售额 = 100 000(元);

销项税额 = 6 000(元)。

(9) 收到的延期付款利息的计税销售额 = 30 000 ÷ (1 + 13%) = 26 548.67(元);

销项税额 = 26 548.67 × 13% = 3 451.33(元)。

(10) 广告费可抵扣的进项税额 = 18 000(元)。

(11) 自来水可抵扣的进项税额 = 120 000(元)。

(12) 本月报送电子数据, 申请稽核比对, 本期不可申报抵扣。

(13) 比对相符的, 可以抵扣进项税额 = 20 000(元), 比对不符的不得抵扣进项税额。

(14) 代扣代缴的增值税已经缴纳, 不用再次申报。

(15) 职工福利部分领用外购货物的, 进项税额不得抵扣。已抵扣进项税额的货物福利部门领用应进项税额转出 = 30 000 × 13% = 3 900(元)。

(16) 一批生产物资因管理不善被盗属于非正常损失, 不得抵扣进项税额, 已抵扣的, 要做转出处理。

进项税额转出 = 20 000 × 13% = 2 600(元)。

(17) 出售旧货按简易方法计算：

销售额 = 含税销售额 ÷ (1 + 3%) = 300 000 ÷ (1 + 3%) = 291 262.14(元)；

应纳税额 = 销售额 × 2% = 291 262.14 × 2% = 5 825.24(元)。

(18) 当期支付税控系统技术维护费可抵扣的增值税 = 6 600(元)。

根据税法规定，计算当期应纳增值税：

当期销项税额 = 4 992 000 + 1 438 053.10 + 4 680 000 + 67 924.53 + 72 000 −

13 000 + 6 000 + 3 451.33 = 11 246 428.96(元)；

当期进项税额 = 455 000 + 1 300 000 + 280 000 + 195 000 + 65 000 + 9 000 +

65 000 + 18 000 + 120 000 + 20 000 = 2 527 000.00(元)；

当期进项税额转出 = 3 900 + 2 600 = 6 500.00(元)；

当期支付税控系统技术维护费可抵扣的增值税 = 6 600.00(元)；

当期出售固定资产按简易方法计算的应纳增值税额 = 5 825.24(元)；

当期应纳增值税额 = 11 246 428.96 − (2 527 000.00−6 500.00) −

6 600.00 + 5 825.24 = 8 725 154.20(元)。

其中，月末"应交税费——应交增值税"明细账贷方余额应转入"应交税费——未交增值税"：

借：应交税费——应交增值税(转出未交增值税)　　　　8 725 154.20

贷：应交税费——未交增值税　　　　　　　　　　　　8 725 154.20

**思考**：简易计税方法计算的增值税的账务处理与销项税额的账务处理有何差异？

**知识拓展**：根据上述资料填报增值税纳税申报表及其附列资料。

增值税纳税申报表及填表说明详见二维码

# 任务五　简易计税方法

小规模纳税人采用的是简易计税方法计算应纳增值税，征收率为 3%。小规模纳税人不得开具增值税专用发票，只能自行开具增值税普通发票，但是可以由税务机关代开增值税专用发票。

## 一、小规模纳税人的管理

小规模纳税人实行简易征税办法，并且一般不使用增值税专用发票。

基层税务机关要加强对小规模生产企业财会人员的培训，帮助建立会计账簿。只要小规模企业会计核算健全(有会计，有账册，能够正确计算进项税额、销项税额和应纳税额)，能按规定报送有关税务资料，就可以向主管税务机关申请资格认定为增值税一般纳税人。

对没有条件设置专职会计人员的小规模企业，在纳税人自愿并配有本单位兼职会计人员的前提下，可采取以下措施，使兼职人员尽快独立工作，进行会计核算。

(1) 由税务机关帮助小规模企业从税务师事务所、税务咨询机构等聘请会计人员建账、核算。

(2) 由税务机关组织从事过财会业务，有一定工作经验，政治上可靠，遵纪守法的离、退休会计人员，帮助小规模企业建账、核算。

(3) 在职会计人员经所在单位同意，主管税务机关批准，也可以到小规模企业兼任会计。小规模企业可以单独聘请会计人员，也可以几个企业联合聘请会计人员。

## 二、小规模纳税人应纳税额的计算

根据《增值税暂行条例》规定，小规模纳税人销售货物、劳务、服务、无形资产、不动产，按简易计税方法计算，即按销售额和规定的征收率计算应纳税额，不得抵扣进项税额，同时，销售货物或提供劳务和服务也不得自行开具增值税专用发票。

小规模纳税人应缴税额的计算公式为

$$应纳税额 = 销售额 × 征收率$$

公式中的销售额与一般纳税人的销售额的规定内容一致。

## 三、含税销售额的换算

由于小规模纳税人销售货物自行开具的发票是普通发票，发票上列示的销售额是含增值税的销售额，因此，在计算时要换算为不含增值税的销售额。换算公式为

$$不含税销售额 = 含税销售额 ÷ (1 + 征收率)$$

## 四、营改增行业的相关规定

根据"营改增"文件规定，小规模纳税人提供应税服务适用简易计税方法计税。

简易计税方法的应纳税额，是指按照销售额和增值税征收率计算的增值税额，不得抵扣进项税额。应纳税额计算公式为

$$应纳税额 = 销售额 × 征收率$$

简易计税方法的销售额不包括其应纳税额，纳税人采用销售额和应纳税额合并定价方法的，按照下列公式计算销售额：

$$销售额 = 含税销售额 ÷ (1 + 征收率)$$

纳税人适用简易计税方法计税的，因销售折让、中止或者退回而退还给购买方的销售额，应当从当期销售额中扣减。扣减当期销售额后仍有余额造成多缴的税款，可以从以后的应纳税额中扣减。增值税征收率按3%计算。

## 五、主管税务机关代开发票的规定

小规模纳税人销售货物或提供应税劳务，可以申请由主管税务机关代开发票。主管税务机关为小规模纳税人代开增值税专用发票，应在专用发票"单价"栏和"金额"栏分别

填写不含增值税税额的单价和销售额，其应纳税额按销售额依据征收率计算。

## 六、起 征 点

个人发生应税行为的销售额未达到增值税起征点的，免征增值税；达到起征点的，全额计算缴纳增值税。

增值税起征点的适用范围限于个人，不适用于登记为一般纳税人的个体工商户。

增值税起征点幅度如下：

(1) 按期纳税的，为月销售额 5 000～20 000 元(含本数)。

(2) 按次纳税的，为每次(日)销售额 300～500 元(含本数)。

起征点的调整由财政部和国家税务总局规定。省、自治区、直辖市财政厅(局)和国家税务局应当在规定的幅度内，根据实际情况确定本地区适用的起征点，并报财政部和国家税务总局备案。

增值税小规模纳税人，月销售额不超过 10 万元(含本数)的，按照规定免征增值税。

纳税人提供的适用简易计税方法计税的应税服务，因服务中止或者折让而退还给接受方的销售额，应当从当期销售额中扣减。扣减当期销售额后仍有余额造成多缴的税款，可以从以后的应纳税额中扣减。

纳税人兼营免税、减税项目的，应当分别核算免税、减税项目的销售额；未分别核算的，不得免税、减税。

纳税人提供应税服务，将价款和折扣额在同一张发票上分别注明的，以折扣后的价款为销售额；未在同一张发票上分别注明的，以价款为销售额，不得扣减折扣额。

## 七、小规模纳税人购进税控收款机的进项税额抵扣

2004 年 12 月 1 日起，小规模纳税人购置税控收款机，经主管税务机关审核批准后，可凭购进税控收款机的增值税专用发票，按照发票上注明的增值税额，抵免当期应纳增值税；或者按照购进税控收款机取得的普通发票上注明的价款，依照下列公式计算可抵免的税额：

$$可抵免的税额 = 价款 ÷ (1 + 13\%) × 13\%$$

当期应纳税额不足抵免的，未抵免的部分可在下期继续抵免。

【例题 1.29】　立信制造厂系小规模纳税人，5 月 5 日购入原材料一批，增值税专用发票上注明价款 10 000 元，税款 1 300 元，款项已通过银行转账付讫，材料已验收入库。5 月 25 日销售一批产品，货款 51 500 元，已通过银行转账收讫。计算该厂应缴纳的增值税并对上述业务进行相应的财务处理。

【解析】借：原材料　　　　　　　　　　　　11 300.00

　　　　　　贷：银行存款　　　　　　　　　　　　11 300.00

不含税销售额 = 51 500.00 ÷ (1 + 3%) = 50 000.00(元)；

应纳税额 = 50 000.00 × 3% = 1 500.00(元)。

借：银行存款　　　　　　　　　　　　51 500.00

　　贷：主营业务收入　　　　　　　　　　50 000.00

　　　　应交税费——应交增值税　　　　　1 500.00

【例题 1.30】某运输企业为增值税小规模纳税人,8 月货物运输共计实现收入 300 000 元,其中,100 000 元开具增值税专用发票;103 000 元通过税务机关代开增值税专用发票,并在开票时缴纳增值税 3 000 元;其余收入未开具发票。计算该企业当月应缴纳的增值税。

【解析】 当月该运输企业应纳增值税 = 300 000 ÷ (1 + 3%) × 3% = 8 737.86(元);

扣除税务机关代开增值税专用发票时已征收的增值税,当月还应缴纳增值税额 = 8 737.86-3000 = 5 737.86(元)。

# 任务六 其 他 规 定

## 一、纳税期限

增值税的纳税期限分别为 1 日、3 日、5 日、10 日、15 日、1 个月或者 1 个季度。纳税人的具体纳税期限,由主管税务机关根据纳税人应纳税额的大小分别核定。以 1 个季度为纳税期限的规定适用于小规模纳税人及财政部和国家税务总局规定的其他纳税人。不能按照固定期限纳税的,可以按次纳税。

以 1 个季度为纳税期限的规定适用于小规模纳税人、银行、财务公司、信托投资公司、信用社,以及财政部和国家税务总局规定的其他纳税人。不能按照固定期限纳税的,可以按次纳税。

按固定期限纳税的小规模纳税人可以选择以 1 个月或 1 个季度为纳税期限,一经选择,一个会计年度内不得变更。

纳税人以 1 个月或者 1 个季度为 1 个纳税期的,自期满之日起 15 日内申报纳税;以 1 日、3 日、5 日、10 日或者 15 日为 1 个纳税期的,自期满之日起 5 日内预缴税款,于次月 1 日起 15 日内申报纳税并结清上月应纳税款。

进口货物,应当自海关填发海关进口增值税专用缴款书之日起 15 日内缴纳税款。

扣缴义务人解缴税款的期限,按照上述规定执行。

## 二、纳税地点

### (一) 固定业户的纳税地点

固定业户应当向其机构所在地主管税务机关申报纳税。

总机构和分支机构不在统一县(市)的,应当分别向各自所在地主管税务机关申报纳税;经国务院财政、税务主管部门或者其授权的财政、税务机关批准,可以由总机构汇总向总机构所在地主管税务机关申报纳税。

### (二) 非固定业户的纳税地点

非固定业户销售货物或提供应税劳务,应当向销售地或劳务发生地主管税务机关申报纳税。未向销售地或劳务发生地主管税务机关申报纳税的,由其机构所在地或居住地主管税务机关补征税款。

（三）进口货物的纳税地点

进口货物，应当由进口人或其代理人向报关地海关申报纳税。

（四）扣缴义务人的纳税地点

扣缴义务人应当向其机构所在地或居住地的主管税务机关申报缴纳其扣缴的税款。

# 项目二

# 消　费　税

## 任务一　纳　税　人

### 一、一般规定

根据《中华人民共和国消费税暂行条例》的规定，在中华人民共和国境内生产、委托加工和进口条例规定的消费品的单位和个人，以及国务院确定的销售条例规定的消费品的其他单位和个人，为消费税的纳税人，应当依照条例缴纳消费税。

单位是指国有企业、集体企业、私有企业、股份制企业、外商投资企业、外国企业、行政单位、事业单位、军事单位、社会团体及其他企业和单位。

个人是指个体工商户及其他个人。

中华人民共和国境内是指生产、委托加工和进口应税消费品的起运地或所在地在中华人民共和国境内。

### 二、具体内容

纳税人具体包括以下几方面：

(1) 生产应税消费品的单位和个人；

(2) 进口应税消费品的单位和个人；

(3) 委托加工应税消费品的单位和个人；

(4) 国务院确定的销售应税消费品的单位和个人。

### 三、其他规定

(1) 委托加工的应税消费品由受托方于委托方提货时代收代缴(受托方为个体经营者除外)。

(2) 自产自用的应税消费品，由自产自用单位和个人在移送使用时缴纳消费税。

(3) 工业企业以外的单位和个人的下列行为视为应税消费品的生产行为，按规定征收消费税：

① 将外购的消费税非应税产品以消费税应税产品对外销售的；

② 将外购的消费税低税率应税产品以高税率应税产品对外销售的。

(4) 外购电池、涂料大包装改成小包装或者外购电池、涂料不经加工只贴商标的行为，视同应税消费税品的生产行为。

(5) 个人携带或邮寄入境的应税消费品的消费税，连同关税一并计征，由携带入境者或收件人缴纳消费税。

发生上述(3)、(4)生产行为的单位和个人应按规定申报缴纳消费税。

# 任务二　征税范围

消费税的征收范围为在中华人民共和国境内生产、委托加工和进口条例规定的消费品。现行的消费税共有 15 种消费品。

## 一、烟

烟是指以烟叶为原料加工生产的特殊消费品，包括卷烟、雪茄烟和烟丝。

(1) 卷烟是指将各种烟叶切成烟丝，按照配方要求均匀混合，加入糖、酒、香料等辅料，用白色盘纸、棕色盘纸、涂布纸或烟草薄片经机器或手工卷制的普通卷烟和雪茄型卷烟。

(2) 雪茄烟是指以晾晒烟为原料或者以晾晒烟和烤烟为原料，用烟叶或卷烟纸、烟草薄片作为烟支内包皮，再用烟叶作为烟支外包皮，经机器或手工卷制而成的烟草制品。按内包皮所用材料的不同可分为全叶卷雪茄烟和半叶卷雪茄烟。雪茄烟的征税范围包括各种规格、型号的雪茄烟。

(3) 烟丝是指将烟叶切成丝状、粒状、片状、末状或其他形状，再加入辅料，经过发酵、储存，不经卷制即可供销售吸用的烟草制品。烟丝的征税范围包括以烟叶为原料加工生产的不经卷制的散装烟，如斗烟、莫合烟、烟末、水烟、黄红烟丝等。

## 二、酒

酒包括白酒、黄酒、啤酒和其他酒，具体如下：

(1) 白酒是指以各种粮食或各种干鲜薯类为原料，经过糖化、发酵后，采用蒸馏方法酿制的酒。用甜菜酿制的白酒，比照白酒征税。

(2) 黄酒是指以糯米、粳米、籼米、大米、黄米、玉米、小麦、薯类等为原料，经加温、糖化、发酵、压榨酿制的酒。由于工艺、配料和含糖量的不同，黄酒分为干黄酒、半干黄酒、半甜黄酒、甜黄酒 4 类。黄酒的征税范围包括各种原料酿制的黄酒和酒度超过 12 度(含 12 度)的土甜酒。

(3) 啤酒是指以大麦或其他粮食为原料，加入啤酒花，经糖化、发酵、过滤酿制的含有二氧化碳的酒。啤酒按照杀菌方法的不同，可分为熟啤酒和生啤酒(或鲜啤酒)。啤酒的征税范围包括各种包装和散装的啤酒，无醇啤酒比照啤酒征税。对啤酒源、菠萝啤酒，应按啤酒征收消费税。"果啤"属于啤酒，应征消费税(国税函[2005]333号)。"果啤"是一种口味介于啤酒和饮料之间的低度酒精饮料，主要成分为啤酒和果汁。对饮食业、商业、娱乐业举办的啤酒屋(啤酒坊)利用啤酒生产设备生产的啤酒，应当征收消费税。

(4) 其他酒是指白酒、黄酒、啤酒以外，酒度在1度以上的各种酒，包括糠款白酒、其他原料白酒、土甜酒、复制酒、果木酒、汽酒、药酒等。对企业以白酒和酒精为酒基加入果汁、香料、色素、药材、补品、糖、调料等配制或泡制的酒，不按"其他酒"子目中的"复制酒"征税，一律按照酒基所用原料确定白酒的适用税率。酒基所用原料无法确定的，一律按粮食白酒的税率征收消费税。对以黄酒为酒基生产的配制或泡制酒，仍按"其他酒"的税率征收消费税。调味料酒不征收消费税。其他配制酒按白酒税率征收消费税。

## 三、高档化妆品

根据财税〔2016〕103号文件规定，取消对普通美容、修饰类化妆品征收消费税，将"化妆品"税目名称更名为"高档化妆品"。征税范围包括高档美容、修饰类化妆品、高档护肤类化妆品和成套化妆品。

高档美容、修饰类化妆品和高档护肤类化妆品是指生产(进口)环节销售(完税)价格(不含增值税)在10元/毫升(克)或15元/片(张)及以上的美容、修饰类化妆品和护肤类化妆品。

舞台、戏剧、影视演员化妆用的上妆油、卸妆油、油彩、发胶和头发漂白剂等，不属于本税目征收范围。

## 四、贵重首饰及珠宝玉石

本税目征收范围包括各种金银珠宝首饰和经采掘、打磨、加工的各种珠宝玉石。

(1) 金银珠宝首饰：包括凡以金、银、白金、宝石、珍珠、钻石、翡翠、珊瑚、玛瑙等高贵稀有物质及其他金属、人造宝石等制作的各种纯金银首饰及镶嵌首饰(含人造金银、合成金银首饰等)。

(2) 珠宝玉石的种类：包括钻石、珍珠、松石、青金石、欧泊石、橄榄石、长石、玉、石英、玉髓、石榴石、锆石、尖晶石、黄玉、碧玺、金绿玉、绿柱石、刚玉、琥珀、珊瑚、煤玉、龟甲、合成刚玉、合成宝石、双合石、玻璃仿制品等。

宝石坯是经采掘、打磨、初级加工的珠宝玉石半成品，因此，对宝石坯应按规定征收消费税。

## 五、鞭炮、焰火

鞭炮，又称爆竹，是用多层纸密裹火药，接以药引线制成的一种爆炸品。

焰火，指烟火剂，一般系包扎品，内装药剂，点燃后烟火喷射，呈各种颜色，有的还变幻成各种景象，分平地小焰火和空中大焰火两类。

本税目征收范围包括各种鞭炮、焰火。通常分为13类，即喷花类、旋转类、旋转升空类、火箭类、吐珠类、线香类、小礼花类、烟雾类、造型玩具类、爆竹类、摩擦炮类、组合烟花类、礼花弹类。体育上用的发令纸，鞭炮药引线，不按本税目征收。

## 六、成品油

本税目包括汽油、柴油、石脑油、溶剂油、航空煤油、润滑油、燃料油七个子目。

(1) 汽油：汽油是指用原油或其他原料加工生产的辛烷值不小于 66 的可用作汽油发动机燃料的各种轻质油。含铅汽油是指铅含量每升超过 0.013 克的汽油。汽油分为车用汽油和航空汽油。以汽油、汽油组分调和生产的甲醇汽油、乙醇汽油也属于本税目征收范围。

(2) 柴油：柴油是指用原油或其他原料加工生产的倾点或凝点在 –50℃～30℃ 的可用作柴油发动机燃料的各种轻质油和以柴油组分为主、经调和精制可用作柴油发动机燃料的非标油。以柴油、柴油组分调和生产的生物柴油也属于本税目征收范围。

根据《财政部、国家税务总局关于对利用废弃的动植物油生产纯生物柴油免征消费税的通知》(财税〔2010〕118 号 )规定，2009 年 1 月 1 日起，对同时符合下列条件的纯生物柴油免征消费税：

① 生产原料中废弃的动物油和植物油用量所占比重不低于 70%。

② 生产的纯生物柴油符合国家《柴油机燃料调和用生物柴油(BD100)》标准。

对不符合上述规定的生物柴油，或者以柴油、柴油组分调和生产的生物柴油照章征收消费税。

财政部、国家税务总局又下发《关于明确废弃动植物油生产纯生物柴油免征消费税适用范围的通知》(财税〔2011〕46 号)，对"废弃的动物油和植物油"的范围明确如下：

① 餐饮、食品加工单位及家庭产生的不允许食用的动植物油脂，主要包括泔水油、煎炸废弃油、地沟油和抽油烟机凝析油等。

② 利用动物屠宰分割和皮革加工修削的废弃物处理提炼的油脂，以及肉类加工过程中产生的非食用油脂。

③ 食用油脂精炼加工过程中产生的脂肪酸、甘油脂及含少量杂质的混合物，主要包括酸化油、脂肪酸、棕榈酸化油、棕榈油脂肪酸、白土油及脱臭馏出物等。

④ 油料加工或油脂储存过程中产生的不符合食用标准的油脂。

(3) 石脑油：石脑油又叫化工轻油，是以原油或其他原料加工生产的用于化工原料的轻质油。石脑油的征税范围包括汽油、柴油、航空煤油、溶剂油以外的各种轻质油。非标汽油、重整生成油、拔头油、戊烷原料油、轻裂解料(减压柴油 VGO 和常压柴油 AGO)、重裂解料、加氢裂化尾油、芳烃抽余油均属轻质油，属于石脑油征税范围。

(4) 溶剂油：溶剂油是用原油或其他原料加工生产的用于涂料、油漆、食用油、印刷油墨、皮革、农药、橡胶、化妆品生产和机械清洗、胶黏行业的轻质油。橡胶填充油、溶剂油原料，属于溶剂油征税范围。

(5) 航空煤油：航空煤油也叫喷气燃料，是用原油或其他原料加工生产的用作喷气发动机和喷气推进系统燃料的各种轻质油。

(6) 润滑油：润滑油是用原油或其他原料加工生产的用于内燃机、机械加工过程的润滑产品。润滑油分为矿物性润滑油、植物性润滑油、动物性润滑油和化工原料合成润滑油。

润滑油的征税范围包括矿物性润滑油、矿物性润滑油基础油、植物性润滑油、动物性润滑油和化工原料合成润滑油。以植物性、动物性和矿物性基础油(或矿物性润滑油)混合掺配而成的"混合性"润滑油,不论矿物性基础油(或矿物性润滑油)所占比例高低,均属润滑油的征税范围。

变压器油、导热类油等绝缘油类产品不属于应征消费税的润滑油,不征收消费税。

(7) 燃料油:燃料油也称重油、渣油,是用原油或其他原料加工生产的,主要用作电厂发电、锅炉用燃料、加热炉燃料、冶金和其他工业炉燃料。腊油、船用重油、常压重油、减压重油、180CTS 燃料油、7 号燃料油、糠醛油、工业燃料、4～6 号燃料油等油品主要是作为燃料燃烧,属于燃料油征税范围。

《财政部、国家税务总局〈关于对成品油生产企业生产自用油免征消费税的通知〉》(财税〔2010〕98 号)规定,2009 年 1 月 1 日起,对成品油生产企业在生产成品油过程中,作为燃料、动力及原料消耗掉的自产成品油,免征消费税。对用于其他用途或直接对外销售的成品油,照章征收消费税。从 2009 年 1 月 1 日到本通知下发前,成品油生产企业生产自用油已经缴纳的消费税,符合上述免税规定的,予以退还。

根据国家税务总局公告 2012 年第 46 号文件的规定,2012 年 11 月 1 日起,催化料、焦化料属于燃料油的征税范围,应当征收消费税。

# 七、摩托车

本税目征收范围包括气缸容量 250 毫升和 250 毫升(不含)以上的摩托车。

# 八、小汽车

汽车是指由动力驱动,具有 4 个或 4 个以上车轮的非轨道承载的车辆。本税目征收范围包括乘用车、中轻型商用客车、超豪华小汽车。

## (一) 乘用车

乘用车是指含驾驶员座位在内不超过 9 个座位(含)的,在设计和技术特性上用于载运乘客和货物的各类乘用车。

用排气量小于 1.5 升(含)的乘用车底盘(车架)改装、改制的车辆属于乘用车征税范围。

## (二) 中轻型商用客车

中轻型商用客车是指含驾驶员座位在内的座位数在 10 至 23 座(含 23 座)的,在设计和技术特性上用于载运乘客和货物的各类中轻型商用客车。

用排气量大于 1.5 升的乘用车底盘(车架)或用中轻型商用客车底盘(车架)改装、改制的车辆属于中轻型商用客车征税范围。

含驾驶员人数(额定载客)为区间值的(如 8～10 人;17～26 人)小汽车,按其区间值下限人数确定征税范围。

车身长度大于 7 米(含),并且座位在 10 至 23 座(含)以下的商用客车,不属于中轻型商用客车征税范围,不征收消费税。

### (三) 超豪华小汽车

超豪华小汽车是指每辆零售价格为 130 万元(不含增值税)及以上的乘用车和中轻型商用客车。

对于购进乘用车或中轻型商用客车整车改装生产的汽车,应按规定征收消费税。

企业购进货车或厢式货车改装生产的商务车、卫星通信车等专用汽车不征收消费税;电动汽车、沙滩车、雪地车、卡丁车、高尔夫车不属于消费税征收范围,不征收消费税。

## 九、高尔夫球及球具

高尔夫球及球具是指从事高尔夫球运动所需的各种专用装备,包括高尔夫球、高尔夫球杆及高尔夫球包(袋)等。

高尔夫球是指重量不超过 45.93 克、直径不超过 42.67 毫米的高尔夫球运动比赛、练习用球;高尔夫球杆是指被设计用来打高尔夫球的工具,由杆头、杆身和握把三部分组成;高尔夫球包(袋)是指专用于盛装高尔夫球及球杆的包(袋)。

本税目征收范围包括高尔夫球、高尔夫球杆、高尔夫球包(袋)。高尔夫球杆的杆头、杆身和握把属于本税目的征收范围。

## 十、高档手表

高档手表是指销售价格(不含增值税)每只在 10 000 元(含)以上的各类手表。本税目征收范围包括符合以上标准的各类手表。

## 十一、游艇

游艇是指长度大于 8 米小于 90 米,船体由玻璃钢、钢、铝合金、塑料等多种材料制作,可以在水上移动的水上浮载体。按照动力划分,游艇分为无动力艇、帆艇和机动艇。

本税目征收范围包括艇身长度大于 8 米(含)小于 90 米(含),内置发动机,可以在水上移动,一般为私人或团体购置,主要用于水上运动和休闲娱乐等非牟利活动的各类机动艇。

## 十二、木制一次性筷子

木制一次性筷子又称卫生筷子,是指以木材为原料,经过锯段、浸泡、旋切、刨切、烘干、筛选、打磨、倒角、包装等环节加工而成的各类一次性使用的筷子。

本税目征收范围包括各种规格的木制一次性筷子。未经打磨、倒角的木制一次性筷子属于本税目征税范围。

## 十三、实木地板

实木地板是指以木材为原料,经锯割、干燥、刨光、截断、开榫、涂漆等工序加工而成的块状或条状的地面装饰材料。实木地板按生产工艺不同,可分为独板(块)实木地板、实木指接地板、实木复合地板三类;按表面处理状态不同,可分为未涂饰地板(白坯板、素板)和漆饰地板两类。

本税目征收范围包括各类规格的实木地板、实木指接地板、实木复合地板及用于装饰墙壁、天棚的侧端面为榫、槽的实木装饰板。未经涂饰的素板属于本税目征税范围。

## 十四、电池

电池是一种将化学能、光能等直接转换为电能的装置，一般有电极、电解质、容器、极端，通常还有隔离层组成的基本功能单元，以及用一个或多个基本功能单元装配成的电池组。其范围包括原电池、蓄电池、燃料电池、太阳能电池和其他电池。

### (一) 原电池

原电池又称一次电池，是按不可以充电设计的电池。按照电极所含的活性物质分类，原电池包括锌原电池、锂原电池和其他原电池。

### (二) 蓄电池

蓄电池又称二次电池，是按可充电、重复使用设计的电池，包括酸性蓄电池、碱性或其他非酸性蓄电池、氧化还原液流蓄电池和其他蓄电池。

### (三) 燃料电池

燃料电池，指通过一个电化学过程，将连续供应的反应物和氧化剂的化学能直接转换为电能的电化学发电装置。

### (四) 太阳能电池

太阳能电池是将太阳光能转换成电能的装置，包括晶体硅太阳能电池、薄膜太阳能电池、化合物半导体太阳能电池等，但不包括用于太阳能发电储能的蓄电池。

### (五) 其他电池

其他电池指除原电池、蓄电池、燃料电池、太阳能电池以外的电池。

对无汞原电池、金属氢化物镍蓄电池(又称"氢镍蓄电池"或"镍氢蓄电池")、锂原电池、锂离子蓄电池、太阳能电池、燃料电池和全钒液流电池免征消费税。

## 十五、涂料

涂料是指涂于物体表面能形成具有保护、装饰或特殊性能的固态涂膜的一类液体或固体材料的总称。

涂料由主要成膜物质、次要成膜物质等构成。按主要成膜物质，涂料可分为油脂类、天然树脂类、酚醛树脂类、沥青类、醇酸树脂类、氨基树脂类、硝基类、过滤乙烯树脂类、烯类树脂类、丙烯酸酯类树脂类、聚酯树脂类、环氧树脂类、聚氨酯树脂类、元素有机类、橡胶类、纤维素类、其他成膜物类等。

对施工状态下挥发性有机物(Volatile Organic Compounds,VOC)含量低于 420 克/升(含)

的涂料免征消费税。

# 任务三 税 率

消费税的税率有两种形式：一种是比例税率；另一种是定额税率，即单位税额。一般情况下，对一种消费品只选择一种税率形式，但为了更有效地保全消费税税基，对一些应税消费品如卷烟、白酒，采用定额税率和比例税率双重征收形式。

## 一、具体的税目税率

具体的税目税率如表 2-1 所示。

表 2-1 税目税率

| 税 目 | 税 率 | | |
|---|---|---|---|
| | 生产(进口)环节 | 批发环节 | 零售环节 |
| (一) 烟 | | | |
| 1.卷烟 | | | |
| (1) 甲类卷烟【调拨价 70 元(不含增值税)/标准条以上(含 70 元)】 | 56%加 0.003 元/支 | | |
| (2) 乙类卷烟【调拨价 70 元(不含增值税)/标准条以下】 | 36%加 0.003 元/支 | | |
| (3) 商业批发 | | 11%加 0.005 元/支 | |
| 2. 雪茄烟 | 36% | | |
| 3. 烟丝 | 30% | | |
| (二) 酒 | | | |
| 1. 白酒 | 20%加 0.5 元/斤(或者 500 毫升) | | |
| 2. 黄酒 | 240 元/吨 | | |
| 3. 啤酒 | | | |
| (1) 甲类啤酒【每吨出厂价格(含包装物及包装物押金)在 3 000 元(含 3 000 元，不含增值税)以上的】 | 250 元/吨 | | |
| (2) 乙类啤酒【每吨出厂价格(含包装物及包装物押金)在 3 000 元(不含增值税)以下的】 | 220 元/吨 | | |
| (3) 娱乐业和饮食业自制的 | 250 元/吨 | | |
| 4. 其他酒 | 10% | | |
| (三) 高档化妆品 | 15% | | |
| (四) 贵重首饰及珠宝玉石 | | | |
| 1.金、银、铂金首饰和钻石、钻石饰品 | | | 5% |
| 2.其他贵重首饰和珠宝玉石 | 10% | | |
| (五) 鞭炮、焰火 | 15% | | |

续表

| 税 目 | 税 率 | | |
|---|---|---|---|
| | 生产(进口)环节 | 批发环节 | 零售环节 |
| (六) 成品油 | | | |
| 1. 汽油 | 1.52 元/升 | | |
| 2. 石脑油 | 1.52 元/升 | | |
| 3. 溶剂油 | 1.52 元/升 | | |
| 4. 润滑油 | 1.52 元/升 | | |
| 5. 柴油 | 1.20 元/升 | | |
| 6. 航空煤油 | 1.20 元/升 | | |
| 7. 燃料油 | 1.20 元/升 | | |
| (七) 摩托车 | | | |
| 1. 气缸容量(排气量,下同)在 250 毫升(含 250 毫升)的 | 3% | | |
| 2. 气缸容量在 250 毫升以上的 | 10% | | |
| (八) 小汽车 | | | |
| 1. 乘用车 | | | |
| (1) 气缸容量(排气量,下同)在 1.0 升(含 1.0 升)以下的 | 1% | | |
| (2) 气缸容量在 1.0 升以上至 1.5 升(含 1.5 升)的 | 3% | | |
| (3) 气缸容量在 1.5 升以上至 2.0 升(含 2.0 升)的 | 5% | | |
| (4) 气缸容量在 2.0 升以上至 2.5 升(含 2.5 升)的 | 9% | | |
| (5) 气缸容量在 2.5 升以上至 3.0 升(含 3.0 升)的 | 12% | | |
| (6) 气缸容量在 3.0 升以上至 4.0 升(含 4.0 升)的 | 25% | | |
| (7) 气缸容量在 4.0 升以上的 | 40% | | |
| 2. 中轻型商用客车 | 5% | | |
| 3. 超豪华小汽车 | 按乘用车和中轻型商用客车的规定征税 | | 10% |
| (九) 高尔夫球及球具 | 10% | | |
| (十) 高档手表 | 20% | | |
| (十一) 游艇 | 10% | | |
| (十二) 木制一次性筷子 | 5% | | |
| (十三) 实木地板 | 5% | | |
| (十四) 电池 | 4% | | |
| (十五) 涂料 | 4% | | |

非标准条包装卷烟应当折算成标准条包装卷烟的数量,以其实际销售收入计算确定其折算成标准条包装后的实际销售价格,并确定适用的比例税率。折算的实际销售价格高于计税价格的,应按照折算的实际销售价格确定适用的比例税率;折算的实际销售价格低于计税价格的,应按照同牌号规格标准包装卷烟的计税价格和适用税率征税。非标准条包装卷烟,是指每条包装多于或者少于 200 支的条包装卷烟。

消费税税目、税率的调整，由国务院决定。

　　纳税人兼营不同税率的应税消费税的，即生产销售两种税率以上的应税消费品时，应当分别核算不同税率应税消费品的销售额、销售数量。未分别核算销售额、销售数量的，按最高税率征税。将不同税率的应税消费品组成成套消费品销售的，以及将应税消费品与非应税消费品组成成套应税消费品销售的，按最高税率征税。

## 二、进口卷烟消费税税率的规定(由海关负责代征)

　　2004 年 3 月 1 日起，进口卷烟消费税适用比例税率按以下办法确定：

　　第一，每标准条进口卷烟(200 支)确定消费税适用比例税率的价格 = (关税完税价格 + 关税 + 消费税定额税率) ÷ (1 - 消费税税率)。其中，关税完税价格和关税为每标准条进口卷烟的关税完税价格及关税税额；消费税定额税率为每标准条(200 支)0.6 元(依据现行消费税定额税率折算而成)；消费税税率固定为 36%。

　　第二，每标准条进口卷烟(200 支)确定消费税适用比例税率的价格 ≥ 70 元人民币的，适用比例税率为 56%；每标准条进口卷烟(200 支)确定消费税适用比例税率的价格 < 70 元人民币的，适用比例税率为 36%。

　　进口复合计征的应税消费品应纳税额的计算：

　　组成计税价格 = (关税完税价格 + 关税 + 消费税定额税) ÷ (1 - 消费税比例税率)

　　应纳税额 = 组成计税价格 × 适用税率 + 应税消费品数量 × 消费税单位税额

　　【例题 2.1】　某烟草进出口公司从国外进口卷烟 80 000 条(每条 200 支)，支付买价 2 000 000 元，支付到达我国海关前的运输费用 120 000 元、保险费用 80 000 元。假定进口卷烟关税税率为 20%，则进口环节海关代征的消费税为(　　　)元。

　　【解析】　关税完税价格 = 2 000 000 + 120 000 + 80 000 = 2 200 000(元)；

　　关税 = 2 200 000 × 20% = 440 000(元)；

　　每标准条进口卷烟(200 支)确定消费税适用比例税率的价格 = (2 200 000 ÷ 80 000 + 440 000 ÷ 80 000 + 150/250) ÷ (1 - 36%) = 52.50(元)；

　　因为 33.6 元 < 70 元，所以适用比例税率为 36%。

　　组成计税价格 = (关税完税价格 + 关税 + 消费税定额税) ÷ (1 - 消费税比例税率)

　　　　　　　　= (2 200 000 + 440 000 + 80 000 × 0.6) ÷ (1 - 36%)

　　　　　　　　= 4 200 000(元)；

　　应纳税额 = 组成计税价格 × 适用税率 + 应税消费品数量 × 消费税单位税额

　　　　　　= 4 200 000 × 36% + 80 000 × 0.6

　　　　　　= 1 560 000(元)。

　　【例题 2.2】某烟草进出口公司从国外进口卷烟 80 000 条(每条 200 支)，支付买价 8 000 000 元，支付到达我国海关前的运输费用 120 000 元、保险费用 80 000 元。假定进口卷烟关税税率为 20%，则进口环节海关代征的消费税为(　　　)元。

　　【解析】　关税完税价格 = 8 000 000 + 120 000 + 80 000 = 8 200 000(元)；

　　关税 = 8 200 000 × 20% = 1 640 000(元)；

　　每标准条进口卷烟(200 支)确定消费税适用比例税率的价格

　　= (8 200 000 ÷ 80 000 + 1 640 000 ÷ 80 000 + 150 ÷ 250)/(1 - 36%)

$$= 193.13(元)。$$

因为 193.13 元 > 70 元，所以适用比例税率为 56%。

$$组成计税价格 = (关税完税价格 + 关税 + 消费税定额税) \div (1 - 消费税比例税率)$$
$$= (8\ 200\ 000 + 1\ 640\ 000 + 80\ 000 \times 0.6) \div (1 - 56\%)$$
$$= 22\ 472\ 727.27(元);$$

$$应纳税额 = 组成计税价格 \times 适用税率 + 应税消费品数量 \times 消费税单位税额$$
$$= 22\ 472\ 727.27 \times 56\% + 80\ 000 \times 0.6$$
$$= 12\ 632\ 727.27(元)。$$

# 任务四　实行从价定率办法的应纳税额计算

实行从价定率办法征税的应税消费品，计税依据为应税消费品的销售额。

## 一、一般规定

### (一) 应作销售或视同销售行为的确定

(1) 有偿转让应税消费品所有权的行为：以从购买方取得货币、货物、劳务或其他经济利益为条件转让应税消费品所有权的行为。具体包括纳税人用应税消费品交换生产资料和消费资料，用应税消费品支付代扣手续费或销售回扣，在销售数量之外另付给购货方或中间人作为奖励或报酬的应税消费品。

(2) 纳税人自产自用的应税消费品用于其他方面的行为：纳税人用于生产非应税消费品和在建工程、管理部门、非生产机构、提供劳务以及用于馈赠、赞助、广告、样品、职工福利、奖励等，均视为对外销售。

(3) 委托加工应税消费品的行为。

### (二) 应纳税额的计算公式

消费税应纳税额 = 应税消费品的销售额 × 比例税率

## 二、销售额的确定

### (一) 一般规定

#### 1. 销售额的一般规定

应税消费品的销售额包括销售应税消费品从购买方收取的全部价款和价外费用。价外费用是指价外收取的基金、集资款、返还利润、补贴、违约金(延期付款利息)、手续费、包装费、储备费、优质费、运输装卸费、品牌使用费、代收款项、代垫款项以及其他各种性质的价外收费。同时符合下列条件的不属于价外费用：

(1) 承运部门给购货方开具运费发票；

(2) 纳税人将该项发票转交给购货方。

除此之外，其他价外费用，无论是否属于纳税人的收入，均应并入销售额计算纳税。

### 2. 含税销售额的换算

由于消费税和增值税实行交叉征收，消费税实行价内税，增值税实行价外税。这种情况决定了实行从价定率征税的消费品，其消费税税基和增值税税基是一致的，即都是以含消费税而不含增值税的销售额作为计税基数。所以，销售额不包括应向购买方收取的增值税税额。如果纳税人应税消费品的销售额中未扣除增值税税额或者因不得开具增值税专用发票而发生价款和增值税税额合并收取的，那么在计算消费税时，应当换算为不含增值税税额的销售额。其换算公式为：

应税消费品的销售额 = 含增值税的销售额 ÷ (1 + 增值税税率或征收率)

### 3. 包装物销售收入及押金收入

(1) 包装物销售收入。

应税消费品连同包装物销售的，无论包装物是否单独计价，也不论在会计上如何核算，均应并入应税消费品的销售额中征收消费税。

(2) 包装物押金收入。

如果包装物不作价随同产品销售，而是收取押金，则此项押金不应并入应税消费品销售额中征税。对逾期未收回的包装物不再退还的和已收取一年以上押金的，应并入应税消费品的销售额，按照应税消费品的适用税率征收消费税。

对包装物作价随同应税消费品销售，又另外收取的押金，凡纳税人在规定的期限内不予退还的，均应并入应税消费品的销售额，按照应税消费品的适用税率征收消费税。

1995 年 6 月 1 日起，酒类产品生产企业销售啤酒、黄酒以外的其他酒类产品收取的包装物押金，无论押金是否返还，不管会计上如何核算，均应并入酒类产品销售额中征收消费税。对于销售啤酒和黄酒所收取的包装物押金，按一般押金的规定处理。根据财税[2006]20 号文件规定，啤酒的包装物押金不包括供重复使用的塑料周转箱的押金。

另外，白酒生产企业向商业销售单位收取的"品牌使用费"是随着应税白酒的销售而向购货方收取的，属于应税白酒销售价款的组成部分，因此，不论企业采取何种方式以何种名义收取价款，均应并入白酒的销售额中缴纳消费税。

对啤酒生产企业销售的啤酒，不得以向其关联企业的啤酒销售公司销售的价格作为确定消费税税额的标准，而应当以其关联企业的啤酒销售公司对外的销售价格(含包装物及包装物押金)作为确定消费税税额的标准，并依此确定该啤酒消费税单位税额。

纳税人销售的应税消费品，以外汇结算销售额的，其销售额的人民币折合率可以选择结算的当天或者当月 1 日的国家外汇牌价(原则上为中间价)，纳税人应在事先确定采取何种折合率，确定后一年内不得变更。

【例题2.3】 务实汽车生产公司3月生产气缸容量为3 000毫升的小轿车55辆，当月销售50辆，取得不含增值税销售收入3 000万元；生产气缸容量为2 200毫升的小轿车70辆，当月销售60辆，取得不含增值税销售收入1 200万元；轿车生产车间领取自产汽车轮胎350套用于连续生产小轿车，汽车轮胎对外不含增值税销售价格为750元/套。计算当月应缴纳的消费税。

【解析】 应纳税额 = 30 000 000 × 12% + 12 000 000 × 9% = 4 680 000(元)。

【例题2.4】 务实汽车生产公司4月生产并销售18座轻型商用客车15辆,取得不含增值税销售收入360万元;生产并销售45座商用客车6辆,取得不含增值税销售收入248万元;销售用18座轻型商用客车底盘(车架)改装、改制的特种车2辆,取得不含增值税销售收入70万元。计算当月应缴纳的消费税。

【解析】 应纳税额 = (3 600 000 + 700 000) × 5% = 215 000(元)。

【例题2.5】 务实汽车生产公司7月生产排量1.8升的小轿车160辆,当月销售150辆,取得不含税销售收入2 250万元;生产排量2.8升的小轿车70辆,当月销售68辆,取得不含税销售收入2 176万元;生产排量3.8升的小轿车38辆,当月销售35辆,取得不含税销售收入1 470万元;生产15座轻型商用客车40辆并全部销售,取得不含税销售收入720万元;生产新型研制的锂电池驱动电动车2辆,取得不含税销售收入40万元。计算公司当月应纳消费税。

【解析】 排量1.8升的小轿车:

应纳消费税 = 2 250 × 5% = 112.5(万元);

销项税 = 2 250 × 13% = 292.50(万元)。

借:银行存款　　　　　　　　　　　　　2 542.50
　　贷:主营业务收入　　　　　　　　　2 250
　　　　应交税费——应交增值税(销项税额) 292.50

借:税金及附加　　　　　　　　　　　　112.50
　　贷:应交税费——应交消费税　　　　　112.50

排量2.8升的小轿车:

应纳消费税 = 2 176 × 12% = 261.12(万元);

销项税 = 2 176 × 13% = 282.88(万元)。

借:银行存款　　　　　　　　　　　　　2 458.88
　　贷:主营业务收入　　　　　　　　　2 176
　　　　应交税费——应交增值税(销项税额) 282.88

借:税金及附加　　　　　　　　　　　　261.12
　　贷:应交税费——应交消费税　　　　　261.12

排量3.8升的小轿车:

应纳消费税 = 1 470 × 25% = 367.50(万元);

销项税 = 1 470 × 13% = 191.1(万元)。

借:银行存款　　　　　　　　　　　　　1 661.1
　　贷:主营业务收入　　　　　　　　　1 470
　　　　应交税费——应交增值税(销项税额) 191.1

借:税金及附加　　　　　　　　　　　　367.50
　　贷:应交税费——应交消费税　　　　　367.50

15座轻型商用客车:

应纳消费税 = 720 × 5% = 36(万元);

销项税 = 720 × 13% = 93.6(万元)。

借：银行存款　　　　　　　　　　　　813.60

　　贷：主营业务收入　　　　　　　　720

　　　　应交税费——应交增值税(销项税额)　93.60

借：税金及附加　　　　　　　　　　　36

　　贷：应交税费——应交消费税　　　　36

新研制的电动车：

新研制的电动车，不缴纳消费税；

销项税 = 40 × 13% = 5.20(万元)。

借：银行存款　　　　　　　　　　　　45.20

　　贷：主营业务收入　　　　　　　　40

　　　　应交税费——应交增值税(销项税额)　5.20

【例题2.6】　南孚日电池生产厂2月份生产并销售普通电池销售额300万元，2月份该厂就普通电池涉及的消费税是多少？

【解析】　应纳税额 = 销售额 × 4% = 300 × 4% = 12(万元)。

【例题2.7】　金威摩托车制造厂6月生产销售气缸容量为250毫升的两轮摩托车赛车30辆，取得不含税收入60万元。生产销售气缸容量低于250毫升的轻便二轮摩托车50辆，取得不含税收入20万元。计算该厂当月应纳消费税。

【解析】　应纳税额 = 600 000 × 3% = 18 000(元)。

#### (二) 特殊规定

(1) 自设非独立核算门市部计税的规定。

纳税人通过自设非独立核算门市部销售的自产应税消费品，应当按照门市部对外销售额或者销售数量计算征收消费税。

(2) 应税消费品用于其他方面的规定。

纳税人自产的应税消费品用于换取生产资料、消费资料、投资入股和抵偿债务等方面的，应当按纳税人同类应税消费品的最高销售价格作为计税依据计算消费税。

(3) 纳税人将自产的应税消费品与外购或自产的非应税消费品组成套装销售的，以套装产品的销售额为计税依据计算消费税。

#### (三) 视同销售的销售额的确定

根据《消费税暂行条例》的规定，纳税人自产自用的应税消费品，凡用于其他方面的，应当纳税。具体分以下两种情况：

(1) 有同类消费品的销售价格的，按照纳税人生产的同类消费品销售价格计算纳税。其应纳税额计算公式为：

$$应纳税额 = 同类消费品销售单价 × 自产自用数量 × 适用税率$$

这里所说的"同类消费品销售价格"是指纳税人当月销售的同类消费品的销售价格，如果当月同类消费品各期销售价格高低不同，则应按销售数量加权平均计算。但销售的应税消费品有下列情况之一的，不得列入加权平均计算：销售价格明显偏低又无正当理由的；

无销售价格的。如果当月无销售或者当月未完结，则应按照同类消费品上月或最近月份的销售价格计算税额。

(2) 没有同类消费品销售价格的。按照规定，如果纳税人自产自用的应税消费品，在计算征税时，没有同类消费品销售价格，则应按组成计税价格计算纳税。组成计税价格的计算公式是：

$$组成计税价格 = (成本 + 利润) \div (1 - 消费税税率)$$
$$= 成本 \times (1 + 成本利润率) \div (1 - 消费税税率)$$

如自产自用的应税消费品属于适用从价与从量相结合计征的产品，那么在分子中还应加上"消费税定额税"。

$$组成计税价格 = (成本 + 利润 + 消费税定额税) \div (1 - 消费税税率)$$

公式中的"成本"，是指应税消费品的产品生产成本。

公式中的"利润"，是指根据应税消费品的全国平均成本利润率计算的利润。应税消费品的全国平均成本利润率由国家税务总局确定。

应税消费品全国平均成本利润率(含新增和调整后的应税消费品)规定如下：甲类卷烟为10%；乙类卷烟为5%；雪茄烟为5%；烟丝为5%；粮食白酒为10%；薯类白酒为5%；其他酒为5%；高档化妆品为5%；鞭炮、焰火为5%；贵重首饰及珠宝玉石为6%；摩托车为6%；高尔夫球及球具为10%；高档手表为20%；游艇为10%；木制一次性筷子为5%；实木地板为5%；乘用车为8%；中轻型商用客车为5%；电池为4%；涂料为7%。

# 任务五　实行从量定额办法的应纳税额计算

从量定额通常以单位应税消费品的重量、容积或数量为计税依据，并按单位应税消费品规定固定税额计征消费税。

## 一、计算公式

从量定额应纳税额的计算方法如下：

$$应纳税额 = 应税消费品的销售数量 \times 定额税率$$

## 二、销售数量的确定

销售数量具体按下面规定确定：

(1) 销售应税消费品的，为应税消费品的销售数量；

(2) 自产自用应税消费品的，为应税消费品的移送使用数量；

(3) 委托加工应税消费品的，为纳税人收回的应税消费品数量；

(4) 进口的应税消费品，为海关核定的应税消费品进口征税数量。

在实际销售过程中，为了规范不同产品的计量单位，《消费税暂行条例实施细则》具体规定了吨与升两个计量单位的换算标准：

| | | |
|---|---|---|
| 溶剂油 1 吨 = 1 282 升 | 汽油 1 吨 = 1 388 升 | 润滑油 1 吨 = 1 126 升 |
| 燃料油 1 吨 = 1 015 升 | 柴油 1 吨 = 1 176 升 | 航空煤油 1 吨 = 1 246 升 |

石脑油 1 吨＝1 385 升　　　　啤酒 1 吨＝988 升　　　　黄酒 1 吨＝962 升

**【例题 2.8】** 某炼油厂 6 月销售无铅汽油 2 000 吨，柴油 1 000 吨，当月将自产无铅汽油 5 吨用于本厂基建工程的车辆和设备。计算该厂当月应纳消费税税额。

**【解析】** 应纳消费税＝(2 000＋5)×1 388×1.52＋1 000×1 176×1.2

$$＝4 230 068.80＋1 411 200＝5 641 268.80(元)$$

**【例题 2.9】** 海联石化公司 2 月份销售 93 号无铅汽油 9.5 万吨，取得销售收入 61.75 亿元；销售 0 号柴油 13 万吨，取得销售收入 68.9 亿元；销售 200 号溶剂油 1 000 吨，取得销售收入 500 万元；销售低硫 250 号燃料油 2 000 吨，销售收入 590 万元。计算该公司当月应纳消费税税额。

**【解析】** 汽油应纳消费税＝95 000×1 388×1.52＝200 427 200(元)；

柴油应纳消费税＝130 000×1 176×1.2＝183 456 000(元)；

溶剂油应纳消费税＝1 000×1 282×1.52＝1 948 640(元)；

燃料油应纳消费税＝2 000×1 015×1.2＝2 436 000(元)；

共计应纳消费税＝200 427 200＋183 456 000＋1 948 640＋2 436 000＝388 267 840(元)。

**【例题 2.10】** 某炼油厂因生产需要，5 月从国外进口柴油 9 吨，成交价格折合人民币为 2.7 万元；进口 97 号无铅汽油 10 吨，成交价格折合人民币 4 万元。计算进口环节应缴纳的消费税。

**【解析】** 应纳消费税税额＝9×1 176×1.2＋10×1 388×1.52＝33 798.40(元)。

**【例题 2.11】** 酒香酒品生产公司销售 A 型啤酒 20 吨给副食品公司，开具税控专用发票，注明价款 58 000 元，收取包装物押金 3 000 元；销售 B 型啤酒 10 吨给宾馆，开具普通发票，注明收取 31 640 元，收取包装物押金 1 500 元。计算上述业务应缴纳的消费税。

**【解析】** A 型啤酒押金的不含税单价＝3 000/(1＋13%)÷20＝132.74(元)；

A 型啤酒每吨售价(含押金)＝58 000÷20＋132.74＝3 032.74(元)，单位税额为每吨 250 元，消费税＝20×250＝5 000(元)。

B 型啤酒押金的不含税单价＝1 500÷(1＋13%)÷10＝132.74(元)；

B 型啤酒每吨售价(含押金)＝31 640÷(1＋13%)÷10＋132.74＝2 932.74(元)，单位税额为每吨 220 元，消费税＝10×220＝2 200(元)。

该笔业务应缴纳的消费税＝5 000＋2 200＝7 200 元。

补充会计处理为：

销售 A 型啤酒时：

| | | |
|---|---|---|
| 借：银行存款 | 65 540 | |
| 　贷：主营业务收入 | | 58 000 |
| 　　　应交税费——应交增值税(销项税额) | | 7 540 |

收取 A 型啤酒包装物押金时：

| | | |
|---|---|---|
| 借：银行存款 | 3 000 | |
| 　贷：其他应付款 | | 3 000 |

销售 B 型啤酒时：

| | | |
|---|---|---|
| 借：银行存款 | 31 640 | |
| 　贷：主营业务收入 | | 28 000 |

|  | 应交税费——应交增值税(销项税额) | 3 640 |
|---|---|---|

收取 B 型啤酒包装物押金时:

借: 银行存款      1 500

     贷: 其他应付款      1 500

借: 税金及附加      7 200

     贷: 应交税费——应交消费税      7 200

# 任务六　实行复合计税办法的应纳税额计算

现行消费税的征税范围中,只有卷烟、白酒采用复合计税办法。

## 一、计算公式

复合计税应纳税额的计算方法如下:

应纳税额 = 应税消费品的销售数量 × 定额税率 + 应税消费品的销售额 × 比例税率

## 二、销售数量和销售额的理解

销售数量的理解同从量定额办法的相关规定,销售额的理解同从价定率办法的相关规定。

【例题 2.12】酒香酒品生产公司 2 月销售自产粮食白酒 40 吨,每吨不含税售价 30 000 元,另开收据收取包装物押金 67 800 元。计算该笔业务涉及的消费税。

【解析】 该笔业务应纳消费税 = [30 000 × 40 + 67 800 ÷ (1 + 13%)] × 20% + 40 × 2 000 × 0.5 = 292 000(元)。

补充会计处理为:

销售粮食白酒时:

借: 银行存款      1 356 000

     贷: 主营业务收入      1 200 000

         应交税费——应交增值税(销项税额)      156 000

收取包装物押金时:

借: 银行存款      67 800

     销售费用      7 800

     贷: 其他应付款      67 800

         应交税费——应交增值税(销项税额)      7 800

借: 税金及附加      292 000

     贷: 应交税费——应交消费税      292 000

【例题 2.13】酒香酒品生产公司(增值税一般纳税人)6 月举办展销会,将自产白酒 100 斤用于广告促销活动;另特制 100 斤新品白酒赠送给来宾,该批白酒成本 50 000 元,没有同类白酒的销售价格,该白酒的成本利润率为 10%。企业白酒的平均售价为 200 元/斤。计算该笔业务涉及的消费税。

【解析】　将自产白酒用于广告，视同销售，按平均售价计征增值税和消费税：

平均售价 $= 100 \times 200 = 20\,000$(元)；

销项税额 $= 20\,000 \times 13\% = 2\,600$(元)。

消费税 $= 20\,000 \times 20\% + 100 \times 0.5 = 4\,050$(元)。

赠送给来宾的视同销售，由于没有同类白酒的销售价格，因此按组成计税价格计征增值税和消费税：

组成计税价格 $= [50\,000 \times (1 + 10\%) + 100 \times 0.5] \div (1-20\%) = 68\,812.50$(元)；

销项税额 $= 68\,812.50 \times 13\% = 8\,945.63$(元)。

消费税 $= 68\,812.50 \times 20\% + 100 \times 0.5 = 13\,812.50$(元)。

# 任务七　自产自用应税消费品的规定

自产自用通常指的是纳税人生产应税消费品后，不是直接对外销售，而是用于连续生产应税消费品，或用于其他方面。这种自产自用形式在纳税上的规定，直接影响着消费税的计征问题。因此，纳税人很有必要认真理解和执行税法中对自产自用应税消费品的有关规定。

## 一、用于连续生产应税消费品的

按照《消费税暂行条例》的规定，纳税人自产自用的应税消费品用于连续生产应税消费品的，不纳税。

所谓"纳税人自产自用的应税消费品用于连续生产应税消费品的"，是指作为生产最终应税消费品的直接材料，并构成最终产品实体的应税消费品。《消费税暂行条例》中规定，对自产自用的应税消费品，用于连续生产应税消费品的，不再征税，体现了税不重征和计税简便的原则，避免了重复征税。如卷烟厂生产的烟丝，如果直接对外销售，则应缴纳消费税。如果烟丝用于本厂连续生产卷烟，那么用于连续生产卷烟的烟丝就不缴纳消费税，只对生产的卷烟征收消费税。

## 二、用于其他方面的

按照《消费税暂行条例》的规定，纳税人自产自用的应税消费品，不是用于连续生产应税消费品，而是用于其他方面的，于移送使用时纳税。

所谓"用于其他方面的"，是指纳税人用于生产非应税消费品和在建工程、管理部门、非生产机构、提供劳务以及用于馈赠、赞助、集资、广告、样品、职工福利、奖励等方面的应税消费品。这里所说的自产自用应税消费品用于生产非应税消费品，是指把自产的应税消费品用于生产消费税税目税率表所列 15 类产品以外的产品。

纳税人把自产应税消费品用于本企业基本建设、专项工程、生活福利设施等其他方面，从形式上看，并没有取得销售收入，但却要视同对外销售，计征消费税。这是因为，企业如以外购的应税消费品用于本企业基本建设、专项工程、生活福利设施等，其外购价款中包含有消费税税金。如果对自产应税消费品不征税，那么就等于鼓励企业以不含税的应税消费品进行基本建设、专项工程、生活福利设施等项目的建设。对用于基本建设、专项工程、生活福利设施的自产应税消费品征税，可以平衡外购应税消费品与自产应税消费品之间的税负，企业无论使用外购应税消费品，还是自产应税消费品进行基本建设、专项工程、生活福利设施等项目的生产，其价款中都含有税金，有利于公平税负，并保证财政收入。

总之，企业自产的应税消费品虽然没有用于销售或连续生产应税消费品，但只要是用于税法所规定的范围都要视同销售，依法缴纳消费税。

2009 年 1 月 1 日起，成品油生产企业在生产成品油过程中，作为燃料、动力及原料消耗掉的自产成品油，免征消费税。用于其他用途或直接对外销售的成品油照章征收消费税。

## 三、外购应税消费品已纳税款的扣除

由于某些应税消费品是用外购已缴纳消费税的应税消费品连续生产出来的，在对这些连续生产出来的应税消费品计算征税时，税法规定应按当期生产领用数量计算准予扣除外购的应税消费品已纳的消费税税款。外购已纳税款，含进口环节已缴纳的消费税税款。

（一）扣除范围

外购应税消费品的税款扣除范围包括以下方面：

(1) 外购已税烟丝生产的卷烟；

(2) 外购已税高档化妆品生产的高档化妆品；

(3) 外购已税珠宝玉石生产的贵重首饰及珠宝玉石；

(4) 外购已税鞭炮、焰火生产的鞭炮、焰火；

(5) 外购已税杆头、杆身和握把为原料生产的高尔夫球杆；

(6) 外购已税木制一次性筷子为原料生产的木制一次性筷子；

(7) 外购已税实木地板为原料生产的实木地板；

(8) 外购已税汽油、柴油、石脑油、燃料油、润滑油为原料生产的应税成品油。

(9) 外购葡萄酒连续生产的应税葡萄酒。

(10) 啤酒生产集团内部企业之间用啤酒液连续灌装生产的啤酒。

注意：从商业企业购进应税消费品连续生产应税消费品，符合抵扣条件的，准予扣除外购应税消费品已纳消费税税款。

【例题 2.14】 下列情形中，可以扣除外购应税消费品已纳消费税的有(　　)。

A. 以已税烟丝为原料生产的卷烟

B. 以已税白酒为原料生产的白酒

C. 以已税杆头为原料生产的高尔夫球杆

D. 以已税珠宝玉石为原料生产的贵重珠宝首饰

E. 以已税实木地板为原料生产的实木地板

【答案】 ACDE

【解析】 用外购已税消费品连续生产应税消费品的，允许抵扣税额的税目从大类上看，原则上不包括酒(葡萄酒、啤酒除外)、小汽车、高档手表、游艇、电池、涂料、摩托车。从允许抵扣项目的子目上看不包括雪茄烟、溶剂油、航空煤油。

### (二) 抵扣税款的计算公式

抵扣税款的具体计算公式如下：

$$\begin{matrix} \text{当期准予扣除的} \\ \text{外购应税消费品已纳税款} \end{matrix} = \begin{matrix} \text{当期准予扣除的} \\ \text{外购应税消费品买价或数量} \end{matrix} \times \begin{matrix} \text{外购应税消费品的} \\ \text{适用税率或税额} \end{matrix}$$

$$\begin{matrix} \text{当期准予扣除的} \\ \text{外购应税消费品} \\ \text{买价或数量} \end{matrix} = \begin{matrix} \text{期初库存的外} \\ \text{购应税消费品的} \\ \text{买价或数量} \end{matrix} + \begin{matrix} \text{当期购进的应} \\ \text{税消费品的买价} \\ \text{或数量} \end{matrix} - \begin{matrix} \text{期末库存的外} \\ \text{购应税消费品} \\ \text{的买价或数量} \end{matrix}$$

外购已税消费品的买价是指外购应税消费品增值税专用发票上注明的销售额(不包括增值税税额)。

【例题 2.15】某卷烟厂 6 月份外购烟丝价款 200 000 元，月初库存外购已税烟丝 50 000 元，月末库存外购已税烟丝 66 000 元。本月用外购烟丝生产卷烟 20 标准箱，取得不含税销售额 480 000 元。烟丝消费税税率 30%，卷烟消费税比例税率为 56%，定额税率为每标准箱 150 元。计算该卷烟厂应纳消费税税额。

【解析】　当月准予扣除的外购应税消费品买价 = 50 000 + 200 000 - 66 000

$$= 184\ 000(元)；$$

当月准予扣除的外购应税消费品已纳税额 = 184 000 × 30% = 55 200(元)；

应纳税额 = 480 000 × 56% + 20 × 150 - 55 200 = 216 600(元)。

【例题 2.16】　酒香酒品生产公司 5 月用粮食白酒勾兑白酒 100 吨，全部用于销售，当月取得含税销售额 483.64 万元，当月购进粮食白酒买价 120 万元，月初库存外购粮食白酒买价 98 万元，月末库存外购粮食白酒买价 40 万元。计算该笔业务应纳消费税。

【解析】该笔业务应纳消费税 $= \dfrac{483.64}{1+13\%} \times 20\% + 100 \times 2\ 000 \times \dfrac{0.5}{10000} = 95.6(万元)。$

【例题 2.17】　红日木制品厂(小规模纳税人)6 月生产销售高档木制一次性筷子 1 000 箱，每箱售价 800 元；生产销售普通一次性木筷 1 500 箱，每箱售价 290 元；另生产销售未打磨的木制一次性筷子 500 箱，每箱售价 250 元；生产一次性竹筷 500 箱，每箱售价 390 元。本月为了生产高档木制一次性筷子，耗用外购的一次性筷子 1 200 箱，每箱成本价 350 元。计算当月应纳消费税。

【解析】　准予抵扣的消费税 = 1 200 × 350 × 5% = 21 000(元)；

应纳消费税 = (1 000 × 800 + 1 500 × 290 + 500 × 250) × 5% - 21 000 = 47 000(元)。

### (三) 外购应税消费品后销售已纳税款的扣除

既有自产应税消费品，同时又购进与自产应税消费品同样的应税消费品进行销售的工业企业，对其销售的外购应税消费品应当征收消费税，同时可以扣除外购应税消费品的已纳税款。

上述规定仅限于烟丝、高档化妆品、珠宝玉石、鞭炮、焰火和摩托车。

自己不生产应税消费品，而只是购进后再销售应税消费品的工业企业，其销售的高档化妆品、鞭炮、焰火和珠宝玉石，凡不能构成最终消费品直接进入消费品市场，而需进一步生产加工的(如需进行深加工、包装、贴标、组合的珠宝玉石，高档化妆品，鞭炮，焰火等)应当征收消费税，同时允许扣除上述外购应税消费品的已纳税款。

允许扣除已纳税款的应税消费品包括从工业企业购进的应税消费品和商业企业购进的应税消费品。

【例题2.18】　清样日化厂6月用自产的高档化妆品和护肤护发品组成成套化妆品礼盒对外销售，销售1 000个，取得不含税收入18万元。另外，以不含增值税的10万元外购散装香水经加工装瓶贴牌后全部对外销售，取得不含税收入16万元。计算当月应纳消费税。

【解析】　当期准予抵扣的消费税 = 100 000 × 15% = 15 000(元)；

应纳消费税 = (180 000 + 160 000) × 15% − 15 000 = 36 000(元)。

# 任务八　委托加工应税消费品的规定

委托加工应税消费品，是生产应税消费品的另一种形式，也需要纳入消费税的计征范围，但其应纳税额的计算具有一定的特殊性，需要专门掌握。

## 一、委托加工应税消费品的确定

委托加工的应税消费品，是指由委托方提供原料和主要材料，受托方只收取加工费和代垫部分辅助材料加工的应税消费品。对于由受托方提供原材料生产的应税消费品，或者受托方先将原材料卖给委托方，然后再接受加工的应税消费品，以及由受托方以委托方名义购进原材料生产的应税消费品，不论纳税人在财务上是否作销售处理，都不得作为委托加工应税消费品，而应当按照销售自制应税消费品缴纳消费税。

从上述具体规定中可以看出，委托加工的应税消费品，必须具备两个条件：其一是由委托方提供原料和主要材料；其二是受托方只收取加工费和代垫部分辅助材料。无论是委托方还是受托方，凡不符合规定条件的，都不能按委托加工应税消费品进行税务处理，只能按照销售自制应税消费品缴纳消费税。

## 二、代收代缴税款

《消费税暂行条例》及其实施细则对委托加工应税消费品代收代缴税款问题作了明确的规定：受托方是法定的代收代缴义务人，由受托方(个体经营者除外)在向委托方交货时代收代缴消费税。如果受托方没有按有关规定代收代缴消费税，或没有履行代收代缴义务，就要按照《税收征管法》的有关规定，承担应收未收税款50%以上3倍以下罚款的法律责任。

纳税人委托个体经营者加工应税消费品，于委托方收回后在委托方所在地缴纳消费税。

受托方没有按规定代收代缴税款，除了受到一定的处罚，还要追究委托方的责任，令其补缴税款。

委托方补缴税款的计税依据是：如果收回的应税消费品已直接销售，则按销售额计税补征；如果收回的应税消费品尚未销售或用于连续生产等，则按组成计税价格计税补征。组成计税价格的确定与委托加工应税消费品的组成计税价格公式相同。

委托加工的应税消费品，受托方在交货时已代收代缴消费税，委托方收回后直接销售的，不再征收消费税。

根据财法〔2012〕8 号文件的规定，委托方将收回的应税消费品，以不高于受托方的计税价格出售的，为直接出售，不再缴纳消费税；2012 年 9 月 1 日起，委托方以高于受托方的计税价格出售的，不属于直接出售，需按照规定申报缴纳消费税，在计税时准予扣除受托方已代收代缴的消费税

### 三、委托加工应税消费品的组成计税价格

委托加工的应税消费品，按照受托方同类消费品的销售价格计算纳税；受托方没有同类消费品销售价格的，按照组成计税价格计算纳税。

(1) 有同类消费品销售价格的，其应纳税额的计算公式为：

① 从价定率计税办法的计算公式：

$$应纳税额 = 同类消费品销售单价 \times 委托加工数量 \times 适用税率$$

② 从量定额计税办法的计算公式：

$$应纳税额 = 委托加工数量 \times 定额税率$$

③ 复合计征计税办法的计算公式：

$$应纳税额 = 同类消费品销售单价 \times 委托加工数量 \times 适用税率 +$$
$$委托加工数量 \times 定额税率$$

(2) 没有同类消费品销售价格的，按组成计税价格计税。计算公式为：

① 从价定率计税办法的计算公式：

$$组成计税价格 = \frac{材料成本 + 加工费}{1 - 比例税率}$$

$$应纳税额 = 组成计税价格 \times 适用税率$$

② 从量定额计税办法的计算公式：

$$应纳税额 = 委托加工数量 \times 定额税率$$

③ 复合计征计税办法的计算公式：

2009 年 1 月 1 日起，增加了实行复合计税办法计算纳税的组成计税价格计算公式：

$$组成计税价格 = \frac{材料成本 + 加工费 + 委托加工数量 \times 定额税率}{1 - 比例税率}$$

$$应纳税额 = 委托加工数量 \times 定额税率 + 组成计税价格 \times 适用税率$$

其中，则材料成本是指委托方所提供加工材料的实际成本。如果委托方提供的原材料是免税农产品，则材料成本 = 买价 × (1 - 扣除率)。如果加工合同上未如实注明材料成本的，则受托方所在地主管税务机关有权核定其材料成本。

加工费是指受托方加工应税消费品向委托方所收取的全部费用(包括代垫辅助材料的实际成本)，但不包括随加工费收取的销项税，这样组成的价格才是不含增值税但含消费税

的价格。

【例题 2.19】 甲企业委托乙企业加工一批应税消费品，甲企业为乙企业提供原材料，实际成本 7 000 元，支付给乙企业不含增值税的加工费 2 000 元，其中包括乙企业代垫的辅助材料 500 元。已知适用消费税税率为 10%，且实行从价定率办法计征，受托方无同类消费品的销售价格。请计算乙企业代收代缴应税消费品的消费税税款。

【解析】 组成计税价格 = (材料成本 + 加工费) ÷ (1 - 比例税率)

$$= (7\ 000 + 2\ 000) \div (1 - 10\%)$$

$$= 10\ 000(元);$$

应纳税额 = 10 000 × 10% = 1 000(元)。

## 四、用委托加工收回的应税消费品连续生产应税消费品的规定

纳税人委托加工收回的应税消费品，由于已在委托加工环节由受托方代收代缴消费税，为避免重复征税，委托加工收回后直接销售的，不再征收消费税；但是用于连续生产下列应税消费品，在计征消费税时可以扣除委托加工收回应税消费品的已纳消费税税款。准予从应纳消费税税额中按当期生产领用数量计算扣除其已纳消费税税款。

(1) 委托加工收回的已税烟丝生产的卷烟；

(2) 委托加工收回的已税高档化妆品生产的高档化妆品；

(3) 委托加工收回的已税珠宝玉石生产的贵重首饰及珠宝玉石；

(4) 委托加工收回的已税鞭炮、焰火生产的鞭炮、焰火；

(5) 委托加工收回的已税杆头、杆身和握把生产的高尔夫球杆；

(6) 委托加工收回的已税木制一次性筷子生产的木制一次性筷子；

(7) 委托加工收回的已税实木地板生产的实木地板；

(8) 委托加工收回的已税汽油、柴油、石脑油、燃料油、润滑油用于连续生产应税成品油。

注意：纳税人用委托加工收回的已税珠宝玉石生产的改在零售环节纳税的金银首饰(镶嵌首饰)、铂金首饰、钻石、钻石饰品，在计税时，一律不得抵扣委托加工收回的珠宝玉石的已纳税款。

抵扣税款的计算公式如下：

当期准予扣除　　　　期初库存的　　　　当期收回的　　　　期末库存的
的委托加工应　　 =　委托加工应税消 + 委托加工应税消 - 委托加工应税消费
税消费品已纳税款　费品已纳税款　　　费品已纳税款　　　品已纳税款

【例题 2.20】 关于委托加工应税消费品的消费税处理。下列说法正确的有(　　)。

A. 委托加工消费税纳税地点(除了个人)是委托方所在地

B. 委托加工的加工费包括代垫辅助材料的实际成本

C. 委托加工应税消费品的消费税纳税人是受托方

D. 受托方没有代收代缴消费税款，委托方应补缴税款，受托方不再补税

E. 受托方已代收代缴消费税的应税消费品，委托方收回后以高于受托方计税价格出售的，应申报缴纳消费税

【答案】　BDE

【解析】　选项A：委托加工业务，受托方是企业等单位的，由受托方向机构所在地或者居住地主管税务机关报缴税款。选项C：委托加工应税消费品的纳税人是委托方。

【例题2.21】　2018年3月，某化工生产企业以委托加工收回的已税高档化妆品为原料继续加工高档化妆品。委托加工收回的已税高档化妆品已纳消费税分别是期初库存的已纳消费税30万元、当期收回的已纳消费税10万元、期末库存的已纳消费税20万元。当月销售高档化妆品取得不含税收入280万元。该企业当月应纳消费税(　　)万元。(高档化妆品消费税率15%)

【解析】　该企业当月应纳消费税 = 280 × 15% – (30 + 10 – 20) = 22(万元)。

【例题2.22】　下列情形中，在计征消费税时可以扣除委托加工收回应税消费品已纳消费税的有(　　)。

A. 以委托加工收回的钻石生产金银镶嵌首饰

B. 以委托加工收回的已税高档化妆品生产的高档化妆品

C. 以委托加工收回的烟丝生产的卷烟

D. 以委托加工收回的鞭炮生产的鞭炮

E. 以委托加工收回的实木地板生产实木复合地板

【答案】　BCDE

【例题2.23】　甲卷烟厂4月从农场购进一批烟叶，农产品收购凭证上注明收购金额500 000元，当月委托乙卷烟厂加工烟丝。5月初加工完毕全部收回，支付不含税加工费60 000元，取得增值税专用发票，注明增值税7 800元，其消费税已由乙卷烟厂代收代缴(乙卷烟厂无同类烟丝销售价格)。烟丝收回后将其中的30%直接销售给丙卷烟厂，取得不含税销售额260 000元；其余烟丝用于连续生产120标准箱卷烟，当月全部销售，取得不含税销售额1 840 000元，生产成本共计800 000元。款项均已通过银行收付。计算甲卷烟厂消费税并进行相应的账务处理。

【解析】　甲卷烟厂的税务处理：

购进烟叶进项税额 = 500 000 × (1 + 10%) × (1 + 20%) × 10% = 66 000(元)；

购进烟叶成本 = 500 000 × (1 + 10%) × (1 + 20%) – 66 000 = 594 000(元)；

委托加工时代收代缴消费税的组成计税价格 = (594 000 + 60 000) ÷ (1 – 30%)

　　　　　　　　　　　　　　　　　　= 934 285.71(元)；

乙卷烟厂代收代缴消费税 = 934 285.71 × 30% = 280 285.71(元)；

直接出售的30%烟丝代收代缴消费税的组成计税价格 = 934 285.71 × 30%

　　　　　　　　　　　　　　　　　　= 280 285.71(元)。

280 285.71元 > 260 000元，属于直接出售，不再缴纳消费税。

委托加工收回的烟丝生产卷烟准予扣除的消费税 = 280 285.71 × 70% = 196 200(元)。

销售卷烟每标准条不含税单价 = 1 840 000 ÷ 120 ÷ 250 = 61.33(元/条)；

61.33元 < 70元，适用消费税税率为36%。

应纳消费税 = 120 × 150 + 1 840 000 × 36% – 196 200 = 484 200(元)。

会计处理：

4月份购进烟叶时：

| 借：原材料 | 594 000 | |
| --- | --- | --- |
| 应交税费——应交增值税(进项税额) | 66 000 | |
| 贷：银行存款 | | 660 000 |

发出材料时：

| 借：委托加工物资 | 594 000 | |
| --- | --- | --- |
| 贷：原材料 | | 594 000 |

5月加工完毕收回时支付加工费、增值税时：

| 借：委托加工物资 | 60 000 | |
| --- | --- | --- |
| 应交税费——应交增值税(进项税额) | 7 800 | |
| 贷：银行存款 | | 67 800 |

支付乙卷烟厂代收代缴消费税时：

| 借：委托加工物资 | 84 085.71 | |
| --- | --- | --- |
| 应交税费——应交消费税 | 196 200 | |
| 贷：银行存款 | | 280 285.71 |

委托加工烟丝收回验收入库时：

| 借：库存商品 | 280 285.71 | |
| --- | --- | --- |
| 原材料 | 457 800.00 | |
| 贷：委托加工物资 | | 738 085.71 |

30%部分的烟丝对外销售时：

| 借：银行存款 | 293 800 | |
| --- | --- | --- |
| 贷：主营业务收入 | | 260 000 |
| 应交税费——应交增值税(销项税额) | | 33 800 |

结转烟丝销售成本时：

| 借：主营业务成本 | 280 285.71 | |
| --- | --- | --- |
| 贷：库存商品 | | 280 285.71 |

70%部分投入生产卷烟时：

| 借：生产成本 | 457 800.00 | |
| --- | --- | --- |
| 贷：原材料 | | 457 800.00 |

生产的卷烟销售确认收入时：

| 借：银行存款 | 2 079 200 | |
| --- | --- | --- |
| 贷：主营业务收入 | | 1 840 000 |
| 应交税费——应交增值税(销项税额) | | 239 200 |

结转卷烟销售成本时：

| 借：主营业务成本 | 800 000 | |
| --- | --- | --- |
| 贷：库存商品 | | 800 000 |

计算卷烟应纳消费税时：

| 借：税金及附加 | 680 400 | |
| --- | --- | --- |

　　贷：应交税费——应交消费税　　　　　　　680 400

期末实际交纳消费税时：

　　借：应交税费——应交消费税　　　　　　　484200

　　　贷：银行存款　　　　　　　　　　　　　484200

乙卷烟厂的会计处理：

收取加工费确认收入时：

　　借：银行存款　　　　　　　　　　　　　　67 800

　　　贷：其他业务收入(或主营业务收入)　　　 60 000

　　　　　应交税费——应交增值税(销项税额)　7 800

代收代缴消费税时：

　　借：银行存款　　　　　　　　　　　　　　280 285.71

　　　贷：应交税费——应交消费税　　　　　　280 285.71

▶知识链接

　　2006 年 4 月 28 日，《中华人民共和国烟叶税暂行条例》(中华人民共和国国务院令第464 号)公布施行。在中华人民共和国境内收购烟叶的单位为烟叶税的纳税人。纳税人应当依照本条例规定缴纳烟叶税。条例所称烟叶，是指晾晒烟叶、烤烟叶。烟叶税的应纳税额按照纳税人收购烟叶的收购金额和规定的税率计算。烟叶税实行比例税率，税率为 20%。烟叶税由地方税务机关征收。烟叶税的计税依据是烟叶收购金额[收购金额 = 收购价款 × (1+ 10%)]，应纳税额 = 烟叶收购金额 × 税率(20%)。

# 任务九　消费税征税环节的特殊规定

## 一、金银首饰征收消费税的规定

　　根据 1994 年财税第 95 号文件的规定，金银首饰消费税由生产销售环节征收改为零售环节征收。

　　(1) 纳税人：在中华人民共和国境内从事金银首饰零售业务的单位和个人，为金银首饰消费税的纳税人。委托加工(另有规定除外)、委托代销金银首饰的，受托方也是纳税人。

　　(2) 具体的征税范围。

　　零售环节征收消费税的金银首饰范围仅限于金、银和金基、银基合金，以及金、银和金基、银基合金的镶嵌首饰，不包括镀金(银)、包金(银)首饰，以及镀金(银)、包金(银)的镶嵌首饰(简称非金银首饰)。

　　金基、银基合金首饰是指以含金、银比重较大的合金为原料制成的首饰。采用包金、镀金工艺以外的其他工艺制成的含金、银首饰及镶嵌首饰，如锻压金、铸金、复合金首饰等都在零售环节征收消费税。

　　白色 K 金的主要成分是黄金，是黄金和其他金属的合金，属于金银首饰。

　　2002 年 1 月 1 日起，钻石及钻石饰品消费税改为零售环节征税。

　　钻石及钻石饰品包括未分级钻石、未加工或简单加工用钻石、其他工业用钻石、未加工或简单加工非工业用钻石、其他非工业用钻石、未加工合成或再造钻石、其他工业用合成或再造钻石、其他非工业用合成或再造钻石、天然或合成的钻石粉末、镶嵌钻石的其他贵金属制首饰及其零件、镶嵌钻石的以贱金属为底的包贵金属制首饰、钻石制品。

"金刚石"又称钻石，在零售环节征收消费税。

2003 年 5 月 1 日起，铂金首饰消费税改为零售环节征税。

铂金首饰俗称白金首饰，是以铂金属为原料制作的一种贵重首饰，包括铂金和铂金基首饰，以及铂金和铂金基的镶嵌首饰。

经营单位兼营生产、加工、批发、零售业务的，应分别核算销售额，未分别核算销售额或者划分不清的，一律视同零售征收消费税。

(3) 税率：金银首饰消费税税率为 5%。

(4) 应纳税额的计算方法如下：

$$应纳税额 = 计税依据 \times 5\%$$

① 纳税人销售金银首饰，其计税依据为不含增值税的销售额。

如果纳税人销售金银首饰的销售额中未扣除增值税税额，则在计算消费税时应按照以下公式换算销售额：

$$金银首饰的销售额 = 含增值税的销售额 \div (1 + 增值税税率或征收率)$$

② 金银首饰连同包装物销售的，无论包装物是否单独计价，也无论会计上如何核算，均应并入金银首饰的销售额，计征消费税。

③ 带料加工的金银首饰，按受托方销售同类金银首饰的销售价格确定计税依据征收消费税；无同类售价，按组成计税价格计税，计算公式为：

$$组成计税价格 = (材料成本 + 加工费) \div (1 - 金银首饰消费税税率)$$

④ 以旧换新(含翻新改制)销售金银首饰，按实际收取的不含增值税的全部价款确定计税依据征收消费税。

⑤ 生产、批发、零售单位用于馈赠、赞助、集资、广告、样品、职工福利、奖励等方面的金银首饰，应按纳税人销售同类金银首饰的价格计征消费税；没有同类金银首饰售价的，按组成计税价格计算纳税，计算公式为：

$$组成计税价格 = [购进原价 \times (1 + 利润率)] \div (1 - 金银首饰消费税税率)$$

纳税人为生产企业时，公式中的"购进原价"为生产成本，利润率一律定为 6%。

⑥ 金银首饰消费税改变纳税环节后，用已税珠宝玉石生产的金银镶嵌首饰，不得扣除已纳的消费税税款。

(5) 纳税环节。金银首饰的纳税环节按下列规定执行：

① 纳税人零售的金银首饰(含以旧换新)，于销售时纳税；

② 用于馈赠、赞助、广告、样品、职工福利、奖励等方面的金银首饰，于移送时纳税；

③ 带料加工、翻新改制的金银首饰，于受托方交货时纳税；

④ 经营单位进口金银首饰，进口环节不缴消费税，改为零售环节征税；出口金银首饰不退消费税。

(6) 纳税义务发生时间。金银首饰的纳税义务发生时间按下列规定确定：

① 纳税人销售金银首饰，其纳税义务发生时间为收讫销货款或取得销货凭证的当天。

② 用于馈赠、赞助、集资、广告、样品、职工福利、奖励等方面的金银首饰，其纳

税义务发生时间为移送的当天；

③ 带料加工、翻新改制的金银首饰，其纳税义务发生时间为受托方交货的当天。

(7) 纳税地点：纳税人应向其核算地主管税务机关申报纳税。

【例题 2.24】 周生金店为增值税一般纳税人，5 月发生如下业务：零售金银铂金及钻石饰品共计 158 万元；另外，当月赠送客户纯金戒指 5 枚，该戒指从未销售过，账面购进原价每枚 3 000 元；销售包金项链 15 条，开出普通发票金额 50 000 元；销售镀金项链 22 条，开出普通发票金额 45 000 元；销售某名牌金表 20 块，售价 350 元/块；售出国家发行的金质纪念币一批，售价 60 000 元，销售金条取得收入 100 000 元。计算该店当月应纳消费税。

【解析】 应纳消费税 $= 1\,580\,000 \div (1 + 13\%) \times 5\% + 3\,000 \times 5 \times (1 + 6\%) \div (1-5\%) \times 5\% = 70\,748.35$(元)。

思考：假如周生金店当月税务机关准予抵扣的进项税额为 85 000 元，则当月应缴纳的增值税为多少？

## 二、卷烟批发环节征收消费税的规定

(1) 纳税人：在中华人民共和国境内从事卷烟批发业务的单位和个人。

(2) 征税范围：纳税人批发销售的所有牌号规格的卷烟。

(3) 计税依据：纳税人批发卷烟的不含增值税的销售额和销售数量。

(4) 纳税人应将卷烟销售额与其他商品销售额分开核算，未分开核算的，一并征收消费税。

(5) 适用税率：采取复合计征方式，定额税率为 0.005 元/支，比例税率为 11%。

(6) 应纳税额的计算公式为：

$$应纳税额 = 销售数量 \times 定额税率 + 销售额 \times 比例税率$$

(7) 纳税人销售给纳税人以外的单位和个人的卷烟于销售时纳税。纳税人之间销售的卷烟不缴纳消费税。

(8) 纳税义务发生时间：纳税人收讫销售款或取得索取销售款凭据的当天。

(9) 纳税地点：卷烟批发企业的机构所在地，总机构和分支机构不在同一地区的，由总机构申报纳税。

(10) 卷烟消费税在生产和批发两个环节征收后，批发企业在计算纳税时不得扣除已含的生产环节的消费税税款。

【例题 2.25】 甲卷烟批发企业为增值税一般纳税人，8 月发生如下业务：向乙卷烟批发企业销售 A 牌卷烟 5 000 条，开具增值税专用发票，注明销售额 200 万元；向丙零售商批发 B 牌卷烟 2 000 条，开具增值税普通发票，注明含税销售额 85.88 万元；同时向消费者个人零售 B 牌卷烟 300 条，取得含税收入 19.662 万元。当月可抵扣的增值税进项税额为 35.59 万元。计算甲卷烟批发企业当月应纳增值税和消费税分别是多少？

【解析】 甲卷烟批发企业增值税的计税销售额 $= 200 + 85.88 \div (1 + 13\%) + 19.662 \div (1 + 13\%) = 293.4$(万元)；

销项税额 $= 293.4 \times 13\% = 38.142$(万元)；

应纳增值税 = 38.142 − 35.59 = 2.552(万元)。

甲卷烟批发企业向乙卷烟批发企业销售的卷烟不用缴纳批发环节的消费税,向纳税人以外的单位和个人,如丙零售商和消费者个人销售的卷烟,需要缴纳批发环节的消费税。

从量税的转换:50 元/万支 = 0.005 元/支 = 1 元/条 = 250 元/标准箱;

消费税的计税销售额 = 85.88 ÷ (1 + 13%) + 19.662 ÷ (1 + 13%) = 93.4(万元);

应纳消费税 = 93.4 × 11% + (2 000 + 300) × 1 ÷ 10 000 = 10.504(万元)。

## 三、超豪华小汽车零售环节征收消费税的规定

为了引导合理消费,促进节能减排,经国务院批准,对超豪华小汽车加征消费税。

(1) 纳税人:将超豪华小汽车销售给消费者的单位和个人为超豪华小汽车零售环节纳税人。

(2) 纳税环节及税率:对超豪华小汽车,在生产(进口)环节按现行税率征收消费税基础上,在零售环节加征消费税,税率为10%。

(3) 应纳税额的计算公式为:

应纳税额 = 零售环节不含增值税的销售额 × 比例税率。

国内汽车生产企业直接销售给消费者的超豪华小汽车,消费税税率按照生产环节比例税率和零售环节比例税率之和计算。计算公式为:

应纳税额 = 销售额 × (生产环节比例税率 + 零售环节比例税率)

【例题 2.26】下列消费品的生产经营环节中,既征收增值税又征收消费税的有(　　)。

A. 高档手表的生产销售环节

B. 超豪华小汽车的零售环节

C. 珍珠饰品的零售环节

D. 鞭炮、焰火的批发环节

E. 卷烟的零售环节

【答案】　AB

【解析】　选项 C:珍珠饰品在生产(委托加工、进口)环节征收消费税,零售环节不征收消费税;选项 D:鞭炮、焰火在生产(委托加工、进口)环节征收消费税,批发环节不征收消费税;选项 E:卷烟在生产(委托加工、进口)和批发环节征收消费税,零售环节不征收消费税。

## 四、进口应税消费品征收消费税的规定

(1) 纳税人:进口或代理进口应税消费品的单位和个人,为进口应税消费品消费税的纳税义务人。

(2) 征税范围。

进口应税消费品以进口商品总值即组成计税价格为课税对象。进口商品总值具体包括到岸价格、关税和消费税三部分。以进口商品总值为课税对象,可使进口应税消费品与国内生产的同种应税消费品的征税依据一致,税负基本平衡,从而有利于防止盲目进口,保

护国内经济的发展。

(3) 组成计税价格计算税额。

① 实行从价定率办法计算应纳税额的组成计税价格公式为：

$$组成计税价格 = (关税完税价格 + 关税) \div (1 - 消费税比例税率)$$
$$应纳税额 = 组成计税价格 \times 适用税率$$

【例题 2.27】 某卷烟厂进口一批烟丝，境外成交价格为 150 万元，运至我国境内输入地点起卸前运费 20 万元。关税税率为 10%。计算进口环节涉及的各种税。

【解析】 关税完税价格 = 150 + 20 = 170(万元)；

关税 = 170 × 10% = 17(万元)；

组成计税价格 = (170 + 17) ÷ (1 - 30%) = 267.14(万元)；

进口环节海关代征的增值税 = 267.14 × 13% = 34.73(万元)。

进口环节海关代征的消费税 = 267.14 × 30% = 80.14(万元)。

【例题 2.28】 酒香酒品生产公司因生产需要，从日本进口一批红酒，海关核定的成交价格为 100 万元，运抵报关地发生相应运杂费 15 万元，该批红酒的关税税率为 10%。计算报关环节涉及的所有税。

【解析】 关税完税价格 = 100 + 15 = 115(万元)；

关税 = 115 × 10% = 11.5(万元)；

组成计税价格 = (115 + 11.5) ÷ (1 - 10%) = 140.56(万元)；

海关代征的消费税 = 140.56 × 10% = 14.056(万元)。

海关代征的增值税 = 140.56 × 13% = 18.2728(万元)。

【例题 2.29】务实汽车生产公司 5 月销售百康牌小汽车(气缸容量为 2 200 毫升)10 辆，取得不含税收入 100.8 万元(有四种不同单价分别是：10.3 万元/辆的销售 5 辆，10 万元/辆的销售 1 辆，9.75 万元/辆的销售 1 辆，9.85 万元/辆的销售 3 辆)。另外，本月还用自产的一辆百康牌小汽车换取一批零配件，供生产汽车使用。当月，该厂还从美国进口一辆小轿车，供管理部门使用。海关核定的进口环节关税完税价格为 28 万元，关税税率为 25%，消费税税率为 12%。计算该公司当月的消费税。

【解析】 销售小汽车的消费税 = 100.8 × 9% = 9.072(万元)。

换取零配件的视同销售，应缴纳消费税，应按照最高售价缴纳消费税。

应纳消费税 = 10.3 × 9% = 0.927(万元)。

进口小轿车的组成计税价格 = 28 × (1 + 25%) ÷ (1 - 12%) = 39.772 7(万元)；

进口环节应纳消费税 = 39.772 7 × 12% = 4.772 7(万元)。

进口环节应纳增值税 = 39.772 7 × 13% = 5.170 5(万元)。

② 实行从量定额办法计算应纳税额的组成计税价格公式如下：

$$应纳税额 = 应税消费品数量 \times 单位税额$$

【例题 2.30】 酒香酒品生产公司为生产需要，从韩国进口 100 吨黄酒，海关核定的成交价格为 100 万元，运抵报关地发生相应运杂费 15 万元，该批黄酒的关税税率为 5%。计算报关环节涉及的所有税。

【解析】 关税完税价格 = 100 + 15 = 115(万元)；

关税 = 115 × 5% = 5.75(万元)；

海关代征的消费税 = 100 × 240 = 2.4(万元)；

组成计税价格 = 115 + 5.75 + 2.4 = 123.15(万元)；

海关代征的增值税 = 123.15 × 13% = 16.01(万元)。

③ 实行复合计征的应税消费品应纳税额的组成计税价格公式为：

组成计税价格 = (关税完税价格 + 关税 + 消费税定额税) ÷ (1 - 消费税比例税率)

应纳税额 = 组成计税价格 × 适用税率 + 应税消费品数量 × 消费税单位税额

【例题 2.31】 酒香酒品生产公司因生产需要，从欧洲进口 100 吨白酒，海关核定的成交价格为 100 万元，运抵报关地发生相应运杂费 15 万元，该批白酒的关税税率为 10%。计算报关环节涉及的所有税。

【解析】 关税完税价格 = 100 + 15 = 115(万元)；

关税 = 115 × 10% = 11.5(万元)。

白酒的消费税定额税 = 100 × 2 000 × 0.5 = 10(万元)；

组成计税价格 = (115 + 11.5 + 10) ÷ (1 - 20%) = 170.625(万元)；

海关代征的消费税 = 170.625 × 20% + 10 = 44.125(万元)。

海关代征的增值税 = 170.625 × 13% = 22.18(万元)。

## 四、综合案例

【例题 2.32】 某市卷烟厂为增值税一般纳税人，无自制烟丝工艺流程，主要生产 A 牌卷烟，包装为标准条包装，该品牌卷烟不含税调拨价为 80 元/条。3 月产生如下业务：

(1) 本月从甲厂(增值税一般纳税人)购进烟丝，取得增值税专用发票，注明价款 50 万元，增值税 6.5 万元，支付运输费 3.27 万元，取得增值税专用发票，注明价款是 3 万元，增值税 0.27 万元。购进其他材料，取得增值税专用发票，注明价款 40 万元，增值税 5.2 万元，途中由于保管不善，材料丢失 2%，查明原因后由保险公司负责赔偿。

(2) 从烟农手中购进一批烟叶，收购价、价外补贴及烟叶税合计 13.2 万元，将其委托乙企业加工成烟丝，取得乙企业开具的增值税专用发票，注明加工费 2 万元。

(3) 进口烟丝一批，境外成交价格为 150 万元，运至我国境内输入地点起卸前运费 20 万元，关税税率为 10%；将烟丝从海关监管区运往仓库，发生运费 13.08 万元，取得增值税专用发票，注明价款 12 万元，税款 1.08 万元。

(4) 生产车间领用烟丝生产 A 牌卷烟，当月按调拨价向某批发商销售 A 牌卷烟 200 箱，取得不含税销售额 400 万元；与某商场签订购销合同，采取赊销方式销售给该商场 A 牌卷烟 50 箱，取得不含税价款 100 万元，合同约定本月收回 50% 的货款，由于该商场资金周转出现问题，卷烟厂实际收到 40% 的货款。

(5) 月末盘点发现，外购烟丝发生非正常损失，成本 6 万元，其中包括运费成本 2 万元。

(6) 用上月购进的烟叶研发生产新型雪茄烟，生产成本 18 万元，本月当地举办全国烟草联谊会，卷烟厂将其中的 30% 作为样品赠送客户。(雪茄烟的全国平均成本利润率 5%)

(7) 期初库存烟丝买价 35 万元，期末库存烟丝买价 20 万元，委托加工收回烟丝全部被领用。相关发票均已通过主管税务机关认证并在当月抵扣。

根据上述资料，计算并申报卷烟厂的增值税和消费税。

注：拓展会计处理。

【解析】 业务1：准予抵扣的进项税额 = 65 000 + 2 700 + 52 000 × (1 - 2%)

$$= 118\,660(元)。$$

借：原材料——烟丝　　　　　　　　　　　　530 000

　　应交税费——应交增值税(进项税额)　　　67 700

　　　贷：银行存款　　　　　　　　　　　　　　597 700

借：原材料　　　　　　　　　　　　　　　　392 000

　　应交税费——应交增值税(进项税额)　　　50 960

　　其他应收款——保险赔款　　　　　　　　　9 040

　　　贷：银行存款　　　　　　　　　　　　　　452 000

业务2：准予抵扣的进项税额 = 132 000 × 10% + 20 000 × 13% = 15 800(元)

购进烟叶时：

借：原材料　　　　　　　　　　　　　　　　118 800

　　应交税费——应交增值税(进项税额)　　　13 200

　　　贷：银行存款　　　　　　　　　　　　　　132 000

发出材料时：

借：委托加工物资　　　　　　　　　　　　　118 800

　　　贷：原材料　　　　　　　　　　　　　　　118 800

加工完毕收回，支付加工费、增值税时：

借：委托加工物资　　　　　　　　　　　　　20 000

　　应交税费——应交增值税(进项税额)　　　2 600

　　　贷：银行存款　　　　　　　　　　　　　　22 600

购进烟叶成本 = 132 000 - 13 200 = 118 800(元)；

乙企业代收代缴消费税 = (118 800 + 20 000) ÷ (1 - 30%) × 30%

$$= 59\,485.71(元)。$$

支付乙企业代收代缴消费税时：

借：应交税费——应交消费税　　　　　　　　59 485.71

　　　贷：银行存款　　　　　　　　　　　　　　59 485.71

委托加工烟丝收回验收入库时：

借：原材料——烟丝　　　　　　　　　　　　138 800

　　　贷：委托加工物资　　　　　　　　　　　　138 800

业务3：进口环节

关税完税价格 = 1 500 000 + 200 000 = 1 700 000(元)；

关税 = 1 700 000 × 10% = 170 000(元)；

组成计税价格 = (1 700 000 + 170 000) ÷ (1 - 30%) = 2 671 428.57(元)；

进口环节海关代征的增值税 = 2 671 428.57 × 13% = 347 285.71(元)。

进口环节海关代征的消费税 = 2 671 428.57 × 30% = 801 428.57(元)。

借：原材料　　　　　　　　　　　　　　　　1 870 000

  应交税费——应交增值税(进项税额)  347 285.71

    ——应交消费税  801 428.57

  贷：银行存款  3 018 714.28

国内运输环节：准予抵扣的进项税额 = 10800(元)。

借：原材料  120 000

  应交税费——应交增值税(进项税额)  10 800

  贷：银行存款  130 800

业务4：销项税额 = 4 000 000 × 13% + 1 000 000 × 50% × 13% = 585 000(元)。

借：银行存款  4 972 000

  应收账款  113 000

  贷：主营业务收入  4 500 000

    应交税费——应交增值税(销项税额)  585 000

消费税 = 200 × 150 + 4 000 000 × 56% + 50 × 50% × 150 + 1 000 000 × 50% × 56%

  = 2 553 750(元)。

借：税金及附加  2 553 750

  贷：应交税费——应交消费税  2 553 750

业务5：进行税额转出 = (60 000 - 20 000) × 13% + 20 000 × 9% = 7 000(元)。

借：待处理财产损溢  67 000

  贷：原材料  60 000

    应交税费——应交增值税(进项税额转出)  70 00

业务6：将新型雪茄烟对外赠送，视同销售。

组成计税价格 = 180 000 × (1 + 5%) ÷ (1 - 36%) × 30% = 88 593.75(元)；

销项税额 = 88 593.75 × 13% = 11 517.19(元)。

消费税 = 88 593.75 × 36% = 31 893.75(元)。

借：销售费用  65 517.19

  税金及附加  31 893.75

  贷：库存商品  54 000

    应交税费——应交增值税(销项税额)  11 517.19

    ——应交消费税  31 893.75

业务7：准予抵扣的外购烟丝的买价 = 350 000 + [500 000 + 2 671 428.57 - (60 000 - 20 000)] - 200 000 = 3 281 428.57(元)。

准予抵扣的消费税 = 3 281 428.57 × 30% = 984 428.57(元)；

应交消费税 = 984 428.57 - 801 428.57 = 183 000(元)。

借：应交税费——应交消费税  183 000

  贷：税金及附加  183 000

当期销项税额合计 = 585 000 + 11 517.19 = 596 517.19(元)(增值税纳税申报表第 11 行)。

  当期进项税额合计 = 118 660 + 15 800 + 347 285.71 + 10 800 = 492 545.71(元)(增值税纳税申报表第 12 行)。

当期进项税额转出合计 = 7 000 元(增值税纳税申报表第 14 行)。

当期应纳增值税 = 596 517.19 - (492 545.71 - 7 000) = 110 971.48(元)(增值税纳税申报表自行填报)。

当期应纳消费税 = 2 553 750 + 31 893.75 - 59 485.71 - 801 428.57 - 183 000

$$= 1\,541\,729.47(元)。$$

**【例题 2.33】** 酒香酒品生产公司假定为增值税一般纳税人，7 月发生以下业务：

(1) 向某烟酒专卖店销售粮食白酒 20 吨，开具增值税普通发票，注明金额 200 万元，另收取品牌使用费 50 万元，包装物押金 20 万元。

(2) 购进 10 万元的原材料，取得增值税专用发票，注明增值税税额 13 000 元，委托其他企业加工散装药酒 1 000 千克，收回时向对方支付加工费，对方开具增值税专用发票，注明价款 1 万元，增值税 0.13 万元，对方已按规定代收代缴了消费税。

(3) 委托加工收回散装药酒后，将其中的 900 千克继续加工成瓶装药酒 1 800 瓶，以每瓶不含税价 100 元通过非独立核算门市部对外销售，全部售出。

(4) 将委托加工收回剩余的 100 千克散装药酒作为福利分给职工，同类药酒的不含税售价为 120 元/千克。

(5) 销售自产啤酒 20 吨给副食品公司，开具税控专用发票注明价款 58 000 元，收取包装物押金 3 000 元;

根据上述资料，计算并申报酒香酒品生产公司的增值税和消费税。

**【解析】** 业务 1：销售白酒的不含税销售额 = (2 000 000 + 500 000 + 200 000) ÷ (1 + 13%) = 2 389 380.53(元);

销项税额 = 2 389 380.53 × 13% = 310 619.47(元)。

消费税 = 2 389 380.53 × 20% + 20 × 2 000 × 0.5 = 497 876.11(元)。

借：银行存款　　　　　　　　　　　　　2 700 000

　　贷：主营业务收入　　　　　　　　　　　2 389 380.53

　　　　应交税费——应交增值税(销项税额)　310 619.47

借：税金及附加　　　　　　　　　　　　497 876.11

　　贷：应交税费——应交消费税　　　　　　497 876.11

业务 2：进项税额 = 13 000 + 1 300 = 14 300(元)。

材料成本 = 100 000(元);

组成计税价格 = (100 000 + 10 000) ÷ (1 - 10%) = 122 222.22(元);

代收代缴的消费税 = 122 222.22 × 10% = 12 222.22(元)。

借：原材料　　　　　　　　　　　　　　100 000

　　应交税费——应交增值税(进项税额)　13 000

　　贷：银行存款　　　　　　　　　　　　　113 000

借：委托加工物资　　　　　　　　　　　100 000

　　贷：原材料　　　　　　　　　　　　　　100 000

借：委托加工物资　　　　　　　　　　　10 000

　　应交税费——应交增值税(进项税额)　1 300

　　贷：银行存款　　　　　　　　　　　　　11 300

借：委托加工物资                           12 222.22

    贷：银行存款                          12 222.22

借：库存商品                            122 222.22

    贷：委托加工物资                    122 222.22

业务3：不含税销售额 = 1 800 × 100 = 180 000(元)；

销项税额 = 180 000 × 13% = 23 400(元)。

消费税 = 180 000 × 10% = 18 000(元)。

成本 = 122 222.22 × 900 ÷ 1 000 = 110 000(元)。

借：银行存款                           203 400

    贷：主营业务收入                  180 000

       应交税费——应交增值税(销项税额)   23 400

借：主营业务成本                    110 000

    贷：库存商品                      110 000

借：税金及附加                     18 000

    贷：应交税费——应交消费税       18 000

业务4：不含税销售额 = 120 × 100 = 12 000(元)；

销项税额 = 12 000 × 13% = 1 560(元)。

成本 = 122 222.22 × 100 ÷ 1 000 = 12 222.22(元)。

借：应付职工薪酬                   13 782.22

    贷：库存商品                     12 222.22

       应交税费——应交增值税(销项税额)   1 560.00

同类药酒不含税售价小于受托方的计税价格，不缴纳消费税。(财法2012年8号文件)

业务5：销售啤酒的不含税销售额 = 58 000(元)；

销项税额 = 58 000 × 13% = 7 540(元)。

啤酒每吨售价(含押金) = 58 000 ÷ 20 + 3 000 ÷ (1 + 13%) ÷ 20 = 3 032.74(元)；

3 032.74 > 3 000，单位税额为每吨250元，消费税 = 20 × 250 = 5 000(元)。

借：银行存款                           65 540

    贷：主营业务收入                  58 000

       应交税费——应交增值税(销项税额)   7 540

借：银行存款                          3 000

    贷：其他应付款                      3 000

借：税金及附加                      5 000

    贷：应交税费——应交消费税       5 000

当期销项税额合计 = 310 619.47 + 23 400 + 1 560 + 7 540 = 343 119.47(元)(增值税纳税申报表第11行填列)。

当期进项税额合计 = 13 000 + 1 300 = 14 300(元)(增值税纳税申报表第12行填列)。

当期应纳增值税 = 343 119.47 – 14 300 = 328 819.47(元)(增值税纳税申报表自行填报)。

当期应纳消费税合计 = 497 876.11 + 18 000 + 5 000 = 520 876.11(元)。

【例题2.34】　康宝运动器材厂以进口高尔夫球杆头、国内购进高尔夫球杆身和握把生产高尔夫球杆，7月有关资料如下：

(1) 7月1日，从香港购进高尔夫球杆头5 000只，关税完税价格17万元，关税税率30%，消费税税率10%。

(2) 7月5日，从江西明日运动器材厂购进高尔夫球杆身1 000根，价税合计2.06万元，取得由税务机关代开的增值税专用发票。

(3) 7月10日，领用高尔夫球杆头800只，杆身800只。

(4) 7月15日，销售高尔夫球杆1 300根，不含税单价800元/根，均开具增值税专用发票。

(5) 6月份消费税期末未缴纳数为-6 200元

注：存货计价采用全月一次加权平均法，抵扣税款台账如表2-2、表2-3所示。

根据上述资料，计算该厂当月应缴纳的消费税，并进行账务处理。

### 表2-2　抵扣税款台账(高尔夫球杆头)

外购应税消费品名称：高尔夫球杆头　　　　　　所属时间：20**年7月　　　　　　单位：元

| 日期 | 摘要 | 发票号 | 数　　量 | | | 金　　额 | | | 已纳税额 | | |
|---|---|---|---|---|---|---|---|---|---|---|---|
| 7月 | | | 购进 | 领用 | 余额 | 购进 | 领用 | 余额 | 购进 | 领用 | 余额 |
| 1 | 2 | 3 | 4 | 5 | 6 | 7 | 8 | 9 | 10 | 11 | 12 |
| | 期初库存 | | | | 500 | | | 24 000 | | | 2 400 |
| 1 | 香港 | | 5 000 | | | 245 555.56 | | | 24 555.56 | | |
| 10 | 领用 | | | 800 | | | 39 208.08 | | | 3 920.81 | |
| 31 | 期末库存 | | | | 4 700 | | | 230 347.48 | | | 23 034.75 |

### 表2-3　抵扣税款台账(高尔夫球杆身)

外购应税消费品名称：高尔夫球杆身　　　　　　所属时间：20**年7月　　　　　　单位：元

| 日期 | 摘要 | 发票号 | 数　　量 | | | 金　　额 | | | 已纳税额 | | |
|---|---|---|---|---|---|---|---|---|---|---|---|
| 7月 | | | 购进 | 领用 | 余额 | 购进 | 领用 | 余额 | 购进 | 领用 | 余额 |
| 1 | 2 | 3 | 4 | 5 | 6 | 7 | 8 | 9 | 10 | 11 | 12 |
| | 期初库存 | | | | 2 500 | | | 52 500 | | | 5 250 |
| 5 | 江西 | | 1 000 | | | 20 000 | | | 2 000 | | |
| 10 | 领用 | | | 800 | | | 16 571.43 | | | 3 920.81 | |
| 31 | 期末库存 | | | | 2 700 | | | 55 928.57 | | | 5 592.86 |

【解析】　高尔夫球杆头准予抵扣的消费税 = [(24 000 + 245 555.56) ÷ 5 500] × 800 × 10% = 3 920.81(元)；

高尔夫球杆身准予抵扣的消费税 = [(52 500 + 20 000) ÷ 3 500] × 800 × 10% = 1 657.14(元)；

准予抵扣的已纳消费税 = 3 920.81 + 1 657.14 = 5 577.95(元)；

应纳消费税 = 1 300 × 800 × 10% - 5 577.95 = 98 422.05(元)。

账务处理：

7 月 1 日：关税 = 170 000 × 30% = 51 000(元)；

组成计税价格 = (170 000 + 51 000) ÷ (1 − 10%) = 245 555.56(元)；

进口环节应缴纳的增值税 = 245 555.56 × 13% = 31 922.22(元)。

进口环节应缴纳的消费税 = 245 555.56 × 10% = 24 555.56(元)。

借：原材料——杆头　　　　　　　　　　245 555.56

　　应交税费——应交增值税(进项税额)　　31 922.22

　　贷：银行存款　　　　　　　　　　　　277 477.78

7 月 5 日：

借：原材料——杆身　　　　　　　　　　20 000

　　应交税费——应交增值税(进项税额)　　600

贷：银行存款　　　　　　　　　　　　　　20 600

7 月 10 日：领用杆头的成本 = [(24 000 + 245 555.56)/5 500] × 800

　　　　　　　　　　　　= 39 208.08(元)；

领用杆身的成本 = [(52 500 + 20 000) ÷ 3 500] × 800 = 16 571.43(元)；

可以抵扣的消费税 = (39 208.08 + 16 571.43) × 10% = 5 577.95(元)。

借：应交税费——应交消费税　　　　　　5 577.95

　　生产成本　　　　　　　　　　　　　50 201.56

　　贷：原材料——杆头　　　　　　　　　39 208.08

　　　　原材料——杆身　　　　　　　　　16 571.43

7 月 15 日：

借：银行存款　　　　　　　　　　　　　1 175 200

　　贷：主营业务收入　　　　　　　　　　1 040 000

　　　　应交税费——应交增值税(销项税额)　135 200

借：税金及附加　　　　　　　　　　　　98 422.05

　　贷：应交税费——应交消费税　　　　　98 422.05

# 任务十　其　他　规　定

## 一、纳税义务发生时间

(1) 纳税人销售应税消费品的纳税义务发生时间具体为：

① 采取赊销和分期收款方式销售的，为书面合同约定收款日期的当天；无书面合同或书面合同没有约定收款日期的，为货物发出的当天。

② 采取预收货款方式销售的，为货物发出的当天。

③ 采取托收承付和委托银行收款方式销售的，为发出货物并办妥托收手续的当天。

④ 采取其他方式的，为收讫销售款或取得索取销售款凭据的当天。

(2) 纳税人自产自用的应税消费品，纳税义务发生时间为移送使用的当天。

(3) 纳税人委托加工的应税消费品，纳税义务发生时间为纳税人提货的当天。

(4) 纳税人进口的应税消费品，纳税义务发生时间为报关进口的当天。

【例题2.35】 关于消费税纳税义务发生时间的说法，正确的有(　　)。

A. 企业采取预收款方式销售成品油，2019年6月收到购货方的预付款，2019年7月发货，纳税义务发生时间为2019年7月

B. 企业采取赊销方式销售鞭炮，合同未约定收款日期，发货日期为2019年4月，实际收款为2019年6月，纳税义务发生时间为2019年6月

C. 某卷烟生产企业委托另一卷烟生产企业生产卷烟，2019年10月提货，2019年11月付款，纳税义务发生时间为2019年11月

D. 企业采取托收承付方式销售实木地板，发货日期为2019年1月，办妥托收承付手续的日期为2019年1月，纳税义务发生时间为2019年1月

E. 企业采取分期收款方式销售高档化妆品，合同约定首次收款日期为2019年1月，实际收款日期为2019年5月，纳税义务发生时间为2019年1月

【答案】 ADE

【解析】 赊销和分期收款方式销售货物，纳税义务发生时间为合同约定的收款日期的当天，合同未约定或无合同的，为发出应税消费品的当天，B选项错；委托加工应税消费品，纳税义务发生时间为纳税人提货的当天，C选项错。

【例题2.36】 杨威游艇生产商6月生产销售游艇4艘，售价350万元/艘。其中3艘已经交付，款项全部收到的为1艘，另两艘采用分期收款形式销售，本期约定收款40%；最后一艘也已交货，收到客户10%的预收款。计算当月应纳消费税。

【解析】 应纳消费税 $= (350 + 350 \times 2 \times 40\%) \times 10\% = 630 \times 10\% = 63(万元)$。

## 二、纳税期限

消费税的纳税期限分别为1日、3日、5日、10日、15日、1个月或者1个季度。纳税人的具体纳税期限由主管税务机关根据纳税人应纳税额的大小分别核定，不能按照固定期限纳税的，可以按次纳税。

纳税人以1个月或者1个季度为1个纳税期的，自期满之日起15日内申报纳税；以1日、3日、5日、10日、15日为1个纳税期的，自期满之日起5日内预缴税款，于次月1日起15日内申报纳税并结清上月应纳税款。

进口货物，应当自海关填发海关进口增值税专用缴款书之日起15日内缴纳税款。

## 三、纳税地点

(1) 纳税人销售的应税消费品及自产自用的应税消费品，应当向其机构所在地或居住地主管税务机关申报纳税，国家另有规定的除外。

总机构和分支机构不在同一县(市)的，应当分别向各自所在地主管税务机关申报纳税；经国务院财政、税务主管部门或者其授权的财政、税务机关批准，可以由总机构汇总向总机构所在地主管税务机关申报纳税。

(2) 纳税人到外县(市)销售或委托外县(市)代销自产应税消费品的, 于应税消费品销售后, 向机构所在地或居住地主管税务机关申报纳税。

(3) 委托加工的应税消费品, 受托方为个人的, 由委托方向其机构所在地或居住地主管税务机关申报纳税; 受托方为企业等单位的, 由受托方向机构所在地或居住地的主管税务机关报缴税款。

(4) 进口应税消费品的, 由进口人或其代理人向报关地海关申报纳税。此外, 个人携带或邮寄进境的应税消费品, 连同关税由海关一并计征, 具体办法由国务院关税税则委员会会同有关部门制定。

【例题2.37】 关于消费税纳税地点的说法, 正确的是( )。

A. 纳税人销售应税消费品, 应当向销售行为发生地的主管税务机关申报纳税

B. 纳税人总、分机构不在同一县(市)的, 可以选择由总机构汇总向总机构所在地的主管税务机关申报缴纳消费税

C. 委托加工应税消费品, 受托方为个人的, 由委托方向其机构所在地主管税务机关申报纳税

D. 进口应税消费品, 由进口人或由其代理人向其机构所在地或住所地主管税务机关申报纳税

【答案】 C

思考: 根据任务九中的综合案例填制消费税纳税申报表。

消费税纳税申报表及填表说明详见二维码

# 项目三

# 企业所得税

## 任务一　纳　税　人

现行企业所得税的基本规范是 2018 年 12 月 29 日中华人民共和国第十三届全国人民代表大会常务委员会第七次会议第二次修改通过的《中华人民共和国企业所得税法》(以下简称《企业所得税法》)和 2019 年 4 月 23 日国务院令第 714 号修改通过的《中华人民共和国企业所得税法实施条例》(以下简称《企业所得税法实施条例》),以及国务院财政、税务主管部门发布的相关规定。

企业所得税是对我国境内的企业和其他取得收入的组织的生产经营所得和其他所得征收的所得税。其中,企业分为居民企业和非居民企业。

企业所得税的纳税义务人,是指在中华人民共和国境内的企业和其他取得收入的组织。《中华人民共和国企业所得税法》第一条规定,除了个人独资企业、合伙企业不适用企业所得税法,凡在我国境内,企业和其他取得收入的组织(以下统称企业)为企业所得税的纳税人,依照本法规定缴纳企业所得税。

企业所得税的纳税人分为居民企业和非居民企业,这是根据企业纳税义务范围进行的分类方法,不同的企业在向中国政府缴纳所得税时,纳税义务不同。把企业分为居民企业和非居民企业,是为了更好地保障我国税收管辖权的有效行使和避免双重课税。税收管辖权是一国政府在征税方面的主权,是国家主权的重要组成部分。根据国际上通行做法,我国选择了地域管辖权和居民管辖权的双重管辖权标准,最大限度地维护了我国的税收利益。

### 一、居民企业

居民企业,是指依法在中国境内成立,或者依照外国(地区)法律成立但实际管理机构在中国境内的企业。这里的企业包括国有企业、集体企业、私营企业、联营企业、股份制企业,外商投资企业、外国企业以及有生产、经营所得和其他所得的其他组织。其中,有生产、经营所得和其他所得的其他组织,是指经国家有关部门批准,依法注册、登记的事业单位、社会团体等组织。由于我国的一些社会团体组织、事业单位在完成国家事业计划的过程中，开展多种经营和有偿服务活动，取得财政部门各项拨款、财政部和国家物价部门批准的各项规费收入以外的经营收入，具有了经营的特点，因此应当视同企业纳入征税范围。其中，实际管理机构，是指对企业的生产经营、人员、账务、财产等实施实质性全面管理和控制的机构。

## 二、非居民企业

非居民企业，是指依照外国(地区)法律成立且实际管理机构不在中国境内，但在中国境内设立机构、场所的，或者在中国境内未设立机构、场所，但有来源于中国境内所得的企业。

上述所称机构、场所，是指在中国境内从事生产经营活动的机构、场所，包括以下方面：

(1) 管理机构、营业机构、办事机构。

(2) 工厂、农场、开采自然资源的场所。

(3) 提供劳务的场所。

(4) 从事建筑、安装、装配、修理、勘探等工程作业的场所。

(5) 其他从事生产经营活动的机构、场所。

非居民企业委托营业代理人在中国境内从事生产经营活动的，包括委托单位或者个人经常代其签订合同，或者储存、交付货物等，该营业代理人视为非居民企业在中国境内设立的机构、场所。

# 任务二 征税对象

企业所得税的征税对象是指企业的生产经营所得、其他所得和清算所得。

## 一、居民企业的征税对象

居民企业应就来源于中国境内、境外的所得作为征税对象。所得，包括销售货物所得、提供劳务所得、转让财产所得、股息红利等权益性投资所得，以及利息所得、租金所得、特许权使用费所得、接受捐赠所得和其他所得。

## 二、非居民企业的征税对象

非居民企业在中国境内设立机构、场所的，应当就其所设机构、场所取得的来源于中国境内的所得，以及发生在中国境外但与其所设机构、场所有实际联系的所得，缴纳企业所得税。非居民企业在中国境内未设立机构、场所的，或者虽设立机构、场所但取得的所得与其所设机构、场所没有实际联系的，应当就其来源于中国境内的所得缴纳企业所得税。

上述所称实际联系，是指非居民企业在中国境内设立的机构、场所拥有的据以取得所得的股权、债权，以及拥有、管理、控制据以取得所得的财产。

### 三、所得来源的确定

(1) 销售货物所得，按照交易活动发生地确定。

(2) 提供劳务所得，按照劳务发生地确定。

(3) 转让财产所得。① 不动产转让所得按照不动产所在地确定。② 动产转让所得按照转让动产的企业或者机构、场所所在地确定。③ 权益性投资资产转让所得按照被投资企业所在地确定。

(4) 股息、红利等权益性投资所得，按照分配所得的企业所在地确定。

(5) 利息所得、租金所得、特许权使用费所得，按照负担、支付所得的企业或者机构、场所所在地确定，或者按照负担、支付所得的个人的住所地确定。

(6) 其他所得，由国务院财政、税务主管部门确定。

## 任务三 税 率

企业所得税税率是体现国家与企业分配关系的核心要素。税率设计的原则是兼顾国家、企业、职工个人三者利益，既要保证财政收入的稳定增长，又要使企业在发展生产、经营方面有一定的财力保证；既要考虑到企业的实际情况和负担能力，又要维护税率的统一性。

我国企业所得税实行比例税率。比例税率简便易行，透明度高，不会因征税而改变企业间收入分配比例，有利于促进效率的提高。现行规定如下：

(1) 基本税率为 25%。适用于居民企业和在中国境内设有机构、场所且所得与机构、场所有关联的非居民企业(认定为境内常设机构)。

(2) 低税率为 20%。适用于在中国境内未设立机构、场所的，或者虽设立机构、场所但取得的所得与其所设机构、场所没有实际联系的非居民企业。但实际征税时适用 10% 的税率。

现行企业所得税基本税率设定为 25%，同世界各国比较而言还是偏低的。据有关资料介绍，世界上近 160 个实行企业所得税的国家(地区)平均税率为 28.6%，我国周边 18 个国家(地区)的平均税率为 26.7%。现行税率的确定，既考虑了我国财政承受能力，又考虑了企业负担水平。

## 任务四 税 收 优 惠

税收优惠指国家运用税收政策在税收法律、行政法规中规定对某一部分特定企业和课税对象给予减轻或免除税收负担的一种措施。税法规定的企业所得税的税收优惠方式包括免税、减税、加计扣除、加速折旧、减计收入、税额抵免等。企业所得税的减免权在中央，除了税法规定的减免税项目，各级政府及各部门无权减免企业所得税。

目前，我国的企业所得税法主要规定有如下企业所得税税收优惠政策。

## 一、免税收入

企业的下列收入为免税收入：

(1) 国债利息收入；

(2) 符合条件的居民企业之间的股息、红利等权益性投资收益；

(3) 在中国境内设立机构、场所的非居民企业从居民企业取得与该机构、场所有实际联系的股息、红利等权益性投资收益；

(4) 符合条件的非营利组织的收入。

## 二、免征与减征优惠

企业的下列所得，可以免征、减征企业所得税。

### 1. 从事农、林、牧、渔业项目的所得

《企业所得税法》第二十七条第(一)项规定的企业从事农、林、牧、渔业项目的所得，可以免征、减征企业所得税，是指以下内容。

(1) 企业从事下列项目的所得，免征企业所得税：

① 蔬菜、谷物、薯类、油料、豆类、棉花、麻类、糖料、水果、坚果的种植；

② 农作物新品种的选育；

③ 中药材的种植；

④ 林木的培育和种植；

⑤ 牲畜、家禽的饲养；

⑥ 林产品的采集；

⑦ 灌溉、农产品初加工、兽医、农技推广、农机作业和维修等农、林、牧、渔服务业项目；

⑧ 远洋捕捞。

(2) 企业从事下列项目的所得，减半征收企业所得税：

① 花卉、茶以及其他饮料作物和香料作物的种植；

② 海水养殖、内陆养殖。

企业从事国家限制和禁止发展的项目，不得享受本条规定的企业所得税优惠。

注意：企业购买农产品后直接进行销售的贸易活动产生的所得，不能享受农、林、牧、渔业项目的税收优惠政策。

### 2. 从事国家重点扶持的公共基础设施项目投资经营的所得

《企业所得税法》第二十七条第(二)项规定国家重点扶持的公共基础设施项目，是指《公共基础设施项目企业所得税优惠目录》规定的港口码头、机场、铁路、公路、城市公共交通、电力、水利等项目。

企业从事上述规定的国家重点扶持的公共基础设施项目投资经营的所得，自项目取得第一笔生产经营收入所属纳税年度起，第一年至第三年免征企业所得税，第四年至第六年减半征收企业所得税。

企业承包经营、承包建设和内部自建自用本条规定的项目，不得享受本条规定的企业所得税优惠。

### 3. 从事符合条件的环境保护、节能节水项目的所得

《企业所得税法》第二十七条第(三)项规定符合条件的环境保护、节能节水项目，包括公共污水处理、公共垃圾处理、沼气综合开发利用、节能减排技术改造、海水淡化等。项目的具体条件和范围见《财政部、国家税务总局、国家发展改革委关于公布环境保护、节能节水项目企业所得税优惠目录(试行)的通知》(财税〔2009〕166 号)。

企业从事上述规定的符合条件的环境保护、节能节水项目的所得，自项目取得第一笔生产经营收入所属纳税年度起，第一年至第三年免征企业所得税，第四年至第六年减半征收企业所得税。

依照规定享受减免税优惠的项目，在减免税期限内转让的，受让方自受让之日起，可以在剩余期限内享受规定的减免税优惠；减免税期限届满后转让的，受让方不得就该项目重复享受减免税优惠。

### 4. 符合条件的技术转让所得

《企业所得税法》第二十七条第(四)项规定符合条件的技术转让所得免征、减征企业所得税，是指一个纳税年度内，居民企业转让技术所有权所得不超过 500 万元的部分，免征企业所得税；超过 500 万元的部分，减半征收企业所得税。

2015 年 10 月 1 日起，全国范围内的居民企业转让 5 年(含)以上非独占许可使用权取得的技术转让所得，也纳入上述享受企业所得税优惠的技术转让所得范围。

## 三、非居民企业优惠

非居民企业减按 10%的税率征收企业所得税。这里的非居民企业是指在中国境内未设立机构、场所的，或者虽设立机构、场所，但取得的所得与其所设机构、场所没有实际联系的，应当就其来源于中国境内的所得缴纳企业所得税。

该类非居民企业下列所得可以免征企业所得税：

(1) 外国政府向中国政府提供贷款取得的利息所得；

(2) 国际金融组织向中国政府和居民企业提供优惠贷款取得的利息所得；

(3) 经国务院批准的其他所得。

## 四、小型微利企业优惠

### (一) 基本规定

符合条件的小型微利企业，减按 20%的税率征收企业所得税。

从事国家非限制和禁止行业，并同时符合以下基本条件的企业为小型微利企业：

(1) 工业企业，年度应纳税所得额不超过 30 万元，从业人数不超过 100 人，资产总额不超过 3 000 万元；

(2) 其他企业，年度应纳税所得额不超过 30 万元，从业人数不超过 80 人，资产总额

不超过 1 000 万元。

#### (二) 特殊规定

2019 年 1 月 1 日至 2021 年 12 月 31 日,《企业所得税法》规定的符合条件的小型微利企业,是指从事国家非限制和禁止行业,并符合下列条件的企业:

(1) 年度应纳税所得额不超过 300 万元;

(2) 不区分行业,从业人数不超过 300 人;

(3) 不区分行业,资产总额不超过 5 000 万元。

具体政策:年应纳税所得额不超过 100 万元的部分,减按 25%计入应纳税所得额,按 20%的税率缴纳企业所得税;年应纳税所得额超过 100 万元但不超过 300 万元的部分,减按 50%计入应纳税所得额,按 20%的税率缴纳企业所得税。

### 五、高新技术企业优惠

国家需要重点扶持的高新技术企业,减按 15%的税率征收企业所得税。

《企业所得税法》规定的国家需要重点扶持的高新技术企业,是指在《国家重点支持的高新技术领域(2016 年修订)》范围内,持续进行研究开发与技术成果转化,形成企业核心自主知识产权,并以此为基础展开经营活动,在中国境内(除香港、澳门、台湾地区)注册的居民企业。

2017 年 1 月 1 日起,对经认定的技术先进型服务企业,减按 15%的税率征收企业所得税。

2018 年 1 月 1 日起,对经认定的技术先进型服务企业(服务贸易类),减按 15%的税率征收企业所得税。

### 六、加计扣除优惠

企业的下列支出,可以在计算应纳税所得额时加计扣除。

(1) 研发活动及研发费用归集范围。

研发活动,是指企业为获得科学与技术新知识,创造性运用科学技术新知识,或实质性改进技术、产品(服务)、工艺而持续进行的具有明确目标的系统性活动。

《企业所得税法》规定的研究开发费用的加计扣除,是指企业开展研发活动中实际发生的研究开发费用,未形成无形资产计入当期损益的,在按照规定据实扣除的基础上,按照研究开发费用的 50%加计扣除;形成无形资产的,按照无形资产成本的 150%摊销。

2018 年 1 月 1 日至 2020 年 12 月 31 日,企业开展研发活动中实际发生的研究开发费用,未形成无形资产计入当期损益的,在按照规定据实扣除的基础上,按照研究开发费用的 75%加计扣除;形成无形资产的,按照无形资产成本的 175%摊销。

(2) 安置残疾人员及国家鼓励安置的其他就业人员所支付的工资。

《企业所得税法》规定的企业安置残疾人员所支付的工资的加计扣除,是指企业安置残疾人员的,在按照支付给残疾职工工资据实扣除的基础上,按照支付给残疾职工工资的 100%加计扣除。残疾人员的范围适用《中华人民共和国残疾人保障法》的有关规定。

《企业所得税法》规定的企业安置国家鼓励安置的其他就业人员所支付的工资的加计扣除办法，由国务院另行规定。

## 七、创投企业优惠

创业投资企业从事国家需要重点扶持和鼓励的创业投资，可以按投资额的一定比例抵扣应纳税所得额。

《企业所得税法》规定的抵扣应纳税所得额，是指创业投资企业采取股权投资方式投资于未上市的中小高新技术企业 2 年以上的，可以按照其投资额的 70%在股权持有满 2 年的当年抵扣该创业投资企业的应纳税所得额；当年不足抵扣的，可以在以后纳税年度结转抵扣。

## 八、加速折旧优惠

企业的固定资产由于技术进步等原因，确需加速折旧的，可以缩短折旧年限或者采取加速折旧的方法。

《企业所得税法》规定的可以缩短折旧年限或者采取加速折旧的方法的固定资产，包括：

(1) 由于技术进步，产品更新换代较快的固定资产；

(2) 常年处于强震动、高腐蚀状态的固定资产。

采取缩短折旧年限方法的，最低折旧年限不得低于规定折旧年限的 60%；采取加速折旧方法的，可以采取双倍余额递减法或者年数总和法。

## 九、减计收入优惠

企业综合利用资源，生产符合国家产业政策规定的产品所取得的收入，可以在计算应纳税所得额时减计收入。

《企业所得税法》规定的减计收入，是指企业以《资源综合利用企业所得税优惠目录》规定的资源作为主要原材料，生产国家非限制和禁止并符合国家和行业相关标准的产品取得的收入，减按 90%计入收入总额。

原材料占生产产品材料的比例不得低于《资源综合利用企业所得税优惠目录》规定的标准。

2019 年 6 月 1 日至 2025 年 12 月 31 日，提供社区养老、托育、家政服务取得的收入，在计算应纳税所得额时，减按 90%计入收入总额。

## 十、税额抵免优惠

企业购置用于环境保护、节能节水、安全生产等专用设备的投资额，可以按一定比例实行税额抵免。

《企业所得税法》规定的税额抵免，是指企业购置并实际使用《环境保护专用设备企业所得税优惠目录》《节能节水专用设备企业所得税优惠目录》和《安全生产专用设备企业所得税优惠目录》规定的环境保护、节能节水、安全生产等专用设备的，该专用设备投资额的 10%可以从企业当年的应纳税额中抵免；当年不足抵免的，可以在以后 5 个纳税年度结转抵免。

享受规定的企业所得税优惠的企业，应当实际购置并自身实际投入使用前款规定的专用设备；企业购置上述专用设备在 5 年内转让、出租的，应当停止享受企业所得税优惠，并补缴已经抵免的企业所得税税款。税收优惠的具体办法，由国务院规定。

根据国民经济和社会发展的需要，或者由于突发事件等原因对企业经营活动产生重大影响的，国务院可以制定企业所得税专项优惠政策，报全国人民代表大会常务委员会备案。

企业同时从事适用不同企业所得税待遇项目的，其优惠项目应当单独计算所得，并合理分摊企业的期间费用；没有单独计算的，不得享受企业所得税优惠。

▶小提示

更多税收优惠可以查询国家税务总局网站。

# 任务五　居民企业应纳税所得额的计算

应纳税所得额是企业所得税的计税依据，按照《企业所得税法》的规定，应纳税所得额为企业每一个纳税年度的收入总额，减除不征税收入、免税收入、各项扣除，以及允许弥补的以前年度亏损后的余额。

## 一、基本公式

应纳税所得额 = 收入总额 − 不征税收入 − 免税收入 − 各项扣除 − 允许弥补的
　　　　　　　以前年度亏损

企业应纳税所得额的计算以权责发生制为原则，属于当期的收入和费用，不论款项是否收付，均作为当期的收入和费用；不属于当期的收入和费用，即使款项已经在当期收付，均不作为当期的收入和费用。

应纳税所得额的正确计算直接关系到国家财政收入和企业的税收负担，并且同成本、费用核算关系密切。因此，《企业所得税法》对应纳税所得额计算做了明确规定。主要内容包括收入总额、扣除范围和标准、资产的税务处理、亏损弥补等。

## 二、应纳税所得额的计算方法

在实际过程中，应纳税所得额的计算一般有两种方法。

(1) 直接计算法：通常的理论方法。

在直接计算法下，企业每一纳税年度的收入总额减除不征税收入、免税收入、各项扣除以及允许弥补的以前年度亏损后的余额为应纳税所得额。计算公式与前述相同，即：

应纳税所得额 = 收入总额 − 不征税收入 − 免税收入 − 各项扣除 − 允许弥补的
　　　　　　　以前年度亏损

(2) 间接计算法：实际操作中采用的方法。

在间接计算法下，是在会计利润总额的基础上加或减按照税法规定调整的项目金额后，即为应纳税所得额。计算公式为：

应纳税所得额 = 会计利润总额 ± 纳税调整项目金额

税收调整项目金额包括两方面的内容，一是企业财务会计制度规定的项目范围与税法规定的项目范围不一致的应予以调整的金额；二是企业财务会计制度规定的扣除标准与税法规定的扣除标准不一致的差异应予以调整的金额。

## 三、综合案例

【例题 3.1】某公司的年度利润表及部分账簿的资料如表 3-1、图 3-1～图 3-19 所示，结合资料为该企业报送年度纳税申报表。

**表 3-1　某公司的年度利润表**

| 利 润 表 | | |
| --- | --- | --- |
| 编制单位：**公司 | 20**年 1-12 月 | 单位：元 |
| 项　目 | 行次 | 金　额 |
| 一、营业收入 | 1 | 45 800 000.00 |
| 减：营业成本 | 2 | 28 740 000.00 |
| 营业税金及附加 | 3 | 3 480 000.00 |
| 销售费用 | 4 | 2 748 000.00 |
| 管理费用 | 5 | 3 297 000.00 |
| 财务费用 | 6 | 1 670 000.00 |
| 资产减值损失 | 7 | |
| 加：公允价值变动收益(损失以"—"填列) | 8 | |
| 投资收益(损失以"—"填列) | 9 | 373 000.00 |
| 二、营业利润 | 10 | 6 238 000.00 |
| 加：营业外收入 | 11 | |
| 减：营业外支出 | 12 | 3 160 000.00 |
| 三、利润总额(亏损总额以"—"填列) | 13 | 3 078 000.00 |
| 减：所得税费用 | 14 | 1 617 250.00 |
| 四、净利润(净亏损以"—"填列) | 15 | 1 460 750.00 |

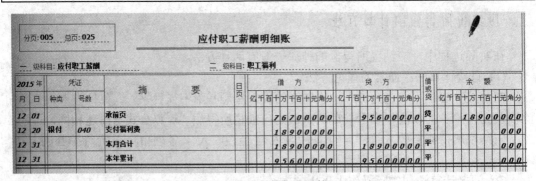

图 3-1　某公司的部分账簿(一)

分页:004　总页:025

**应付职工薪酬明细账**

一级科目:应付职工薪酬　　　二级科目:工资

| 2015年 月 | 日 | 凭证 种类 | 号数 | 摘要 | 日页 | 借方 | 贷方 | 借或贷 | 余额 |
|---|---|---|---|---|---|---|---|---|---|
| 12 | 01 | | | 承前页 | | 5 4 8 0 0 0 0 0 0 | 6 0 0 0 0 0 0 0 | 贷 | 5 2 0 0 0 0 0 |
| 12 | 15 | 银付 | 030 | 发放工资 | | 5 2 0 0 0 0 0 0 | | 平 | 0 0 0 |
| 12 | 31 | | | 本月合计 | | 5 2 0 0 0 0 0 0 | 5 2 0 0 0 0 0 0 | 平 | 0 0 0 |
| 12 | 31 | | | 本年累计 | | 6 0 0 0 0 0 0 0 0 | 6 0 0 0 0 0 0 0 0 | 平 | 0 0 0 |

图 3-2　某公司的部分账簿(二)

分页:006　总页:025

**应付职工薪酬明细账**

一级科目:应付职工薪酬　　　二级科目:职工教育经费

| 2015年 月 | 日 | 凭证 种类 | 号数 | 摘要 | 日页 | 借方 | 贷方 | 借或贷 | 余额 |
|---|---|---|---|---|---|---|---|---|---|
| 12 | 01 | | | 承前页 | | 1 5 6 0 0 0 0 0 | 1 8 0 0 0 0 0 0 | 贷 | 2 4 0 0 0 0 0 |
| 12 | 22 | 银付 | 044 | 支付购书款 | | 2 4 0 0 0 0 0 | | 平 | 0 0 0 |
| 12 | 31 | | | 本月合计 | | 2 4 0 0 0 0 0 | 2 4 0 0 0 0 0 | 平 | 0 0 0 |
| 12 | 31 | | | 本年累计 | | 1 8 0 0 0 0 0 0 | 1 8 0 0 0 0 0 0 | 平 | 0 0 0 |

图 3-3　某公司的部分账簿(三)

分页:007　总页:025

**应付职工薪酬明细账**

一级科目:应付职工薪酬　　　二级科目:工会经费

| 2015年 月 | 日 | 凭证 种类 | 号数 | 摘要 | 日页 | 借方 | 贷方 | 借或贷 | 余额 |
|---|---|---|---|---|---|---|---|---|---|
| 12 | 01 | | | 承前页 | | 1 1 0 6 4 0 0 0 | 1 2 0 0 0 0 0 0 | 贷 | 9 3 6 0 0 0 |
| 12 | 15 | 银付 | 032 | 支付工会经费 | | 9 3 6 0 0 0 | | 平 | 0 0 0 |
| 12 | 31 | | | 本月合计 | | 9 3 6 0 0 0 | 9 3 6 0 0 0 | 平 | 0 0 0 |
| 12 | 31 | | | 本年累计 | | 1 2 0 0 0 0 0 0 | 1 2 0 0 0 0 0 0 | 平 | 0 0 0 |

图 3-4　某公司的部分账簿(四)

分页:008　总页:025

**应付职工薪酬明细账**

一级科目:应付职工薪酬　　　二级科目:社保费

| 2015年 月 | 日 | 凭证 种类 | 号数 | 摘要 | 日页 | 借方 | 贷方 | 借或贷 | 余额 |
|---|---|---|---|---|---|---|---|---|---|
| 12 | 01 | | | 承前页 | | 1 7 4 2 8 4 0 0 0 | 1 7 4 2 8 4 0 0 0 | 平 | 0 0 0 |
| 12 | 14 | 转 | 012 | 计提12月社保费 | | | 2 2 5 1 6 0 0 0 | 贷 | 2 2 5 1 6 0 0 0 |
| 12 | 15 | 银付 | 033 | 支付12月社保费 | | 2 2 5 1 6 0 0 0 | | 平 | 0 0 0 |
| 12 | 31 | | | 本月合计 | | 2 2 5 1 6 0 0 0 | 2 2 5 1 6 0 0 0 | 平 | 0 0 0 |
| 12 | 31 | | | 本年累计 | | 1 9 6 8 0 0 0 0 0 | 1 9 6 8 0 0 0 0 0 | 平 | 0 0 0 |

图 3-5　某公司的部分账簿(五)

**主营业务收入明细账**

分页:012　总页:025

一级科目:**主营业务收入**　　　二级科目:**精装白酒**

| 2015年 月 | 日 | 凭证 种类 | 号数 | 摘要 | 日页 | 借方 | 贷方 | 借或贷 | 余额 |
|---|---|---|---|---|---|---|---|---|---|
| 12 | 21 | | | 承前页 | | 41 658 600 00 | 45 244 600 00 | 贷 | 3 586 000 00 |
| 12 | 21 | 转 | 051 | 赊销产品 | | | 50 000 00 | 贷 | 3 636 000 00 |
| 12 | 25 | 转 | 065 | 赊销产品 | | | 52 800 0 | 贷 | 3 688 800 0 |
| 12 | 28 | 银收 | 069 | 销售产品 | | | 98 000 00 | 贷 | 3 786 800 0 |
| 12 | 29 | 银收 | 073 | 销售产品 | | | 172 100 0 | 贷 | 3 958 900 0 |
| 12 | 30 | 银收 | 084 | 销售产品 | | | 182 500 0 | 贷 | 4 141 400 00 |
| 12 | 31 | 转 | 055 | 结转本年利润 | | 4 141 400 00 | | 平 | 0 00 |
| 12 | 31 | | | 本月合计 | | 4 141 400 00 | 4 141 400 00 | 平 | 0 00 |
| 12 | 31 | | | 本年累计 | | 4 580 000 00 | 4 580 000 00 | 平 | 0 00 |

图 3-6　某公司的部分账簿(六)

**主营业务成本明细账**

分页:018　总页:025

一级科目:**主营业务成本**　　　二级科目:**精装白酒**

| 2015年 月 | 日 | 凭证 种类 | 号数 | 摘要 | 日页 | 借方 | 贷方 | 借或贷 | 余额 |
|---|---|---|---|---|---|---|---|---|---|
| 12 | 31 | | | 承前页 | | 2 874 000 00 | 2 626 000 00 | 借 | 248 000 00 |
| 12 | 31 | 转 | 060 | 结转本年利润 | | | 248 000 00 | 平 | 0 00 |
| 12 | 31 | | | 本月合计 | | 248 000 00 | 248 000 00 | 平 | 0 00 |
| 12 | 31 | | | 本年累计 | | 2 874 000 00 | 2 874 000 00 | 平 | 0 00 |

图 3-7　某公司的部分账簿(七)

**营业外支出明细账**

分页:019　总页:025

一级科目:**营业外支出**　　　二级科目:**捐赠支出**

| 2015年 月 | 日 | 凭证 种类 | 号数 | 摘要 | 日页 | 借方 | 贷方 | 借或贷 | 余额 |
|---|---|---|---|---|---|---|---|---|---|
| 03 | 10 | 银付 | 018 | 直接捐赠北京市XX学校 | | 316 000 00 | | 借 | 316 000 00 |
| 03 | 31 | 转 | 042 | 结转本年利润 | | | 316 000 00 | 平 | 0 00 |
| 03 | 31 | | | 本月合计 | | 316 000 00 | 316 000 00 | 平 | 0 00 |
| 03 | 31 | | | 本年累计 | | 316 000 00 | 316 000 00 | 平 | 0 00 |

图 3-8　某公司的部分账簿(八)

正面 / 背面

分页:011　总页:025

二级科目:**管理费用**

三级科目:_____

| 2015年 月 | 日 | 凭证 号数 | 摘要 | 借方 | 贷方 | 借或贷 | 余额 | 工资 |
|---|---|---|---|---|---|---|---|---|
| 12 | 25 | | 承前页 | 3 256 400 00 | 2 997 800 00 | 借 | 258 600 00 | 56 000 00 |
| 12 | 25 | 银付054 | 支付差旅费 | 24 100 00 | | 借 | 282 700 00 | |
| 12 | 26 | 银付066 | 支付业务招待费 | 16 500 00 | | 借 | 299 200 00 | |
| 12 | 31 | 转056 | 结转本年利润 | | 299 200 00 | 平 | 0 00 | 45 000 00 |
| 12 | 31 | | 本月合计 | 299 200 00 | 299 200 00 | 平 | 0 00 | |
| 12 | 31 | | 本年累计 | 3 297 000 00 | 3 297 000 00 | 平 | | 56 000 00 |

图 3-9　某公司的部分账簿(九)

**管理费用明细账**

| | 职工福利费 | 职工教育经费 | 工会经费 | 业务招待费 | 办公费 | 差旅费 |
|---|---|---|---|---|---|---|
| | 亿千百十万千百十元角分 | 亿千百十万千百十元角分 | 亿千百十万千百十元角分 | 亿千百十万千百十元角分 | 亿千百十万千百十元角分 | 亿千百十万千百十元角分 亿 |
| | 8200000 | 1500000 | 1120000 | 67050000 | 35600000 | 41802000 |
| | | | | | | 2410000 |
| | 630000 | 112500 | 90000 | 7330000 | 2157500 | 5624000 |
| | 8200000 | 1500000 | 1120000 | 68700000 | 35600000 | 44212000 |

图 3-10　某公司的部分账簿(十)

**管理费用明细账**

(借) 方 项 目

| | 业务招待费 | 办公费 | 差旅费 | 折旧费 | 社保费 |
|---|---|---|---|---|---|
| | 67050000 | 35600000 | 41802000 | 96000000 | 18368000 |
| | | | 2410000 | | |
| | 7330000 | 2157500 | 5624000 | 8000000 | 1476000 |
| | 68700000 | 35600000 | 44212000 | 96000000 | 18368000 |

图 3-11　某公司的部分账簿(十一)

正面／背面　　分页: 022　　总页: 025

一级科目: 销售费用　　　级科目:

| 2015年 月 日 | 凭证号数 | 摘要 | 借方 | 贷方 | 借或贷 | 余额 | 工资 |
|---|---|---|---|---|---|---|---|
| 12 28 | | 承前页 | 270700000 | 249200000 | 借 | 21500000 | 66000000 |
| 12 28 | 银付068 | 支付广告费 | 2860000 | | 借 | 24360000 | |
| 12 28 | 银付069 | 支付差旅费 | 1240000 | | 借 | 25600000 | |
| 12 31 | 转056 | 结转本年利润 | | 25600000 | 平 | 000 | 5200000 |
| 12 31 | | 本月合计 | 25600000 | 25600000 | 平 | 000 | |
| 12 31 | | 本年累计 | 274800000 | 274800000 | 平 | 000 | 66000000 |

图 3-12　某公司的部分账簿(十二)

**销售费用明细账**

(借) 方 项 目

| | 职工福利费 | 职工教育经费 | 工会经费 | 广告费 | 业务宣传费 | 差旅费 |
|---|---|---|---|---|---|---|
| | 12500000 | 2200000 | 1720000 | 59940000 | 3000000 | 103692000 |
| | | | | 2860000 | | |
| | | | | | | 1240000 |
| | 900000 | 200000 | 144000 | 7860000 | 626000 | 8964400 |
| | 12500000 | 2200000 | 1720000 | 62800000 | 3000000 | 104932000 |

图 3-13　某公司的部分账簿(十三)

**销售费用明细账**

| （借）方项目 | | | | |
|---|---|---|---|---|
| 工会经费 | 广告费 | 业务宣传费 | 差旅费 | 社保费 |
| 17200.00 | 599400.00 | 30000.00 | 1036920.00 | 216480.00 |
| | 28600.00 | | | |
| | | | 12400.00 | |
| 1440.00 | 78600.00 | 6260.00 | 89644.00 | 17056.00 |
| 17200.00 | 628000.00 | 30000.00 | 1049320.00 | 216480.00 |

图3-14　某公司的部分账簿(十四)

分页:020　总页:025

**财务费用明细账**

一　级科目:**财务费用**　　二　级科目:**利息**

| 2015年 | | 凭证 | | 摘　要 | 日页 | 借方 | 贷方 | 借或贷 | 余额 |
|---|---|---|---|---|---|---|---|---|---|
| 月 | 日 | 种类 | 号数 | | | | | | |
| 12 | 30 | | | 承前页 | | 1447500.00 | 1200000.00 | 借 | 247500.00 |
| 12 | 30 | 银付 | 070 | 支付短期贷借款利息 | | 152500.00 | | 借 | 400000.00 |
| 12 | 31 | 转 | 056 | 结转本年利润 | | | 400000.00 | 平 | 0 00 |
| 12 | 31 | | | 本月合计 | | 400000.00 | 400000.00 | 平 | 0 00 |
| 12 | 31 | | | 本年累计 | | 1600000.00 | 1600000.00 | 平 | 0 00 |

图3-15　某公司的部分账簿(十五)

分页:021　总页:025

**财务费用明细账**

一　级科目:**财务费用**　　二　级科目:**手续费**

| 2015年 | | 凭证 | | 摘　要 | 日页 | 借方 | 贷方 | 借或贷 | 余额 |
|---|---|---|---|---|---|---|---|---|---|
| 月 | 日 | 种类 | 号数 | | | | | | |
| 12 | 30 | | | 承前页 | | 67150.00 | 64150.00 | 借 | 3000.00 |
| 12 | 30 | 银付 | 071 | 支付银行手续费 | | 2850.00 | | 借 | 5850.00 |
| 12 | 31 | 转 | 056 | 结转本年利润 | | | 5850.00 | 平 | 0 00 |
| 12 | 31 | | | 本月合计 | | 5850.00 | 5850.00 | 平 | 0 00 |
| 12 | 31 | | | 本年累计 | | 70000.00 | 70000.00 | 平 | 0 00 |

图3-16　某公司的部分账簿(十六)

分页:024　总页:025

**投资收益明细账**

一　级科目:**投资收益**　　二　级科目:**国债利息**

| 2015年 | | 凭证 | | 摘　要 | 日页 | 借方 | 贷方 | 借或贷 | 余额 |
|---|---|---|---|---|---|---|---|---|---|
| 月 | 日 | 种类 | 号数 | | | | | | |
| 12 | 31 | 银收 | 066 | 收国债利息 | | | 373000.00 | 贷 | 373000.00 |
| 12 | 31 | 转 | 056 | 结转本年利润 | | 373000.00 | | 平 | 0 00 |
| 12 | 31 | | | 本月合计 | | 373000.00 | 373000.00 | 平 | 0 00 |
| 12 | 31 | | | 本年累计 | | 373000.00 | 373000.00 | 平 | 0 00 |

图3-17　某公司的部分账簿(十七)

固定资产折旧汇总表

2015年12月　　　　　　　　　　　　　　　　　　　单位：元

| 固定资产类别 | 取得日期 | 折旧年限 | 预计净残值率 | 年折旧额 | 原值 | 2015累计折旧额 | 固定资产净值 |
|---|---|---|---|---|---|---|---|
| 房屋建筑物 | 2013年12月 | 20 | 5% | 950000.00 | 20000000.00 | 1900000.00 | 18100000.00 |
| 机器设备 | 2013年12月 | 10 | 5% | 950000.00 | 10000000.00 | 1900000.00 | 8100000.00 |
| 生产用工具 | 2013年12月 | 5 | 5% | 1710000.00 | 9000000.00 | 3420000.00 | 5580000.00 |
| 运输工具 | 2013年12月 | 4 | 5% | 190000.00 | 800000.00 | 380000.00 | 420000.00 |
| 电子设备 | 2013年12月 | 3 | 5% | 95000.00 | 300000.00 | 190000.00 | 110000.00 |
| 合计 | | | | 3895000.00 | 40100000.00 | 7790000.00 | 32310000.00 |

图 3-18　某公司的部分账簿(十八)

折旧、摊销年限表

| 序号 | 项目 | 折旧年限 | 备注 |
|---|---|---|---|
| 一 | 固定资产 | | 残值率定为5% |
| 1 | 房屋、建筑物 | 20年 | |
| 2 | 飞机、火车、轮船、机器、机械和其他生产设备 | 10年 | |
| 3 | 与生产经营活动有关的器具、工具、家具等 | 5年 | |
| 4 | 飞机、火车、轮船以外的运输工具 | 4年 | |
| 5 | 电子设备 | 3年 | |
| 二 | 生物资产 | | |
| 1 | 林木类 | 10年 | |
| 2 | 畜类 | 3年 | |
| 三 | 无形资产 | 10年 | 此年限表由北京市国家税务局规定 |

图 3-19　某公司的部分账簿(十九)

备注：固定资产的入账价值与计税基础完全一致，折旧年限与税法规定一致。

年度纳税申报表详见二维码

## 四、收 入 总 额

本部分内容对应于《一般企业收入明细表》(A101010)。

企业的收入总额包括以货币形式和非货币形式从各种来源取得的收入，具体有：销售货物收入、提供劳务收入、转让财产收入、股息、红利等权益性投资收益，以及利息收入、租金收入、特许权使用费收入、接受捐赠收入、其他收入。

企业取得收入的货币形式，包括现金、存款、应收账款、应收票据、准备持有至到期的债券投资以及债务的豁免等；纳税人以非货币形式取得的收入，包括固定资产、生物资产、无形资产、股权投资、存货、不准备持有至到期的债券投资、劳务以及有关权益等，这些非货币资产应当按照公允价值确定收入额，公允价值是指按照市场价格确定的价值。

(一) 收入的具体构成

**1. 一般收入的确认**

(1) 销售货物收入，是指企业销售商品、产品、原材料、包装物、低值易耗品以及其他存货取得的收入。

(2) 提供劳务收入，是指企业从事建筑安装、修理修配、交通运输、仓储租赁、金融保险、邮电通信、咨询经纪、文化体育、科学研究、技术服务、教育培训、餐饮住宿、中介代理、卫生保健、社区服务、旅游、娱乐、加工以及其他劳务服务活动取得的收入。

(3) 转让财产收入，是指企业转让固定资产、生物资产、无形资产、股权、债权等财产取得的收入。

(4) 股息、红利等权益性投资收益，是指企业因权益性投资从被投资方取得的收入。股息、红利等权益性投资收益按照被投资方做出利润分配决定的日期确认收入的实现，国务院财政、税务主管部门另有规定的除外。

(5) 利息收入，是指企业将资金提供他人使用但不构成权益性投资，或者因他人占用本企业资金取得的收入，包括存款利息、贷款利息、债券利息、欠款利息等收入。利息收入，按照合同约定的债务人应付利息的日期确认收入的实现。

(6) 租金收入，是指企业提供固定资产、包装物或者其他有形资产的使用权取得的收入。租金收入，按照合同约定的承租人应付租金的日期确认收入的实现。

(7) 特许权使用费收入，是指企业提供专利权、非专利技术、商标权、著作权以及其他特许权的使用权取得的收入。特许权使用费收入，按照合同约定的特许权使用人应付特许权使用费的日期确认收入的实现。

(8) 接受捐赠收入，是指企业接受的来自其他企业、组织或者个人无偿给予的货币性资产、非货币性资产。接受捐赠收入，按照实际收到捐赠资产的日期确认收入的实现。

(9) 其他收入，是指企业取得的以上收入外的其他收入，包括企业资产溢余收入、逾期未退包装物押金收入、确实无法偿付的应付款项、已做坏账损失处理后又收回的应收款项、债务重组收入、补贴收入、违约金收入、汇兑收益等。

**2. 特殊收入的确认**

(1) 以分期收款方式销售货物的，按照合同约定的收款日期确认收入的实现。

(2) 企业受托加工制造大型机械设备、船舶、飞机，以及从事建筑、安装、装配工程业务或者提供其他劳务等，持续时间超过 12 个月的，按照纳税年度内完工进度或者完成的工作量确认收入的实现。

(3) 采取产品分成方式取得收入的，按照企业分得产品的日期确认收入的实现，其收入额按照产品的公允价值确定。

(4) 企业发生非货币性资产交换，以及将货物、财产、劳务用于捐赠、偿债、赞助、集资、广告、样品、职工福利或者利润分配等用途的，应当视同销售货物、转让财产或者提供劳务，但国务院财政、税务主管部门另有规定的除外。

### 3. 处置资产收入的确认

根据《中华人民共和国企业所得税法实施条例》第二十五条规定，企业处置资产的所得税处理按以下规定执行：该规定自 2008 年 1 月 1 日起执行，对 2008 年 1 月 1 日以前发生的处置资产，2008 年 1 月 1 日以后尚未进行税务处理的，也按该规定执行。

(1) 企业发生下列情形的处置资产，除了将资产转移至境外，由于资产所有权属在形式和实质上均不发生改变，因此可作为内部处置资产，不视同销售确认收入，相关资产的计税基础延续计算。

① 将资产用于生产、制造、加工另一产品。

② 改变资产形状、结构或性能。

③ 改变资产用途(如自建商品房转为自用或经营)。

④ 将资产在总机构及其分支机构之间转移。

⑤ 上述两种或两种以上情形的混合。

⑥ 其他不改变资产所有权属的用途。

(2) 企业将资产移送他人的下列情形，因资产所有权属已发生改变而不属于内部处置资产，应按规定视同销售确定收入。

① 用于市场推广或销售。

② 用于交际应酬。

③ 用于职工奖励或福利。

④ 用于股息分配。

⑤ 用于对外捐赠。

⑥ 其他改变资产所有权属的用途。

企业发生第(2)条规定情形时，属于企业自制的资产，应按企业同类资产同期对外销售价格确定销售收入；属于外购的资产，可按购入时的价格确定销售收入。

### 4. 相关收入实现的确认

除了《企业所得税法及实施条例》前述收入的规定，企业销售收入的确认，必须遵循权责发生制原则和实质重于形式原则。

(1) 企业销售商品同时满足下列条件的，应确认收入的实现：

① 商品销售合同已经签订，企业已将商品所有权相关的主要风险和报酬转移给购货方。

② 企业对已售出的商品既没有保留通常与所有权相联系的继续管理权，也没有实施有效控制。

③ 收入的金额能够可靠地计量。

④ 已发生或将发生的销售方的成本能够可靠地核算。

(2) 符合上款收入确认条件，采取下列商品销售方式的，应按以下规定确认收入实现时间：

① 销售商品采用托收承付方式的，在办妥托收手续时确认收入。

② 销售商品采取预收款方式的，在发出商品时确认收入。

③ 销售商品需要安装和检验的，在购买方接受商品以及安装和检验完毕时确认收入。如果安装程序比较简单，则可在发出商品时确认收入。

④ 销售商品采用支付手续费方式委托代销的，在收到代销清单时确认收入。

(3) 采用售后回购方式销售商品的，销售的商品按售价确认收入，回购的商品作为购进商品处理。有证据表明不符合销售收入确认条件的，如以销售商品方式进行融资，收到的款项应确认为负债，回购价格大于原售价的，差额应在回购期间确认为利息费用。

(4) 销售商品以旧换新的，销售商品应当按照销售商品收入确认条件确认收入，回收的商品作为购进商品处理。

(5) 企业为促进商品销售而在商品价格上给予的价格扣除属于商业折扣，商品销售涉及商业折扣的，应当按照扣除商业折扣后的金额确定销售商品收入金额。

债权人为鼓励债务人在规定的期限内付款而向债务人提供的债务扣除属于现金折扣，销售商品涉及现金折扣的，应当按扣除现金折扣前的金额确定销售商品收入金额，现金折扣在实际发生时作为财务费用扣除。

企业因售出商品的质量不合格等原因而在售价上给予的减让属于销售折让；企业因售出商品质量、品种不符合要求等原因而发生的退货属于销售退回。企业已经确认销售收入的售出商品发生销售折让和销售退回，应当在发生当期冲减当期销售商品收入。

(6) 企业在各个纳税期末，提供劳务交易的结果能够可靠估计的，应采用完工进度(完工百分比)法确认提供劳务收入。

① 提供劳务交易的结果能够可靠估计，是指同时满足下列条件：

a. 收入的金额能够可靠地计量。

b. 交易的完工进度能够可靠地确定。

c. 交易中已发生和将发生的成本能够可靠地核算。

② 企业提供劳务完工进度的确定，可选用下列方法：

a. 已完工作的测量。

b. 已提供劳务占劳务总量的比例。

c. 发生成本占总成本的比例。

③ 企业应按照从接受劳务方已收或应收的合同或协议价款确定劳务收入总额，根据纳税期末提供劳务收入总额乘以完工进度，再扣除以前纳税年度累计已确认提供劳务收入后的金额，确认为当期劳务收入；同时，按照提供劳务估计总成本乘以完工进度，扣除以前纳税期间累计已确认劳务成本后的金额，结转为当期劳务成本。

④ 下列提供劳务满足收入确认条件的，应按规定确认收入：

a. 安装费。应根据安装完工进度确认收入。安装工作是商品销售附带条件的，安装费在确认商品销售实现时确认收入。

b. 宣传媒介的收费。应在相关的广告或商业行为出现于公众面前时确认收入。广告的制作费，应根据制作广告的完工进度确认收入。

c. 软件费。为特定客户开发软件的收费，应根据开发的完工进度确认收入。

d. 服务费。包含在商品售价内可区分的服务费，在提供服务期间分期确认收入。

e. 艺术表演、招待宴会和其他特殊活动的收费。在相关活动发生时确认收入。收费涉及几项活动的，预收的款项应合理分配给每项活动，分别确认收入。

f. 会员费。申请入会或加入会员，只允许取得会籍，所有其他服务或商品都要另行收费的，在取得该会员费时确认收入。申请入会或加入会员后，会员在会员期内不再付费就可得到各种服务或商品，或者以低于非会员的价格销售商品或提供服务的，该会员费应在整个受益期内分期确认收入。

g. 特许权费。属于提供设备和其他有形资产的特许权费，在交付资产或转移资产所有权时确认收入；属于提供初始及后续服务的特许权费，在提供服务时确认收入。

h. 劳务费。长期为客户提供重复的劳务收取的劳务费，在相关劳务活动发生时确认收入。

⑤企业以买一赠一等方式组合销售本企业商品的，不属于捐赠，应将总的销售金额按各项商品的公允价值的比例来分摊确认各项的销售收入。

（二）A101010《一般企业收入明细表》及其填报说明

A101010《一般企业收入明细表》如表 3-2 所示（数据来源于综合案例）。

表 3-2　一般企业收入明细表

| 行次 | 项　　目 | 金　额/元 |
|---|---|---|
| | A101010 | |
| | 一般企业收入明细表 | |
| 1 | 一、营业收入(2＋9) | 45 800 000.00 |
| 2 | （一）主营业务收入(3＋5＋6＋7＋8) | 45 800 000.00 |
| 3 | 1. 销售商品收入 | 45 800 000.00 |
| 4 | 其中：非货币性资产交换收入 | |
| 5 | 2. 提供劳务收入 | |
| 6 | 3. 建造合同收入 | |
| 7 | 4. 让渡资产使用权收入 | |
| 8 | 5. 其他 | |
| 9 | （二）其他业务收入(10＋12＋13＋14＋15) | |
| 10 | 1. 销售材料收入 | |
| 11 | 其中：非货币性资产交换收入 | |
| 12 | 2. 出租固定资产收入 | |
| 13 | 3. 出租无形资产收入 | |
| 14 | 4. 出租包装物和商品收入 | |
| 15 | 5. 其他 | |
| 16 | 二、营业外收入(17＋18＋19＋20＋21＋22＋23＋24＋25＋26) | |
| 17 | （一）非流动资产处置利得 | |
| 18 | （二）非货币性资产交换利得 | |
| 19 | （三）债务重组利得 | |
| 20 | （四）政府补助利得 | |
| 21 | （五）盘盈利得 | |
| 22 | （六）捐赠利得 | |
| 23 | （七）罚没利得 | |
| 24 | （八）确实无法偿付的应付款项 | |
| 25 | （九）汇兑收益 | |
| 26 | （十）其他 | |

本表适用于执行事业单位会计准则、非营利企业会计制度以外的其他国家统一会计制度的非金融居民纳税人填报。纳税人应根据国家统一会计制度的规定，填报"主营业务收入""其他业务收入"和"营业外收入"。

# 五、不征税收入

本部分内容对应于《专项用途财政性资金纳税调整明细表》(A105040)。

国家为了扶持和鼓励某些特殊的纳税人和特定的项目，或者避免因征税影响企业的正常经营，对企业取得的某些收入予以不征税或免税的特殊政策，以减轻企业的负担，促进经济的协调发展。或准予抵扣应纳税所得额，或者是对专项用途的资金作为非税收入处理，减轻企业的税负，增加企业可用资金。

## (一) 不征税收入的范围

不征税收入的范围包括：

(1) 财政拨款，是指各级人民政府对纳入预算管理的事业单位、社会团体等组织拨付的财政资金，国务院和国务院财政、税务主管部门另有规定的除外。

(2) 依法收取并纳入财政管理的行政事业性收费、政府性基金，是指依照法律、法规等有关规定，按照国务院规定程序批准，在实施社会公共管理，以及在向公民、法人或者其他组织提供特定公共服务过程中，向特定对象收取并纳入财政管理的费用。政府性基金，是指企业依照法律、行政法规等有关规定，代政府收取的具有专项用途的财政资金。具体规定如下：

① 企业按照规定缴纳的、由国务院或财政部批准设立的政府性基金以及由国务院和省、自治区、直辖市人民政府及其财政、价格主管部门批准设立的行政事业性收费，准予在计算应纳税所得额时扣除。

企业缴纳的不符合上述审批管理权限设立的基金、收费，不得在计算应纳税所得额时扣除。

② 企业收取的各种基金、收费，应计入企业当年收入总额。

③ 对企业依照法律、法规及国务院有关规定收取并上缴财政的政府性基金和行政事业性收费，准予作为不征税收入，于上缴财政的当年在计算应纳税所得额时从收入总额中减除；未上缴财政的部分，不得从收入总额中减除。

(3) 国务院规定的其他不征税收入，是指企业取得的，由国务院财政、税务主管部门规定专项用途并经国务院批准的财政性资金。

财政性资金，是指企业取得的来源于政府及其有关部门的财政补助、补贴、贷款贴息，以及其他各类财政专项资金，包括直接减免的增值税和即征即退、先征后退、先征后返的各种税收，但不包括企业按规定取得的出口退税款。

① 企业取得的各类财政性资金，除了属于国家投资和资金使用后要求归还本金的，均应计入企业当年收入总额。国家投资是指国家以投资者身份投入企业、并按有关规定相应增加企业实收资本(股本)的直接投资。

② 对企业取得的由国务院财政、税务主管部门规定专项用途并经国务院批准的财政性资金，准予作为不征税收入，在计算应纳税所得额时从收入总额中减除。

③ 纳入预算管理的事业单位、社会团体等组织按照核定的预算和经费报领关系收到的由财政部门或上级单位拨入的财政补助收入，准予作为不征税收入，在计算应纳税所得额时从收入总额中减除，国务院和国务院财政、税务主管部门另有规定的除外。

值得注意的是：企业的不征税收入用于支出所形成的费用，不得在计算应纳税所得额时扣除；企业的不征税收入用于支出所形成的资产，其计算的折旧、摊销不得在计算应纳税所得额时扣除。

（二）A105040《专项用途财政性资金纳税调整明细表》及其填报说明

A105040《专项用途财政性资金纳税调整明细表》如表 3-3 所示。

表 3-3　专项用途财政性资金纳税调整明细表　　　　　　　单位：元

| 行次 | 项目 | 取得年度 | 财政性资金 | 其中：符合不征税收入条件的财政性资金 | | 以前年度支出情况 | | | | | 本年支出情况 | | 本年结余情况 | | |
| | | | | 金额 | 其中：计入本年损益的金额 | 前五年度 | 前四年度 | 前三年度 | 前二年度 | 前一年度 | 支出金额 | 其中：费用化支出金额 | 结余金额 | 其中：上缴财政金额 | 应计入本年应税收入金额 |
| | | 1 | 2 | 3 | 4 | 5 | 6 | 7 | 8 | 9 | 10 | 11 | 12 | 13 | 14 |
| 1 | 前五年度 | | | | | | | | | | | | | | |
| 2 | 前四年度 | | | | | * | | | | | | | | | |
| 3 | 前三年度 | | | | | * | * | | | | | | | | |
| 4 | 前二年度 | | | | | * | * | * | | | | | | | |
| 5 | 前一年度 | | | | | * | * | * | * | | | | | | |
| 6 | 本年 | | | | | * | * | * | * | * | | | | | |
| 7 | 合计(1＋2＋3＋4＋5＋6) | * | | | | * | * | * | * | * | | | | | |

本表适用于发生符合不征税收入条件的专项用途财政性资金纳税调整项目的纳税人填报。纳税人根据税法、《财政部、国家税务总局关于专项用途财政性资金企业所得税处理问题的通知》(财税〔2011〕70 号)等相关规定，以及国家统一企业会计制度，填报纳税人专项用途财政性资金会计处理、税法规定，以及纳税调整情况。本表对不征税收入用于支出形成的费用进行调整，资本化支出，通过《资产折旧、摊销情况及纳税调整明细表》(A105080)进行纳税调整。

## 六、免税收入

本部分对应于《免税、减计收入及加计扣除优惠明细表》(A107010)

### (一) 企业的免税收入

企业的下列收入为免税收入:

(1) 国债利息收入。为鼓励企业积极购买国债,支援国家建设,税法规定,企业因购买国债所得的利息收入,免征企业所得税。

(2) 符合条件的居民企业之间的股息、红利等权益性收益,是指居民企业直接投资于其他居民企业取得的投资收益。

(3) 在中国境内设立机构、场所的非居民企业从居民企业取得与该机构、场所有实际联系的股息、红利等权益性投资收益。该收益不包括连续持有居民企业公开发行并上市流通的股票不足 12 个月取得的投资收益。

(4) 符合条件的非营利组织的收入。符合条件的非营利组织是指:

① 依法履行非营利组织登记手续。

② 从事公益性或者非营利性活动。

③ 取得的收入除了用于与该组织有关的、合理的支出,全部用于登记核定或者章程规定的公益性或者非营利性事业。

④ 财产及其孳生息不用于分配。

⑤ 按照登记核定或者章程规定,该组织注销后的剩余财产用于公益性或者非营利性目的,或者由登记管理机关转赠给予该组织性质、宗旨相同的组织,并向社会公告。

⑥ 投入人对投入该组织的财产不保留或者享有任何财产权利。

⑦ 工作人员工资福利开支控制在规定的比例内,不变相分配该组织的财产。

⑧ 国务院财政、税务主管部门规定的其他条件。

《企业所得税法》第二十六条第(四)项所称符合条件的非营利组织的收入,不包括非营利组织从事营利性活动取得的收入,国务院财政、税务主管部门另有规定的除外。

### (二) A107010《免税、减计收入及加计扣除优惠明细表》及其填报说明

A107010《免税、减计收入及加计扣除优惠明细表》如表 3-4 所示(数据来源于综合案例)。

表 3-4　免税、减计收入及加计扣除优惠明细表

| | A107010 | |
|---|---|---|
| | 免税、减计收入及加计扣除优惠明细表 | |
| 行次 | 项　目 | 金额/元 |
| 1 | 一、免税收入(2 + 3 + 4 + 5) | 373 000.00 |
| 2 | (一) 国债利息收入 | 373 000.00 |
| 3 | (二) 符合条件的居民企业之间的股息、红利等权益性投资收益(填写 A107011) | |
| 4 | (三) 符合条件的非营利组织的收入 | |
| 5 | (四) 其他专项优惠(6 + 7 + 8 + 9 + 10 + 11 + 12 + 13 + 14) | |

| 行次 | 行次 | 行次 |
|---|---|---|
| | **A107010** | |
| | **免税、减计收入及加计扣除优惠明细表** | |
| 6 | 1. 中国清洁发展机制基金取得的收入 | |
| 7 | 2. 证券投资基金从证券市场取得的收入 | |
| 8 | 3. 证券投资基金投资者获得的分配收入 | |
| 9 | 4. 证券投资基金管理人运用基金买卖股票、债券的差价收入 | |
| 10 | 5. 取得的地方政府债券利息所得或收入 | |
| 11 | 6. 受灾地区企业取得的救灾和灾后恢复重建款项等收入 | |
| 12 | 7. 中国期货保证金监控中心有限责任公司取得的银行存款利息等收入 | |
| 13 | 8. 中国保险保障基金有限责任公司取得的保险保障基金等收入 | |
| 14 | 9. 其他 | |
| 15 | 二、减计收入(16 + 17) | |
| 16 | (一) 综合利用资源生产产品取得的收入(填写 A107012) | |
| 17 | (二) 其他专项优惠(18 + 19 + 20) | |
| 18 | 1. 金融、保险等机构取得的涉农利息、保费收入(填写 A107013) | |
| 19 | 2. 取得的中国铁路建设债券利息收入 | |
| 20 | 3. 其他 | |
| 21 | 三、加计扣除(22 + 23 + 26) | |
| 22 | (一) 开发新技术、新产品、新工艺发生的研究开发费用加计扣除(填写 A107014) | |
| 23 | (二) 安置残疾人员及国家鼓励安置的其他就业人员所支付的工资加计扣除(24 + 25) | |
| 24 | 1. 支付残疾人员工资加计扣除 | |
| 25 | 2. 国家鼓励的其他就业人员工资加计扣除 | |
| 26 | (三) 其他专项优惠 | |
| 27 | 合计(1 + 15 + 21) | 373 000.00 |

本表适用于享受免税收入、减计收入和加计扣除优惠的纳税人填报。纳税人根据税法及相关税收政策规定，填报本年发生的免税收入、减计收入和加计扣除优惠情况。

## 七、扣除原则和范围

本部分对应的附表比较多且最为复杂，是实务中最容易出错的部分。

### (一) 税前扣除项目的原则

企业申报的扣除项目和金额要真实、合法。所谓真实，是指能提供证明有关支出确属已经实际发生；合法是指符合国家税法的规定，若其他法规规定与税收法规规定不一致，则应以税收法规的规定为标准。除了税收法规另有规定，税前扣除一般应遵循以下原则：

(1) 权责发生制原则：是指企业费用应在发生的所属期扣除，而不是在实际支付时确认扣除。

(2) 配比原则：是指企业发生的费用应当与收入配比扣除。除了特殊规定，企业发生的费用不得提前或滞后申报扣除。

(3) 合理性原则：符合生产经营活动常规，应当计入当期损益或者有关资产成本的必要和正常的支出。

### (二) 扣除项目的范围

企业所得税法规定，企业实际发生的与取得收入有关的、合理的支出，包括成本、费用、税金、损失和其他支出，准予在计算应纳税所得额时扣除。在实际中，计算应纳税所得额时还应注意三方面的内容：① 企业发生的支出应当区分收益性支出和资本性支出。收益性支出在发生当期直接扣除；资本性支出应当分期扣除或者计入有关资产成本，不得在发生当期直接扣除。② 企业的不征税收入用于支出所形成的费用或者财产，不得扣除或者计算对应的折旧、摊销扣除。③ 除了《企业所得税法》和本条例另有规定的，企业实际发生的成本、费用、税金、损失和其他支出，不得重复扣除。

(1) 成本，是指企业在生产经营活动中发生的销售成本、销货成本、业务支出，以及其他耗费，即企业销售商品(产品、材料、下脚料、废料、废旧物资等)、提供劳务、转让固定资产、无形资产(包括技术转让)的成本。本部分对应于《一般企业成本支出明细表》(A102010)，如表 3-5 所示(数据来源于综合案例)。

表 3-5　一般企业成本支出明细表

| 行次 | 项　　　目 | 金额/元 |
|---|---|---|
| | A102010 | |
| | 一般企业成本支出明细表 | |
| 1 | 一、营业成本(2 + 9) | 28 740 000.00 |
| 2 | (一) 主营业务成本(3 + 5 + 6 + 7 + 8) | 28 740 000.00 |
| 3 | 1. 销售商品成本 | 28 740 000.00 |
| 4 | 其中：非货币性资产交换成本 | |
| 5 | 2. 提供劳务成本 | |
| 6 | 3. 建造合同成本 | |
| 7 | 4. 让渡资产使用权成本 | |
| 8 | 5. 其他 | |
| 9 | (二) 其他业务成本(10 + 12 + 13 + 14 + 15) | |
| 10 | 1. 材料销售成本 | |
| 11 | 其中：非货币性资产交换成本 | |
| 12 | 2. 出租固定资产成本 | |
| 13 | 3. 出租无形资产成本 | |
| 14 | 4. 包装物出租成本 | |
| 15 | 5. 其他 | |
| 16 | 二、营业外支出(17 + 18 + 19 + 20 + 21 + 22 + 23 + 24 + 25 + 26) | 3 160 000.00 |

续表

| 行次 | 项　　目 | 金额/元 |
|---|---|---|
| 17 | （一）非流动资产处置损失 | |
| 18 | （二）非货币性资产交换损失 | |
| 19 | （三）债务重组损失 | |
| 20 | （四）非常损失 | |
| 21 | （五）捐赠支出 | 3 160 000.00 |
| 22 | （六）赞助支出 | |
| 23 | （七）罚没支出 | |
| 24 | （八）坏账损失 | |
| 25 | （九）无法收回的债券股权投资损失 | |
| 26 | （十）其他 | |

本表适用于执行事业单位会计准则、非营利企业会计制度以外的其他国家统一会计制度的查账征收企业所得税非金融居民纳税人填报。纳税人应根据国家统一会计制度的规定，填报"主营业务成本""其他业务成本"和"营业外支出"。

企业必须将经营活动中发生的成本合理划分为直接成本和间接成本。直接成本是指可直接计入有关成本计算对象或劳务的经营成本中的直接材料、直接人工等。间接成本是指多个部门为同一成本对象提供服务的共同成本，或者同一种投入可以制造、提供两种或两种以上的产品或劳务的联合成本。

直接成本可根据有关会计凭证、记录直接计入有关成本计算对象或劳务的经营成本中。间接成本必须根据与成本计算对象之间的因果关系、成本计算对象的产量等，以合理的方法分配计入有关成本计算对象中。

（2）费用，是指企业每一个纳税年度为生产、经营商品和提供劳务等所发生的销售（经营）费用、管理费用和财务费用。已计入成本的有关费用除外。本部分对应于《期间费用明细表》（A104000），如表3-6所示（数据来源于综合案例）。

### 表3-6　期间费用明细表

单位：元

| | A104000 | | | | | |
|---|---|---|---|---|---|---|
| | 期间费用明细表 | | | | | |
| 行次 | 项　　目 | 销售费用 | 其中：境外支付 | 管理费用 | 其中：境外支付 | 财务费用 | 其中：境外支付 |
| | | 1 | 2 | 3 | 4 | 5 | 6 |
| 1 | 一、职工薪酬 | 1 040 680 | * | 851 880 | * | * | * |
| 2 | 二、劳务费 | | | | | * | * |
| 3 | 三、咨询顾问费 | | | | | * | * |

续表

| 行次 | 项　　目 | 销售费用 | 其中：境外支付 | 管理费用 | 其中：境外支付 | 财务费用 | 其中：境外支付 |
|---|---|---|---|---|---|---|---|
| | | 1 | 2 | 3 | 4 | 5 | 6 |
| 4 | 四、业务招待费 | | * | 687 000 | * | * | * |
| 5 | 五、广告费和业务宣传费 | 658 000 | * | | * | * | * |
| 6 | 六、佣金和手续费 | | | | | 70 000 | |
| 7 | 七、资产折旧摊销费 | | * | 960 000 | * | * | * |
| 8 | 八、财产损耗、盘亏及毁损损失 | | * | | * | * | * |
| 9 | 九、办公费 | | * | 356 000 | * | * | * |
| 10 | 十、董事会费 | | * | | * | * | * |
| 11 | 十一、租赁费 | | | | | * | * |
| 12 | 十二、诉讼费 | | * | | * | * | * |
| 13 | 十三、差旅费 | 1 049 320 | * | 442 120 | * | * | * |
| 14 | 十四、保险费 | | * | | * | * | * |
| 15 | 十五、运输、仓储费 | | | | | * | * |
| 16 | 十六、修理费 | | | | | * | * |
| 17 | 十七、包装费 | | * | | * | * | * |
| 18 | 十八、技术转让费 | | | | | * | * |
| 19 | 十九、研究费用 | | | | | * | |
| 20 | 二十、各项税费 | | * | | * | | * |
| 21 | 二十一、利息收支 | * | * | * | * | 1 600 000 | |
| 22 | 二十二、汇兑差额 | * | * | * | * | | |
| 23 | 二十三、现金折扣 | * | * | * | * | | * |
| 24 | 二十四、党组织工作经费 | * | * | | | * | * |
| 25 | 二十五、其他 | | | | | | |
| 26 | 合计(1＋2＋3＋…25) | 2 748 000 | | 3 297 000 | | 1 670 000 | |

　　本表适用于执行企业会计准则、小企业会计准则、企业会计制度、分行业会计制度的查账征收居民纳税人填报。纳税人应根据企业会计准则、小企业会计准则、企业会计、分行业会计制度规定，填报"销售费用""管理费用"和"财务费用"等项目。

　　销售费用，是指应由企业负担的为销售商品而发生的费用，包括广告费、运输费、装卸费、包装费、展览费、保险费、销售佣金(能直接认定的进口佣金调整商品进价成本)、代销手续费、经营性租赁费及销售部门发生的差旅费、工资、福利费等费用。

管理费用，是指企业的行政管理部门为管理组织经营活动提供各项支援性服务而发生的费用。

财务费用，是指企业筹集经营性资金而发生的费用，包括利息净支出、汇总净损失、金融机构手续费以及其他非资本化支出。

(3) 税金，是指企业发生的企业所得税和允许抵扣的增值税以外的企业缴纳的各项税金及其附加，即企业按规定缴纳的消费税、城市维护建设税、关税、资源税、土地增值税、房产税、车船税、土地使用税、印花税、教育费附加、地方教育费附加等税金及附加。这些已纳税金准予税前扣除。准许扣除的税金有两种方式：一是在发生当期扣除；二是在发生当期计入相关资产的成本，在以后各期分摊扣除。本部分没有对应专门的附表。

(4) 损失，是指企业在生产经营活动中发生的固定资产和存货的盘亏、毁损、报废损失，转让财产损失，呆账损失，坏账损失，自然灾害等不可抗力因素造成的损失以及其他损失。

企业发生的损失，减除责任人赔偿和保险赔款后的余额，依照国务院财政、税务主管部门的规定扣除。

企业已经作为损失处理的资产，在以后纳税年度又全部收回或者部分收回时，应当计入当期收入。

(5) 其他支出，是指成本、费用、税金、损失之外，企业在生产经营活动中发生的与生产经营活动有关的、合理的支出。

### (三) 扣除项目及其标准

在计算应纳税所得额时，下列项目可按照实际发生额或规定的标准扣除。

#### 1. 职工薪酬

本部分对应于《职工薪酬纳税调整明细表》(A105050)，如表 3-7 所示(数据来源于综合案例)。填报纳税人发生的职工薪酬(包括工资薪金、职工福利费、职工教育经费、工会经费、各类基本社会保障性缴款、住房公积金、补充养老保险、补充医疗保险等支出)，会计处理与税法规定不一致，需要进行纳税调整的项目和金额。

(1) 工资、薪金支出。

企业发生的合理的工资、薪金支出准予据实扣除。工资、薪金支出是企业每一纳税年度支付给本企业任职或与其有雇佣关系的员工的所有现金或非现金形式的劳动报酬，包括基本工资、奖金、津贴、补贴、年终加薪、加班工资，以及与任职或者是受雇有关的其他支出。

合理的工资、薪金，是指企业按照股东大会、董事会、薪酬委员会或相关管理机构制定的工资、薪金制度规定实际发放给员工的工资、薪金。

单位：元

表 3-7　职工薪酬纳税调整明细表

A105050

职工薪酬纳税调整明细表

| 行次 | 项　目 | 账载金额 | 税收规定扣除率 | 以前年度累计结转扣除额 | 税收金额 | 纳税调整金额 | 累计结转以后年度扣除额 |
|---|---|---|---|---|---|---|---|
| | | 1 | 2 | 3 | 4 | 5(1−4) | 6(1＋3−4) |
| 1 | 一、工资、薪金支出 | 6 000 000.00 | * | * | 6 000 000.00 | 0 | * |
| 2 | 其中：股权激励 | | * | * | | | * |
| 3 | 二、职工福利费支出 | 956 000.00 | 14% | * | 840 000.00 | 116000.00 | * |
| 4 | 三、职工教育经费支出 | 180 000.00 | * | * | 180 000.00 | 0.00 | |
| 5 | 其中：按税收规定比例扣除的职工教育经费 | 180 000.00 | 8% | * | 180 000.00 | 0.00 | * |
| 6 | 按税收规定全额扣除的职工培训费用 | | 100% | * | | | * |
| 7 | 四、工会经费支出 | 120 000.00 | 2% | * | 120 000.00 | 0 | * |
| 8 | 五、各类基本社会保障性缴款 | 1 968 000.00 | * | * | 19 680 000.00 | 0 | * |
| 9 | 六、住房公积金 | | * | * | | | * |
| 10 | 七、补充养老保险 | | | | | | * |
| 11 | 八、补充医疗保险 | | * | | | | * |
| 12 | 九、其他 | | * | | | | |
| 13 | 合计(1＋3＋4＋7＋8＋9＋10＋11＋12) | 9224000.00 | * | | 9078000.00 | 146000.00 | |

(2) 职工福利费、工会经费、职工教育经费和党组织工作经费。

企业发生的职工福利费、工会经费、职工教育经费按标准扣除，未超过标准的按实际数扣除，超过标准的只能按标准扣除

① 企业发生的职工福利费支出，不超过工资、薪金总额14%的部分准予扣除。

值得注意的是，企业发生的职工福利费，应该单独设置账册，进行准确核算。没有单独设置账册准确核算的，税务机关应责令企业在规定的期限内进行改正。逾期仍未改正的，税务机关可对企业发生的职工福利费进行合理的核定。

② 企业拨缴的工会经费，不超过工资、薪金总额2%的部分准予扣除。

③ 企业发生的职工教育经费支出，不超过工资、薪金总额8%的部分准予扣除，超过部分准予结转以后纳税年度扣除。

④ 党组织工作经费。

根据《中共中央组织部、财政部、国务院国资委党委、国家税务总局关于国有企业党组织工作经费问题的通知》（组通字〔2017〕38号）和《中共中央组织部、财政部、国家税务总局关于非公有制企业党组织工作经费问题的通知》（组通字〔2014〕42号）文件精神，国有企业（包括国有独资、全资和国有资本绝对控股、相对控股企业）、集体所有制企业和非公有制企业的党组织工作经费，实际支出不超过职工年度工资、薪金总额1%的部分，可以据实在企业所得税前扣除。

准予税前扣除的党组织工作经费必须是企业已经实际发生的部分，对于账面已经计提但未实际发生的党组织工作经费不得在纳税年度内税前扣除。党组织工作经费产生的进项税额，不属于不得抵扣的范围，可以按规定抵扣进项税额。

党组织工作经费必须用于企业党的建设，使用范围主要包括：a. 开展党内学习教育，召开党内会议，开展"两学一做"学习教育、"三会一课"、主题党日，培训党员、入党积极分子和党务工作者，订阅或购买用于开展党员教育的报刊、资料、音像制品和设备，进行党内宣传，摄制党员电教片；b. 组织开展创先争优和党员先锋岗、党员责任区、党员突击队、党员志愿服务等主题实践活动；c. 表彰奖励先进基层党组织、优秀共产党员和优秀党务工作者；d. 党组织换届、流动党员管理、组织关系接转、党旗党徽配备、党建工作调查研究；e. 走访、慰问、补助生活困难党员和老党员；f. 租赁和修缮、维护党组织活动场所，新建、购买活动设施，研发和维护党建工作信息化平台；g. 其他与党的建设直接相关的工作。凡属党费使用范围的，先从留存党费中开支，不足部分从纳入管理费用列支的党组织工作经费中支出。

非公有制企业党组织工作经费纳入企业管理费列支，不超过职工年度工资、薪金总额1%的部分，可以据实在企业所得税前扣除。

计算职工福利费、工会经费、职工教育经费的工资、薪金总额，是指企业按照上述规定实际发放的工资、薪金总和，不包括企业的职工福利费、职工教育经费、工会经费以及养老保险费、医疗保险费、失业保险费、工伤保险费、生育保险费等社会保险费和住房公积金。属于国有性质的企业其工资、薪金，不得超过政府有关部门给予的限定数额；超过部分，不得计入企业工资、薪金总额，也不得在计算企业应纳税所得额时扣除。

(3) 社会保险费。

① 企业依照国务院有关主管部门或者省级人民政府规定的范围和标准为职工缴纳的

"五险一金"，即基本养老保险费、基本医疗保险费、失业保险费、工伤保险费、生育保险费等基本社会保险费和住房公积金，准予扣除。

② 企业为投资者或者职工支付的补充养老保险费、补充医疗保险费，在国务院财政、税务主管部门规定的范围和标准内，准予扣除。企业依照国家有关规定为特殊工种职工支付的人身安全保险费和符合国务院财政、税务主管部门规定可以扣除的商业保险费准予扣除。

③ 企业参加财产保险，按照规定缴纳的保险费，准予扣除。企业为投资者或者职工支付的商业保险费，不得扣除。

本表适用于发生职工薪酬纳税调整项目的纳税人填报。纳税人根据税法、《国家税务总局关于企业工资薪金及职工福利费扣除问题的通知》(国税函〔2009〕3 号)、《财政部、国家税务总局关于扶持动漫产业发展有关税收政策问题的通知》(财税〔2009〕65 号)、《财政部、国家税务总局、商务部、科技部、国家发展改革委关于技术先进型服务企业有关企业所得税政策问题的通知》(财税〔2010〕65 号)、《财政部、国家税务总局关于进一步鼓励软件产业和集成电路产业发展企业所得税政策的通知》(财税〔2012〕27 号)等相关规定，以及国家统一企业会计制度，填报纳税人职工薪酬会计处理、税法规定，以及纳税调整情况。

### 2. 利息费用、借款费用、汇兑损失

(1) 利息费用。

企业在生产、经营活动中发生的利息费用，按下列规定扣除。

① 非金融企业向金融企业借款的利息支出、金融企业的各项存款利息支出和同业拆借利息支出、企业经批准发行债券的利息支出可据实扣除。

② 非金融企业向非金融企业借款的利息支出，不超过按照金融企业同期同类贷款利率计算的数额的部分可据实扣除，超过部分不许扣除。

其中，金融机构，是指各类银行、保险公司及经中国人民银行批准从事金融业务的非银行金融机构，包括国家专业银行、区域性银行、股份制银行、外资银行、中外合资银行以及其他综合性银行；还包括全国性保险企业、区域性保险企业、股份制保险企业、中外合资保险企业以及其他专业性保险企业；城市、农村信用社、各类财务公司以及其他从事信托投资、租赁等业务的专业和综合性非银行金融机构。非金融机构，是指上述金融机构以外的所有企业、事业单位以及社会团体等企业或组织。

(2) 借款费用。

① 企业在生产经营活动中发生的合理的不需要资本化的借款费用，准予扣除。

② 企业为购置、建造固定资产、无形资产和经过 12 个月以上的建造才能达到预定可销售状态的存货发生借款的，在有关资产购置、建造期间发生的合理的借款费用，应予以资本化，作为资本性支出计入有关资产的成本；有关资产交付使用后发生的借款利息，可在发生当期扣除。

(3) 汇兑损失。

企业在货币交易中，以及纳税年度终了时将人民币以外的货币性资产、负债按照期末即期人民币汇率价折算为人民币时产生的汇兑损失，除了已经计入有关资产成本以及与向所有者进行利润分配相关的部分，准予扣除。

### 3. 业务招待费

企业发生的与生产经营活动有关的业务招待费支出，按照发生额的 60% 扣除，但最高不得超过当年销售(营业)收入的 5‰。例如，本任务综合案例中税法允许扣除的业务招待费的限额 = 45 800 000.00 × 5‰ = 229 000.00 元，发生额的 60% = 687 000.00 × 60% = 412 200.00 元，按照规定税法允许扣除的业务招待费为 229 000.00 元，

### 4. 广告费和业务宣传费

本部分对应于《广告费和业务宣传费跨年度纳税调整明细表》(A105060)，如表 3-8 所示（数据来源于综合案例）。填报纳税人本年发生的广告费和业务宣传费支出，会计处理与税法规定不一致，需要进行纳税调整的金额。

企业发生的符合条件的广告费和业务宣传费支出，除了国务院财政、税务主管部门另有规定，不超过当年销售(营业)收入 15% 的部分，准予扣除；超过部分，准予结转以后纳税年度扣除。例如，本任务综合案例中税法允许扣除的广告费和业务宣传费的限额 = 45 800 000.00 × 15% = 6 870 000.00 元，发生额 = 658 000.00 元，按照规定税法允许扣除的广告费和业务宣传费 658 000.00 元。

企业申报扣除的广告费支出应与赞助支出严格区分。企业申报扣除的广告费支出，必须符合下列条件：广告是通过工商部门批准的专门机构制作的；已实际支付费用，并已取得相应发票；通过一定的媒体传播。

### 表 3-8　广告费和业务宣传费跨年度纳税调整明细表

| | A105060 | |
|---|---|---|
| | 广告费和业务宣传费跨年度纳税调整明细表 | |
| 行次 | 项　　目 | 金　　额/元 |
| 1 | 一、本年广告费和业务宣传费支出 | 6 580 000.00 |
| 2 | 　减：不允许扣除的广告费和业务宣传费支出 | |
| 3 | 二、本年符合条件的广告费和业务宣传费支出(1-2) | 6 580 000.00 |
| 4 | 三、本年计算广告费和业务宣传费扣除限额的销售(营业)收入 | 45 800 000.00 |
| 5 | 　税收规定扣除率 | 15% |
| 6 | 四、本企业计算的广告费和业务宣传费扣除限额(4 × 5) | 6 870 000.00 |
| 7 | 五、本年结转以后年度扣除额(3>6，本行 = 3-6；3≤6，本行 = 0) | 0 |
| 8 | 　加：以前年度累计结转扣除额 | |
| 9 | 　减：本年扣除的以前年度结转额[3>6，本行 = 0；3≤6，本行 = 8 或(6-3)孰小值] | |
| 10 | 六、按照分摊协议归集至其他关联方的广告费和业务宣传费(10≤3 或 6 孰小值) | |
| 11 | 　按照分摊协议从其他关联方归集至本企业的广告费和业务宣传费 | |
| 12 | 七、本年广告费和业务宣传费支出纳税调整金额(3>6，本行 = 2 + 3-6 + 10-11；3≤6，本行 = 2 + 10-11-9) | 0 |
| 13 | 八、累计结转以后年度扣除额(7 + 8-9) | |

本表适用于发生广告费和业务宣传费纳税调整项目的纳税人填报。纳税人根据税法、《财政部、国家税务总局关于广告费和业务宣传费支出税前扣除政策的通知》(财税〔2012〕48 号)等相关规定，以及国家统一企业会计制度，填报广告费和业务宣传费会计处理、税法规定，以及跨年度纳税调整情况。

**5. 公益性捐赠支出**

公益性捐赠，是指企业通过公益性社会团体或者县级(含县级)以上人民政府及其部门，用于《中华人民共和国公益事业捐赠法》规定的慈善活动、公益事业的捐赠。

企业当年发生以及以前年度结转的公益性捐赠支出，不超过年度利润总额12%的部分，准予扣除。年度利润总额，是指企业依照国家统一会计制度的规定计算的年度会计利润。

企业发生的公益性捐赠支出未在当年税前扣除的部分，准予向以后年度结转扣除，但结转年限自捐赠发生年度的次年起计算最长不得超过三年。企业在对公益性捐赠支出计算扣除时，应先扣除以前年度结转的捐赠支出，再扣除当年发生的捐赠支出。

用于公益事业的捐赠支出，是指《中华人民共和国公益事业捐赠法》规定的向公益事业的捐赠支出，具体范围包括：

① 救助灾害、救济贫困、扶助残疾人等困难的社会群体和个人的活动；

② 教育、科学、文化、卫生、体育事业；

③ 环境保护、社会公共设施建设；

④ 促进社会发展和进步的其他社会公共和福利事业。

企事业单位、社会团体以及其他组织捐赠住房作为廉租住房的视同公益性捐赠，按上述规定执行。

公益性社会团体，是指同时符合下列条件的基金会、慈善组织等社会团体：

① 依法登记，具有法人资格；

② 以发展公益事业为宗旨，且不以营利为目的；

③ 全部资产及其增值为该法人所有；

④ 收益和营运结余主要用于符合该法人设立目的的事业；

⑤ 终止后的剩余财产不归属任何个人或者营利组织；

⑥ 不经营与其设立目的无关的业务；

⑦ 有健全的财务会计制度；

⑧ 捐赠者不以任何形式参与社会团体财产的分配；

⑨ 国务院财政、税务主管部门会同国务院民政部门等登记管理部门规定的其他条件。

公益性社会团体和县级以上人民政府及其组成部门和直属机构在接受捐赠时，捐赠资产的价值，按以下原则确认：

① 接受捐赠的货币性资产，应当按照实际收到的金额计算。

② 接受捐赠的非货币性资产，应当以其公允价值计算。捐赠方在向公益性社会团体和县级以上人民政府及其组成部门和直属机构捐赠时，应当提供注明捐赠非货币性资产公允价值的证明，如果不能提供上述证明，公益性社会团体和县级以上人民政府及其组成部

门和直属机构不得向其开具公益性捐赠票据。

公益性社会团体和县级以上人民政府及其组成部门和直属机构在接受捐赠时，应按照行政管理级次分别使用由财政部或省、自治区、直辖市财政部门印制的公益性捐赠票据，并加盖本单位的印章；对个人索取捐赠票据的，应予以开具。

新设立的基金会在申请获得捐赠税前扣除资格后，原始基金的捐赠人可凭捐赠票据依法享受税前扣除。A105070《捐赠支出纳税调整明细表》如表 3-9 所示（数据来源于综合案例）。

表 3-9　捐赠支出及纳税调整明细表

单位：元

| | | A105070 | | | | | | |
|---|---|---|---|---|---|---|---|---|
| | | 捐赠支出及纳税调整明细表 | | | | | | |
| 行次 | 项目 | 账载金额 | 以前年度结转可扣除的捐赠额 | 按税收规定计算的扣除限额 | 税收金额 | 纳税调增金额 | 纳税调减金额 | 可结转以后年度扣除的捐赠额 |
| | | 1 | 2 | 3 | 4 | 5 | 6 | 7 |
| 1 | 一、非公益性捐赠 | 3 160 000 | * | * | * | 3 160 000 | * | * |
| 2 | 二、全额扣除的公益性捐赠 | | * | * | | * | * | * |
| 3 | 其中：扶贫捐赠 | | * | * | | * | * | * |
| 4 | 三、限额扣除的公益性捐赠(5＋6＋7＋8) | | | | | | | |
| 5 | 前三年度(　年) | * | | * | * | * | | * |
| 6 | 前二年度(　年) | * | | * | * | * | | |
| 7 | 前一年度(　年) | * | | * | * | * | | |
| 8 | 本　年(　年) | | * | | | | * | |
| 9 | 合计(1＋2＋4) | | | | | 3 160 000 | | |
| 附列资料 | 2015 年度至本年发生的公益性扶贫捐赠合计金额 | | * | * | | * | * | * |

本表适用于发生捐赠支出纳税调整项目的纳税人填报。纳税人根据税法、《财政部、国家税务总局关于公益性捐赠税前扣除有关问题的通知》(财税〔2008〕160 号)等相关规定，以及国家统一企业会计制度，填报捐赠支出会计处理、税法规定，以及纳税调整情况。税法规定予以全额税前扣除的公益性捐赠不在本表填报。

### 6. 资产损失

企业当期发生的固定资产和流动资产盘亏、毁损净损失，由其提供清查盘存资料经主管税务机关审核后，准予扣除；企业因存货盘亏、毁损、报废等原因不得从销项税金中抵扣的进项税金，应视同企业财产损失，准予与存货损失一起在所得税前按规定扣除。

### 7. 其他项目

依照有关法律、行政法规和国家有关税法规定准予扣除的其他项目，如会员费、合理的会议费、差旅费、违约金、诉讼费用等。

## 八、不得扣除的项目

在计算应纳税所得额时，下列支出不得扣除：

(1) 向投资者支付的股息、红利等权益性投资收益款项。

(2) 企业所得税税款。

(3) 税收滞纳金，是指纳税人违反税收法规，被税务机关处以的滞纳金。

(4) 罚金、罚款和被没收财物的损失，是指纳税人违反国家有关法律、法规规定，被有关部门处以的罚款，以及被司法机关处以的罚金和被没收财物。

(5)《企业所得税法》第九条规定以外的捐赠支出。

(6) 赞助支出，是指企业发生的与生产经营活动无关的各种非广告性质支出。

(7) 未经核定的准备金支出，是指不符合国务院财政、税务主管部门规定的各项资产减值准备、风险准备等准备金支出。

(8) 企业之间支付的管理费、企业内营业机构之间支付的租金和特许权使用费，以及非银行企业内营业机构之间支付的利息，不得扣除。

(9) 与取得收入无关的其他支出。

以上部分综合调整后，对应于《纳税调整项目明细表》(A105000)，如表 3-10 所示（数据来源于综合案例），填报纳税人财务、会计处理办法(以下简称会计处理)与税收法律、行政法规的规定(以下简称税法规定)不一致，需要进行纳税调整的项目和金额。

表 3-10 纳税调整项目明细表

单位：元

| A105000 | | | | |
|---|---|---|---|---|
| 纳税调整项目明细表 | | | | |
| 行次 | 项　目 | 账载金额 | 税收金额 | 调增金额 | 调减金额 |
| | | 1 | 2 | 3 | 4 |
| 1 | 一、收入类调整项目(2＋3＋…8＋10＋11) | ＊ | ＊ | | |
| 2 | （一）视同销售收入（填写 A105010） | ＊ | | | ＊ |
| 3 | （二）未按权责发生制原则确认的收入（填写 A105020） | | | | |
| 4 | （三）投资收益（填写 A105030） | | | | |
| 5 | （四）按权益法核算长期股权投资对初始投资成本调整确认收益 | ＊ | ＊ | ＊ | |

续表一

| 行次 | 项　目 | 账载金额 | 税收金额 | 调增金额 | 调减金额 |
|---|---|---|---|---|---|
| | | 1 | 2 | 3 | 4 |
| 6 | （五）交易性金融资产初始投资调整 | * | * | | * |
| 7 | （六）公允价值变动净损益 | | * | | |
| 8 | （七）不征税收入 | * | * | | |
| 9 | 其中：专项用途财政性资金（填写A105040） | * | * | | |
| 10 | （八）销售折扣、折让和退回 | | | | |
| 11 | （九）其他 | | | | |
| 12 | 二、扣除类调整项目（13＋14＋…24＋26＋27＋28＋29＋30） | * | * | 3 764 000 | |
| 13 | （一）视同销售成本（填写A105010） | * | | * | |
| 14 | （二）职工薪酬（填写A105050） | 9 224 000 | 9 078 000 | 146 000 | |
| 15 | （三）业务招待费支出 | 687 000 | 229 000 | 458 000 | * |
| 16 | （四）广告费和业务宣传费支出（填写A105060） | * | * | | |
| 17 | （五）捐赠支出（填写A105070） | 3 160 000 | | 3 160 000 | |
| 18 | （六）利息支出 | 1 600 000 | 1 600 000 | | |
| 19 | （七）罚金、罚款和被没收财物的损失 | | * | | * |
| 20 | （八）税收滞纳金、加收利息 | | * | | * |
| 21 | （九）赞助支出 | | * | | * |
| 22 | （十）与未实现融资收益相关在当期确认的财务费用 | | | | |
| 23 | （十一）佣金和手续费支出（保险企业填写A105060） | 70 000 | 70 000 | | |
| 24 | （十二）不征税收入用于支出所形成的费用 | * | * | | * |
| 25 | 其中：专项用途财政性资金用于支出所形成的费用（填写A105040） | * | * | | * |
| 26 | （十三）跨期扣除项目 | | | | |
| 27 | （十四）与取得收入无关的支出 | | * | | * |
| 28 | （十五）境外所得分摊的共同支出 | * | * | | * |
| 29 | （十六）党组织工作经费 | | | | |
| 30 | （十七）其他 | | | | |
| 31 | 三、资产类调整项目（32＋33＋34＋35） | * | * | | |
| 32 | （一）资产折旧、摊销（填写A105080） | 3 895 000 | 3 895 000 | | |

| 行次 | 项　目 | 账载金额 | 税收金额 | 调增金额 | 调减金额 |
|---|---|---|---|---|---|
| | | 1 | 2 | 3 | 4 |
| 33 | （二）资产减值准备金 | | * | | |
| 34 | （三）资产损失（填写 A105090） | | | | |
| 35 | （四）其他 | | | | |
| 36 | 四、特殊事项调整项目（37＋38＋…＋43） | * | * | | |
| 37 | （一）企业重组及递延纳税事项（填写 A105100） | | | | |
| 38 | （二）政策性搬迁（填写 A105110） | * | * | | |
| 39 | （三）特殊行业准备金（填写 A105120） | | | | |
| 40 | （四）房地产开发企业特定业务计算的纳税调整额(填写 A105010) | * | | | |
| 41 | （五）合伙企业法人合伙人应分得的应纳税所得额 | | | | |
| 42 | （六）发行永续债利息支出 | | | | |
| 43 | （七）其他 | * | * | | |
| 44 | 五、特别纳税调整应税所得 | * | * | | |
| 45 | 六、其他 | * | * | | |
| 46 | 合计(1＋12＋31＋36＋44＋45) | * | * | 3 764 000 | |

　　本表适用于会计处理与税法规定不一致需纳税调整的纳税人填报。纳税人根据税法、相关税收政策，以及国家统一会计制度的规定，填报会计处理、税法规定，以及纳税调整情况。

## 九、亏损弥补

　　本部分对应于《企业所得税弥补亏损明细表》(A106000)，如表 3-11 所示。填报纳税人以前年度发生的亏损，需要在本年度结转弥补的金额，本年度可弥补的金额以及可继续结转以后年度弥补的亏损额。

　　亏损，是指企业依照《企业所得税法》和暂行条例的规定，将每一纳税年度的收入总额减除不征税收入、免税收入和各项扣除后小于零的数额。税法规定，企业某一纳税年度发生的亏损可以用下一年度的所得弥补，下一年度的所得不足以弥补的，可以逐年延续弥补，但最长不得超过 5 年。而且，企业在汇总计算缴纳企业所得税时，其境外营业机构的亏损不得抵减境内营业机构的盈利。

　　自 2018 年 1 月 1 日起，当年具备高新技术企业或科技型中小企业资格的企业，最长结转年限由 5 年延长至 10 年。

**表 3-11 企业所得税弥补亏损明细表** 单位：元

| | | | | | | 以前年度亏损已弥补额 | | | | | 本年度实际弥补的以前年度亏损额 | 可结转以后年度弥补的亏损额 |
|---|---|---|---|---|---|---|---|---|---|---|---|---|
| 行次 | 项目 | 年度 | 纳税调整后所得 | 合并、分立转入(转出)可弥补的亏损额 | 当年可弥补的亏损额 | 前四年度 | 前三年度 | 前二年度 | 前一年度 | 合计 | | |
| | | 1 | 2 | 3 | 4 | 5 | 6 | 7 | 8 | 9 | 10 | 11 |
| 1 | 前五年度 | | | | | | | | | | | * |
| 2 | 前四年度 | | | | | * | | | | | | |
| 3 | 前三年度 | | | | | * | * | | | | | |
| 4 | 前二年度 | | | | | * | * | * | | | | |
| 5 | 前一年度 | | | | | * | * | * | * | * | | |
| 6 | 本年度 | | | | | * | * | * | * | * | | |
| 7 | 可结转以后年度弥补的亏损额合计 | | | | | | | | | | | |

A106000

企业所得税弥补亏损明细表

本表填报纳税人根据税法，在本纳税年度及本纳税年度前 5 年度的纳税调整后所得、合并、分立转入(转出)可弥补的亏损额、当年可弥补的亏损额、以前年度亏损已弥补额、本年度实际弥补的以前年度亏损额、可结转以后年度弥补的亏损额。

## 十、境外所得抵扣税额的计算

本部分对应于《境外所得税收抵免明细表》(A108000)，如表 3-12 所示。填报纳税人本年度来源于或发生于不同国家、地区的所得，按照我国税法规定计算应缴纳和应抵免的企业所得税额。

企业取得下列所得已在境外缴纳的所得税税额，可以从其当期应纳税额中抵免，抵免限额为该项所得依照本法规定计算的应纳税额；超过抵免限额部分，可以在以后 5 个年度内，用每年度抵免限额抵免当年应抵税额后的余额进行抵补：

① 居民企业来源于中国境外的应税所得。

② 非居民企业在中国境内设立机构、场所，取得发生在中国境外但与该机构、场所有实际联系的应税所得。

居民企业从其直接或者间接控制的外国企业分得的来源于中国境外的股息、红利等权益性投资收益，外国企业在境外实际缴纳的所得税税额中属于该项所得负担的部分，可以作为该居民企业的可抵免境外所得税税额，在《企业所得税法》规定的抵免限额内抵免。

## 表 3-12　境外所得税税收抵免明细表

单位：元

A108000

境外所得税收抵免明细表

| 行次 | 国家(地区) | 境外税前所得 | 境外所得纳税调整后所得 | 弥补境外以前年度亏损 | 境外应纳税所得额 | 抵减境内亏损 | 抵减境内亏损后的境外应纳税所得额 | 税率 | 境外所得应纳税额 | 境外所得可抵免税额 | 境外所得抵免限额 | 本年可抵免境外所得税额 | 未超过境外所得税抵免限额的余额 | 本年可抵免以前年度未抵免境外所得税额 | 按简易方法计算 | | | | 境外所得抵免所得税额合计 |
| --- | --- | --- | --- | --- | --- | --- | --- | --- | --- | --- | --- | --- | --- | --- | --- | --- | --- | --- | --- |
| | | | | | | | | | | | | | | | 按低于12.5%的实际税率计算的抵免额 | 按12.5%计算的抵免额 | 按25%计算的抵免额 | 小计 | |
| | 1 | 2 | 3 | 4 | 5(3-4) | 6 | 7(5-6) | 8 | 9(7×8) | 10 | 11 | 12 | 13(11-12) | 14 | 15 | 16 | 17 | 18(15+16+17) | 19(12+14+18) |
| 1 | | | | | | | | | | | | | | | | | | | |
| 2 | | | | | | | | | | | | | | | | | | | |
| 3 | | | | | | | | | | | | | | | | | | | |
| 4 | | | | | | | | | | | | | | | | | | | |
| 5 | | | | | | | | | | | | | | | | | | | |
| 6 | | | | | | | | | | | | | | | | | | | |
| 7 | | | | | | | | | | | | | | | | | | | |
| 8 | | | | | | | | | | | | | | | | | | | |
| 9 | | | | | | | | | | | | | | | | | | | |
| 10 | 合计 | | | | | | | | | | | | | | | | | | |

上述所称直接控制，是指居民企业直接持有外国企业 20%以上股份。

上述所称间接控制，是指居民企业以间接持股方式持有外国企业 20%以上股份，具体认定办法由国务院财政、税务主管部门另行制定。

已在境外缴纳的所得税税额，是指企业来源于中国境外的所得依照中国境外税收法律以及相关规定应当缴纳并已经实际缴纳的企业所得税性质的税款。企业依照《企业所得税法》的规定抵免企业所得税税额时，应当提供中国境外税务机关出具的税款所属年度的有关纳税凭证。

抵免限额，是指企业来源于中国境外的所得，依照企业所得税法和实施条例的规定计算的应纳税额。除了国务院财政、税务主管部门另有规定的，该抵免限额应当分国(地区)不分项计算，计算公式为

$$抵免限额 = \begin{array}{c}中国境内、境外所得依\\照企业所得税法和条例\\规定计算的应纳税总额\end{array} \times \begin{array}{c}来源于某国(地区)的\\应纳税所得额\end{array} \div \begin{array}{c}中国境内、境外\\应纳税所得总额\end{array}$$

根据《中华人民共和国企业所得税法》及其实施条例和《财政部、国家税务总局关于企业境外所得税收抵免有关问题的通知》（财税〔2009〕125 号）的有关规定，2017 年 1 月 1 日起，企业可以选择按国（地区）别分别计算（即"分国（地区）不分项"），或者不按国（地区）别汇总计算（即"不分国（地区）不分项"）其来源于境外的应纳税所得额，并按照财税〔2009〕125 号文件第八条规定的税率，分别计算其可抵免境外所得税税额和抵免限额。上述方式一经选择，5 年内不得改变。

企业选择采用不同于以前年度的方式（以下简称新方式）计算可抵免境外所得税税额和抵免限额时，对该企业以前年度按照财税〔2009〕125 号文件规定没有抵免完的余额，可在税法规定结转的剩余年限内，按新方式计算的抵免限额中继续结转抵免。

前述 5 个年度，是指从企业取得的来源于中国境外的所得，已经在中国境外缴纳的企业所得税性质的税额超过抵免限额的当年的次年起连续 5 个纳税年度。

【例题 3.2】某企业 2020 年度境内应纳税所得额为 100 万元，适用 25%的企业所得税税率。另外，该企业分别在 A、B 两国设有分支机构(我国与 A、B 两国已经缔结避免双重征税协定)，在 A 国分支机构的应纳税所得额为 50 万元，A 国税率为 20%；在 B 国分支机构的应纳税所得额为 30 万元，B 国税率为 30%。假设该企业在 A、B 两国所得按我国税法计算的应纳税所得额和按 A、B 两国税法计算的应纳税所得额一致，两个分支机构在 A、B 两国分别缴纳了 10 万元和 9 万元的企业所得税。

要求：计算该企业汇总时在我国应缴纳的企业所得税税额。

【解析】　(1) 该企业按我国税法计算的境内、境外所得的应纳税额：

应纳税额 = (100 + 50 + 30) × 25% = 45(万元)。

(2) A、B 两国的扣除限额：

A 国扣除限额 = 45 × [50 ÷ (100 + 50 + 30)] = 12.5(万元)；

B 国扣除限额 = 45 × [30 ÷ (100 + 50 + 30)] = 7.5(万元)。

在 A 国缴纳的所得税为 10 万元，低于扣除限额 12.5 万元，可全额扣除。

在 B 国缴纳的所得税为 9 万元，高于扣除限额 7.5 万元，其超过扣除限额的部分 1.5

万元当年不能扣除。

(3) 汇总时在我国应缴纳的所得税 = 45 - 10 - 7.5 = 27.5(万元)

上述计算过程是根据定义来计算抵免限额的，即根据企业来自国内外的应纳税所得总额，按照我国企业所得税税率计算出应纳税总额。然后再按照来自某一国的应纳税所得额占来自境内外应纳税所得总额的比例来计算可抵扣的限额。从计算结果来看，还可以用来自某外国的应纳税所得额直接乘以我国《企业所得税法》规定的税率来计算来自该国的应纳税所得额可抵扣的限额。这样，本题的计算过程是：

(1) 该企业按我国税法计算的境内、境外所得的应纳税额：

应纳税额 = (100 + 50 + 30) × 25% = 45(万元)。

(2) A、B 两国的扣除限额：

A 国扣除限额 = 50 × 25% = 12.5(万元)；

B 国扣除限额 = 30 × 25% = 7.5(万元)。

在 A 国缴纳的所得税为 10 万元，低于扣除限额 12.5 万元，可全额扣除。

在 B 国缴纳的所得税为 9 万元，高于扣除限额 7.5 万元，其超过扣除限额的部分 1.5 万元当年不能扣除。

(3) 汇总时在我国应缴纳的所得税 = 45 - 10 - 7.5 = 27.5(万元)。

本表适用于取得境外所得的纳税人填报。纳税人应根据税法、《财政部、国家税务总局关于企业境外所得税收抵免有关问题的通知》(财税〔2009〕125 号)和《国家税务总局关于发布〈企业境外所得税收抵免操作指南〉的公告》(国家税务总局公告 2010 年第 1 号)规定，填报本年来源于或发生于不同国家、地区的所得按照税收规定计算应缴纳和应抵免的企业所得税。对于我国石油企业在境外从事油(气)资源开采的，其境外应纳税所得额、可抵免境外所得税额和抵免限额按照《财政部、国家税务总局关于我国石油企业从事油(气)资源开采所得税收抵免有关问题的通知》(财税〔2011〕23 号)文件规定计算填报。

# 任务六　居民企业所得税应纳税额的计算

居民企业应缴纳所得税额等于应纳税所得额乘以适用税率，结合税收优惠政策，基本计算公式为

应纳税额 = 应纳税所得额 × 适用税率 - 减免税额 - 抵免税额

本部分继续结合任务五的综合案例对间接法进行进一步阐述。

## 一、适用查账征收企业所得税的居民纳税人

### (一) 按月或按季预缴

实行查账征收企业所得税的居民企业纳税人，依照税收法律法规及相关规定确定的申报内容，在季度或月份终了后 15 日内，向税务机关申报缴纳企业所得税，并按要求填报《中华人民共和国企业所得税月(季)度预缴纳税申报表及附表(A 类)》。

（二）按年汇算清缴

实行查账征收企业所得税的居民企业纳税人，依照税收法律法规及相关规定确定的申报内容，在年度终了之日起 5 个月内或自实际经营终止之日起 60 日内，向税务机关申报年度企业所得税，并办理汇算清缴，结清应缴应退税款，并按要求填报《中华人民共和国企业所得税年度纳税申报表(A 类)》，如表 3-13 所示。

（三）纳税申报表主表(表中数据为案例数据)

纳税申报表如表 3-13 所示。

表 3-13　中华人民共和国企业所得税年度纳税申报表(A 类)

| 行次 | 类别 | 项　　　目 | 金　额/元 |
|---|---|---|---|
| 1 | 利润总额计算 | 一、营业收入(填写 A101010\101020\103000) | 45 800 000.00 |
| 2 | | 减：营业成本(填写 A102010\102020\103000) | 28 740 000.00 |
| 3 | | 营业税金及附加 | 3 480 000.00 |
| 4 | | 销售费用(填写 A104000) | 2 748 000.00 |
| 5 | | 管理费用(填写 A104000) | 3 297 000.00 |
| 6 | | 财务费用(填写 A104000) | 1 670 000.00 |
| 7 | | 资产减值损失 | |
| 8 | | 加：公允价值变动收益 | |
| 9 | | 投资收益 | 373 000.00 |
| 10 | | 二、营业利润(1-2-3-4-5-6-7+8+9) | 6 238 000.00 |
| 11 | | 加：营业外收入(填写 A101010\101020\103000) | |
| 12 | | 减：营业外支出(填写 A102010\102020\103000) | 3 160 000.00 |
| 13 | | 三、利润总额(10+11-12) | 3 078 000.00 |
| 14 | 应纳税所得额计算 | 减：境外所得(填写 A108010) | |
| 15 | | 加：纳税调整增加额(填写 A105000) | 3 764 000.00 |
| 16 | | 减：纳税调整减少额(填写 A105000) | |
| 17 | | 减：免税、减计收入及加计扣除(填写 A107010) | 373 000.00 |
| 18 | | 加：境外应税所得抵减境内亏损(填写 A108000) | |
| 19 | | 四、纳税调整后所得(13-14+15-16-17+18) | 6 469 000.00 |
| 20 | | 减：所得减免(填写 A107020) | |
| 21 | | 减：抵扣应纳税所得额(填写 A107030) | |
| 22 | | 减：弥补以前年度亏损(填写 A106000) | |
| 23 | | 五、应纳税所得额(19-20-21-22) | 6 469 000.00 |

续表

| 行次 | 类别 | 项目 | 金额/元 |
|---|---|---|---|
| 24 | | 税率(25%) | 25% |
| 25 | | 六、应纳所得税额(23×24) | 1 617 250.00 |
| 26 | | 减：减免所得税额(填写 A107040) | |
| 27 | | 减：抵免所得税额(填写 A107050) | |
| 28 | | 七、应纳税额(25-26-27) | 1 617 250.00 |
| 29 | 应纳<br>税额<br>计算 | 加：境外所得应纳所得税额(填写 A108000) | |
| 30 | | 减：境外所得抵免所得税额(填写 A108000) | |
| 31 | | 八、实际应纳所得税额(28+29-30) | |
| 32 | | 减：本年累计实际已预缴的所得税额 | 0 |
| 33 | | 九、本年应补(退)所得税额(31-32) | 1 617 250.00 |
| 34 | | 其中：总机构分摊本年应补(退)所得税额(填写 A109000) | |
| 35 | | 财政集中分配本年应补(退)所得税额(填写 A109000) | |
| 36 | | 总机构主体生产经营部门分摊本年应补(退)所得税额(填写 A109000) | |

本表为年度纳税申报表主表，企业应该根据《中华人民共和国企业所得税法》及其实施条例、相关税收政策，以及国家统一会计制度(企业会计准则、小企业会计准则、企业会计制度、事业单位会计准则和民间非营利组织会计制度等)的规定，计算填报纳税人利润总额、应纳税所得额、应纳税额和附列资料等有关项目。

企业在计算应纳税所得额及应纳所得税时，企业财务、会计处理办法与税法规定不一致的，应当按照税法规定计算。税法规定不明确的，在没有明确规定之前，暂按企业财务、会计规定计算。

表 3-13 是在纳税人会计利润总额的基础上，加减纳税调整等金额后计算出"纳税调整后所得"(应纳税所得额)。会计与税法的差异(包括收入类、扣除类、资产类等差异)通过《纳税调整项目明细表》(A105000)集中填报。

表 3-13 包括利润总额计算、应纳税所得额计算、应纳税额计算三个部分。

"利润总额计算"中的项目，按照国家统一会计制度口径计算填报。实行企业会计准则、小企业会计准则、企业会计制度、分行业会计制度的纳税人，其数据直接取自利润表；实行事业单位会计准则的纳税人，其数据取自收入支出表；实行民间非营利组织会计制度的纳税人，其数据取自业务活动表；实行其他国家统一会计制度的纳税人，根据表 3-13 项目进行分析填报。

"应纳税所得额计算"和"应纳税额计算"中的项目，根据主表逻辑关系计算之外的，通过附表相应栏次填报。

利润总额的计算按照国家统一会计制度口径计算填报，应纳税所得额的计算和应纳税额的计算按照企业所得税法的相关规定执行。

## 二、实行核定征收企业所得税的居民企业纳税人

为了加强企业所得税征收管理，规范核定征收企业所得税工作，保障国家税款及时足额入库，维护纳税人合法权益，根据《企业所得税法》及其实施条例、《税收征管法》及其实施细则的有关规定，核定征收企业所得税的有关规定如下。

（一）核定证收的范围

(1) 对于居民企业纳税人具有下列情形之一的，核定征收企业所得税：

① 依照法律、行政法规的规定可以不设置账簿的；

② 依照法律、行政法规的规定应当设置但未设置账簿的；

③ 擅自销毁账簿或者拒不提供纳税资料的；

④ 虽设置账簿，但账目混乱或者成本资料、收入凭证、费用凭证残缺不全，难以查账的；

⑤ 发生纳税义务，未按照规定的期限办理纳税申报，经税务机关责令限期申报，逾期仍不申报的；

⑥ 申报的计税依据明显偏低，又无正当理由的。

特殊行业、特殊类型的纳税人和一定规模以上的纳税人不适用本办法。

(2)依据《国家税务总局关于企业所得税核定征收若干问题的通知》(国税函〔2009〕377 号)，上述特定纳税人包括以下类型的企业：

① 享受《中华人民共和国企业所得税法》及其实施条例和国务院规定的一项或几项企业所得税优惠政策的企业(不包括仅享受《中华人民共和国企业所得税法》第二十六条规定的免税收入优惠政策的企业、第二十八条规定的符合条件的小型微利企业)；

② 汇总纳税企业；

③ 上市公司；

④ 银行、信用社、小额贷款公司、保险公司、证券公司、期货公司、信托投资公司、金融资产管理公司、融资租赁公司、担保公司、财务公司、典当公司等金融企业；

⑤ 会计、审计、资产评估、税务、房地产估价、土地估价、工程造价、律师、价格鉴证、公证机构、基层法律服务机构、专利代理、商标代理以及其他经济鉴证类社会中介机构；

⑥ 国家税务总局规定的其他企业。

对上述规定之外的企业，主管税务机关要严格按照规定的范围和标准确定企业所得税的征收方式，不得违规扩大核定征收企业所得税范围；对其中达不到查账征收条件的企业核定征收企业所得税，并促使其完善会计核算和财务管理，达到查账征收条件后要及时转为查账征收。

（二）核定证收的办法

税务机关应根据纳税人具体情况，对核定征收企业所得税的纳税人，核定应税所得率或者核定应纳所得税额。

(1) 具有下列情形之一的，核定其应税所得率：

① 能正确核算(查实)收入总额，但不能正确核算(查实)成本费用总额的；

② 能正确核算(查实)成本费用总额，但不能正确核算(查实)收入总额的；

③ 通过合理方法，能计算和推定纳税人收入总额或成本费用总额的。

纳税人不属于以上情形的，核定其应纳所得税额。

(2) 税务机关采用下列方法核定征收企业所得税：

① 参照当地同类行业或者类似行业中经营规模和收入水平相近的纳税人的税负水平核定；

② 按照应税收入额或成本费用支出额定率核定；

③ 按照耗用的原材料、燃料、动力等推算或测算核定；

④ 按照其他合理方法核定。

采用上述所列一种方法不足以正确核定应纳税所得额或应纳税额的，可以同时采用两种以上的方法核定。采用两种以上方法测算的应纳税额不一致时，可按测算的应纳税额从高核定。

采用应税所得率方式核定征收企业所得税的，应纳所得税额计算公式如下：

$$应纳所得税额 = 应纳税所得额 × 适用税率$$
$$应纳税所得额 = 应税收入额 × 应税所得率$$

或

$$应纳税所得额 = 成本(费用)支出额 ÷ (1-应税所得率) × 应税所得率$$

实行应税所得率方式核定征收企业所得税的纳税人，经营多业的，无论其经营项目是否单独核算，均由税务机关根据其主营项目确定适用的应税所得率。

主营项目应为纳税人所有经营项目中，收入总额、成本(费用)支出额或者耗用原材料、燃料、动力数量所占比重最大的项目。

应税所得率按表 3-14 规定的幅度标准确定。

表 3-14　应税所得率标准

| 行　　业 | 应税所得率/% |
| --- | --- |
| 农、林、牧、渔业 | 3～10 |
| 制造业 | 5～15 |
| 批发和零售贸易业 | 4～15 |
| 交通运输业 | 7～15 |
| 建筑业 | 8～20 |
| 饮食业 | 8～25 |
| 娱乐业 | 15～30 |
| 其他行业 | 10～30 |

纳税人的生产经营范围、主营业务发生重大变化，或者应纳税所得额、应纳税额增减变化达到 20% 的，应及时向税务机关申报调整已确定的应纳税额或应税所得率。

(三) 核定征收企业所得税的管理

主管税务机关应及时向纳税人送达《企业所得税核定征收鉴定表》，及时完成对其核定征收企业所得税的鉴定工作。具体程序如下：

(1) 纳税人应在收到《企业所得税核定征收鉴定表》后 10 个工作日内，填好该表并报送主管税务机关。《企业所得税核定征收鉴定表》一式三联，主管税务机关和县税务机关各执一联，另一联送达纳税人执行。主管税务机关还可根据实际工作需要，适当增加联次备用。

(2) 主管税务机关应在受理《企业所得税核定征收鉴定表》后 20 个工作日内，分类逐户审查核实，提出鉴定意见，并报县税务机关复核、认定。

(3) 县税务机关应在收到《企业所得税核定征收鉴定表》后 30 个工作日内，完成复核、认定工作。

纳税人收到《企业所得税核定征收鉴定表》后，未在规定期限内填列、报送的，税务机关视同纳税人已经报送，按上述程序进行复核认定。

税务机关应在每年 6 月底前对上年度实行核定征收企业所得税的纳税人进行重新鉴定。重新鉴定工作完成前，纳税人可暂按上年度的核定征收方式预缴企业所得税；重新鉴定工作完成后，按重新鉴定的结果进行调整。

主管税务机关应当分类逐户公示核定的应纳所得税额或应税所得率。主管税务机关应当按照便于纳税人及社会各界了解、监督的原则确定公示地点、方式。

纳税人对税务机关确定的企业所得税征收方式、核定的应纳所得税额或应税所得率有异议的，应当提供合法、有效的相关证据，税务机关经核实认定后调整有异议的事项。

纳税人实行核定应税所得率方式的，按下列规定申报纳税：

(1) 主管税务机关根据纳税人应纳税额的大小确定纳税人按月或者按季预缴，年终汇算清缴。预缴方法一经确定，一个纳税年度内不得改变。

(2) 纳税人应依照确定的应税所得率计算纳税期间实际应缴纳的税额，进行预缴。按实际数额预缴有困难的，经主管税务机关同意，可按上一年度应纳税额的 1/12 或 1/4 预缴，或者按经主管税务机关认可的其他方法预缴。

(3) 纳税人预缴税款或年终进行汇算清缴时，应按规定填写《中华人民共和国企业所得税月(季)度预缴纳税申报表(B 类)》，在规定的纳税申报时限内报送主管税务机关。

纳税人实行核定应纳所得税额方式的，按下列规定申报纳税：

(1) 纳税人在应纳所得税额尚未确定之前，可暂按上年度应纳所得税额的 1/12 或 1/4 预缴，或者按经主管税务机关认可的其他方法，按月或按季分期预缴。

(2) 在应纳所得税额确定以后，减除当年已预缴的所得税额，余额按剩余月份或季度均分，以此确定以后各月或各季的应纳税额，由纳税人按月或按季填写《中华人民共和国企业所得税月(季)度预缴纳税申报表(B 类)》，在规定的纳税申报期限内进行纳税申报。

(3) 纳税人年度终了后，在规定的时限内按照实际经营额或实际应纳税额向税务机关申报纳税。申报额超过核定经营额或应纳税额的，按申报额缴纳税款；申报额低于核定经营额或应纳税额的，按核定经营额或应纳税额缴纳税款。

对违反上述规定的行为，按照《中华人民共和国税收征收管理法》及其实施细则的有关规定处理。

税务机关应积极督促核定征收企业所得税的纳税人建账建制，改善经营管理，引导纳税人向查账征收方式过渡。对符合查账征收条件的纳税人，要及时调整征收方式，实行查账征收。

# 任务七    其  他  规  定

## 一、非居民企业应纳税额的计算

对于在中国境内未设立机构、场所，或者虽设立机构、场所但取得的所得与其机构、场所没有实际联系的非居民企业的所得，按照下列方法计算应纳税所得额：

(1) 股息、红利等权益性投资收益和利息、租金、特许权使用费所得，以收入全额为应纳税所得额；

(2) 转让财产所得，以收入全额减除财产净值后的余额为应纳税所得额；

(3) 其他所得，参照前两项规定的方法计算应纳税所得额。

财产净值是指财产的计税基础减除已经按照规定扣除的折旧、折耗、摊销、准备金等后的余额。

非居民企业取得上述规定的相关所得，在计算缴纳企业所得税时，应以不含增值税的收入全额作为应纳税所得额。

## 二、非居民企业所得税核定征收办法

非居民企业因会计账簿不健全，资料残缺难以查账，或者其他原因不能准确计算并据实申报其应纳税所得额的，税务机关有权采取以下方法核定其应纳税所得额。

(1) 按收入总额核定应纳税所得额：适用于能够正确核算收入或通过合理方法推定收入总额，但不能正确核算成本费用的非居民企业。计算公式如下：

$$应纳税所得额 = 收入总额 × 经税务机关核定的利润率$$

(2) 按成本费用核定应纳税所得额：适用于能够正确核算成本费用，但不能正确核算收入总额的非居民企业。计算公式如下：

$$应纳税所得额 = 成本费用总额 ÷ (1 - 核定利润率) × 核定利润率$$

(3) 按经费支出换算收入核定应纳税所得额：适用于能够正确核算经费支出总额，但不能正确核算收入总额和成本费用的非居民企业。计算公式如下：

$$应纳税所得额 = 本期经费支出总额 ÷ (1 - 核定利润率) × 核定利润率$$

(4) 税务机关可按照以下标准确定非居民企业的利润率：

① 从事承包工程作业、设计和咨询劳务的，利润率为 15%～30%；

② 从事管理服务的，利润率为 30%～50%；

③ 从事其他劳务或劳务以外经营活动的，利润率不低于 15%。

税务机关有根据认为非居民企业的实际利润率明显高于上述标准的，可以按照比上述标准更高的利润率核定其应纳税所得额。

(5) 非居民企业与中国居民企业签订机器设备或货物销售合同，同时提供设备安装、装配、技术培训、指导、监督服务等劳务，其销售货物合同中未列明提供上述劳务服务收费金额，或者计价不合理的，主管税务机关可以根据实际情况，参照相同或相近业务的计价标准核定劳务收入。无参照标准的，以不低于销售货物合同总价款的 10%为原则，确定非居民企业的劳务收入。

(6) 非居民企业为中国境内客户提供劳务取得的收入，凡其提供的服务全部发生在中国境内的，应全额在中国境内申报缴纳企业所得税。凡其提供的服务同时发生在中国境内外的，应以劳务发生地为原则划分其境内外收入，并就其在中国境内取得的劳务收入申报缴纳企业所得税。税务机关对其境内外收入划分的合理性和真实性有疑义的，可以要求非居民企业提供真实有效的证明，并根据工作量、工作时间、成本费用等因素合理划分其境内外收入；如非居民企业不能提供真实有效的证明，税务机关可视同其提供的服务全部发生在中国境内，确定其劳务收入并据以征收企业所得税。

(7) 采取核定征收方式征收企业所得税的非居民企业，在中国境内从事适用不同核定利润率的经营活动，并取得应税所得的，应分别核算并适用相应的利润率计算缴纳企业所得税；凡不能分别核算的，应从高适用利润率，计算缴纳企业所得税。

(8) 主管税务机关应及时向非居民企业送达《非居民企业所得税征收方式鉴定表》(以下简称《鉴定表》)，非居民企业应在收到《鉴定表》后 10 个工作日内，完成《鉴定表》的填写并送达主管税务机关，主管税务机关在受理《鉴定表》后 20 个工作日内，完成该项征收方式的确认工作。

(9) 税务机关发现非居民企业采用核定征收方式计算申报的应纳税所得额不真实，或者明显与其承担的功能风险不匹配的，有权予以调整。

## 三、企业所得税的征收管理

### (一) 纳税地点

(1) 除了税收法律、行政法规另有规定，居民企业以企业登记注册地为纳税地点；但登记注册地在境外的，以实际管理机构所在地为纳税地点。企业注册登记地是指企业依照国家有关规定登记注册的住所地。

(2) 居民企业在中国境内设立不具有法人资格的营业机构的，应当汇总计算并缴纳企业所得税。企业汇总计算并缴纳企业所得税时，应当统一核算应纳税所得额，具体办法由国务院财政、税务主管部门另行制定。

(3) 非居民企业在中国境内设立机构、场所的，应当就其所设机构，场所取得的来源于中国境内的所得，以及发生在中国境外但与其所设机构、场所有实际联系的所得，以机构、场所所在地为纳税地点。非居民企业在中国境内设立两个或者两个以上机构、场所的，经税务机关审核批准，可以选择由其主要机构、场所汇总缴纳企业所得税。非居民企业经批准汇总缴纳企业所得税后，需要增设、合并、迁移、关闭机构、场所或者停止机构、场所业务的，应当事先由负责汇总申报缴纳企业所得税的主要机构、场所向其所在地税务机关报告；需要变更汇总缴纳企业所得税的主要机构、场所的，依照前款规定办理。

(4) 非居民企业在中国境内未设立机构、场所的，或者虽设立机构、场所，但取得的所得与其所设机构、场所没有实际联系的所得，以扣缴义务人所在地为纳税地点。

(5) 除了国务院另有规定，企业之间不得合并缴纳企业所得税。

（二）纳税期限

企业所得税按年计征，分月或者分季预缴，年终汇算清缴，多退少补。

企业所得税的纳税年度，自公历每年 1 月 1 日起，至 12 月 31 日止。企业在一个纳税年度的中间开业，或者由于合并、关闭等原因终止经营活动，使该纳税年度的实际经营期不足 12 个月的，应当以其实际经营期为一个纳税年度。企业清算时，应当以清算期间作为一个纳税年度。

正常情况下，自年度终了之日起 5 个月内，应向税务机关报送年度企业所得税纳税申报表，并汇算清缴，结清应缴应退税款。

企业在年度中间终止经营活动的，应当自实际经营终止之日起 60 日内，向税务机关办理当期企业所得税汇算清缴。

（三）纳税申报

按月或按季预缴的，应当自月份或者季度终了之日起 15 日内，向税务机关报送预缴企业所得税纳税申报表，预缴税款。

企业在报送企业所得税纳税申报表时，应当按照规定附送财务会计报告和其他有关资料。

企业应当在办理注销登记前，就其清算所得向税务机关申报并依法缴纳企业所得税。

依照《企业所得税法》缴纳的企业所得税，以人民币计算。所得以人民币以外的货币计算的，应当折合成人民币计算并缴纳税款。

企业在纳税年度内无论盈利或者亏损，都应当依照《企业所得税法》第五十四条规定的期限，向税务机关报送预缴企业所得税纳税申报表、年度企业所得税纳税申报表、财务会计报告和税务机关规定应当报送的其他有关资料。

企业所得税纳税申报表详见二维码

# 项目四

# 个人所得税

## 任务一 纳税人与征税范围

个人所得税是主要以自然人的各类应税所得为征税对象征收的一种所得税。个人所得税的纳税人不仅包括个人，还包括具有自然人性质的企业，如个人独资企业、合伙企业等。

目前，我国的个人所得税采用分类征收与综合征收相结合的征收模式，即混合征收制；实行超额累进税率和比例税率并用的计算方式；采取源泉扣缴和个人申报两种征纳方法。

个人所得税在保障财政收入，调节收入分配差距方面起到了重要的作用。

### 一、纳税人

个人所得税的纳税人包括中国公民、个体工商业户、个人独资企业、合伙企业个人投资者、在中国有所得的外籍人员(包括无国籍人员)和香港、澳门、台湾同胞。

上述纳税人按照住所和居住时间两个标准，分为居民纳税人和非居民纳税人。

#### (一) 居民纳税人

居民纳税人是指在中国境内有住所，或者在中国境内无住所，而一个纳税年度内在境内居住累计满183天的个人。

居民纳税人负有全面无限纳税义务，即其取得的所得，无论是来源于中国境内还是中国境外，都要在中国缴纳个人所得税。

在中国境内有住所的个人，是指因户籍、家庭、经济利益关系而在中国境内习惯性居住的个人。习惯性居住，是判定纳税义务人属于居民纳税人还是非居民纳税人的重要依据。它是指个人因学习、工作、探亲等原因消除之后，没有理由在其他地方继续居留时，所要回到的地方，而不是指实际居住或在某一个特定时期内的居住地。

纳税年度，自公历1月1日起至12月31日止。在计算居住天数时，按其一个纳税年度内在境内的实际居住时间确定，在我国境内无住所的某人在一个纳税年度内无论出境多少次，只要在我国境内累计居住满183天，就可判定为我国的居民纳税人。确定居住天数时，按照个人在中国境内累计停留的天数计算。在中国境内停留的当天满 24 小时的，计入中国境内居住天数，在中国境内停留的当天不足 24 小时的，不计入中国境内居住天数。

现行税法中关于"中国境内"的概念，是指除中华人民共和国拥有主权的香港、澳门和台湾地区的中国大陆地区。

在中国境内无住所的个人，在中国境内居住累计满 183 天的年度连续不满六年的，其来源于中国境外的所得，经向主管税务机关备案，其来源于中国境外且由境外单位或者个人支付的所得，免予缴纳个人所得税；在中国境内居住累计满 183 天的任一年度中有一次离境超过 30 天的，其在中国境内居住累计满 183 天的年度的连续年限重新起算。

### (二) 非居民纳税人

非居民纳税人指在中国境内无住所又不居住，或者在中国境内无住所而一个纳税年度内居住累计不满 183 天的个人。

在实际生活中，习惯性居住地不在中国境内的个人，只有外籍人员、华侨或香港、澳门、台湾同胞，因此，非居民纳税人，实际上只能是在一个纳税年度中，没有在中国境内居住，或者在中国境内居住天数累计不满 183 天的外籍人员、华侨或香港、澳门、台湾同胞。

非居民纳税人负有有限的纳税义务，即仅就其来源于中国境内的所得向中国缴纳个人所得税。

在中国境内无住所，但是在一个纳税年度中在中国境内居住累计不超过 90 日的个人，其来源于中国境内的所得，由境外雇主支付并且不由该雇主在中国境内的机构、场所负担的部分，免予缴纳个人所得税。

## 二、征税范围

个人所得税的征税范围如表 4-1 所示。

### 表 4-1　个人所得税征税范围

| 税目 | 居民纳税人 | 非居民纳税人 |
|---|---|---|
| (1) 工资、薪金所得 | 按纳税年度合并计算个人所得税 | 按月分项计算 |
| (2) 劳务报酬所得 | | 按次分项计算 |
| (3) 稿酬所得 | | 按次分项计算 |
| (4) 特许权使用费所得 | | 按次分项计算 |
| (5) 经营所得 | 按年分项计算 | 按年分项计算 |
| (6) 利息、股息、红利所得 | 按次分项计算 | 按次分项计算 |
| (7) 财产租赁所得 | 按次分项计算 | 按次分项计算 |
| (8) 财产转让所得 | 按次分项计算 | 按次分项计算 |
| (9) 偶然所得 | 按次分项计算 | 按次分项计算 |

### (一) 工资、薪金所得

工资、薪金所得是指个人因任职或者受雇而取得的工资、薪金、奖金、年终加薪、劳动分红、津贴、补贴以及与任职或者受雇有关的其他所得。

### 1. 工资、薪金所得包含范围的一般规定

一般来说，工资、薪金所得属于非独立个人劳动所得。非独立个人劳动，是指个人所从事的劳动或服务是由他人指定、安排并接受管理的。发放工资、薪金的单位与个人属于雇佣与被雇佣的关系，这是区分工资、薪金所得与劳务报酬所得的关键。

除了工资、薪金，奖金、年终加薪、劳动分红、津贴、补贴也属于工资、薪金所得的范畴。其中，年终加薪、劳动分红不分种类和取得情况，一律按工资、薪金所得课税；津贴、补贴等则有例外。

这里的劳动分红是指企业在向劳动者支付了工资之后，再将一定比例的利润或超额利润向劳动者进行分配的制度。劳动分工本质上就是因任职受雇而取得的一种劳动所得，应该按照"工资、薪金所得"项目征税，但如果是单纯因为持有股份而取得的分红，则应按照"利息、股息、红利所得"项目征税。

### 2. 工资、薪金所得不包含范围的一般规定

个人取得的津贴、补贴，不计入工资、薪金所得项目征税的范围包括：

(1) 独生子女补贴；

(2) 执行公务员工资制度未纳入基本工资总额的补贴、津贴差额和家属成员的副食品补贴；

(3) 托儿补助费；

(4) 差旅费津贴、误餐补助。

### 3. 军队干部取得的补贴、津贴的特殊规定

(1) 军队干部取得的津贴、补贴中不计入工资、薪金所得项目征税的范围包括：

① 政府特殊津贴；

② 福利补助；

③ 夫妻分居补助费；

④ 随军家属无工作生活困难补助；

⑤ 独生子女保健费；

⑥ 子女保教补助费；

⑦ 机关在职军以上干部公勤费(保姆费)；

⑧ 军粮差价补贴。

(2) 军队干部取得的暂不征税的补贴、津贴包括：

① 军人职业津贴；

② 军队设立的艰苦地区补助；

③ 专业性补助；

④ 基层军官岗位津贴(连营排长岗位津贴)；

⑤ 伙食补贴。

### 4. 特殊情形下征税对象的确认

(1) 退休人员再任职取得的收入，按"工资、薪金所得"项目征税。

需要注意的是，退休人员取得的退休工资免税，但退休人员再任职取得的收入，应作为"工资、薪金所得"缴纳个人所得税。

(2) 公司职工取得的用于购买企业国有股权的劳动分红，按"工资、薪金所得"项目征税。

(3) 出租汽车经营单位对驾驶员采取单车承包、承租的，驾驶员的客运收入按"工资、薪金所得"征税。从事个体出租车运营的出租车驾驶员取得的收入和个人所有的出租车挂靠单位，并向挂靠单位缴纳管理费，按(或比照)"经营所得"项目征税。

(4) 对商品营销活动中，企业和单位对营销业绩突出的雇员以培训班、研讨会、工作考察等名义组织旅游活动，通过免收差旅费、旅游费对个人实行的营销业绩奖励(包括实物、有价证券等)，应将所发生的费用，按照"工资、薪金所得"征税。

如果是针对非雇员，按"劳务报酬所得"征税。

### (二) 劳务报酬所得

劳务报酬所得，指个人独立从事劳务取得的所得，包括从事设计、装潢、安装、制图、化验、测试、医疗、法律、会计、咨询、讲学、翻译、审稿、书画、雕刻、影视、录音、演出、表演、广告、展览、技术服务、介绍服务、经纪服务、代办服务以及其他劳务取得的所得。

劳务报酬所得是个人独立从事各种技艺、提供各项劳务取得的报酬。而工资、薪金所得是因任职、受雇而取得的报酬，是一种非独立个人劳务活动。取得的报酬是否为独立性劳务所得，是否为非雇佣关系所得，是区分劳务报酬所得与工资、薪金所得的标志。例如，如果是雇员取得的营销业绩奖励，按照"工资、薪金所得"项目征收个人所得税，如果是非雇员取得的营销业绩奖励，则应按照"劳务报酬所得"项目征税。又如，个人在公司任职、受雇、同时兼任董事、监事的，其取得的董事费、监事费应按照"工资、薪金所得"项目征税；如果个人担任公司董事、监事，且不在公司任职、受雇的，其取得的董事费、监事费按照"劳务报酬所得"项目征税。

保险营销员、证券经纪人佣金收入属于"劳务报酬所得"。

在校学生参与勤工俭学活动取得的应税所得，应按照"劳务报酬所得"项目依法缴纳个人所得税。

### (三) 稿酬所得

稿酬所得，是指个人因其作品以图书、报刊形式出版、发表而取得的所得。稿酬所得，强调"出版、发表"这两个关键词。如果独立的翻译、审稿、书画作品不以图书、报刊形式出版、发表的，则取得的所得应按照"劳务报酬所得"项目征收个人所得税。

任职、受雇于报纸、杂志等单位的记者、编辑等专业人员，在本单位的报纸、杂志上发表作品取得的所得，属于因任职、受雇而取得的所得，应与其当月工资收入合并，按"工资、薪金所得"项目征收个人所得税。上述专业人员以外，其他人员在本单位的报纸、杂志上发表作品取得的所得，应按"稿酬所得"项目征收个人所得税。

出版社的专业作者撰写、编写或翻译的作品，由本社以图书形式出版而取得的稿费收入，应按"稿酬所得"项目计算缴纳个人所得税。

提示：作者去世后，财产继承人取得的遗作稿酬，亦应征收个人所得税。

### (四) 特许权使用费所得

特许权使用费所得，是指个人提供专利权、商标权、著作权、非专利技术以及其他特许权的使用权取得的所得。

提供著作权的使用权取得的所得，不包括稿酬所得。

个人取得特许权的经济赔偿收入，按"特许权使用费所得"项目缴纳个人所得税。

编剧从电视剧的制作单位取得的剧本使用费，不再区分剧本的使用方是否为其任职单位，统一按照"特许权使用费所得"项目缴纳个人所得税。

个人将自己的文字作品手稿原件或复印件公开拍卖(竞价)取得的所得，属于提供著作权的使用权所得，应按照"特许权使用费所得"项目征收个人所得税；个人拍卖别人的作品手稿或个人拍卖文字作品手稿原件及复印件以外的其他财产，按"财产转让所得项目"缴纳个人所得税。

### (五) 经营所得

经营所得包括个体工商户从事生产、经营活动取得的所得，个人独资企业投资人、合伙企业的个人合伙人来源于中国境内注册的个人独资企业、合伙企业生产、经营所得以及其他从事生产、经营活动的个人取得的经营所得。主要有以下几种情形：

(1) 个体工商户从事生产、经营活动取得的所得，个人独资企业投资人、合伙企业的个人合伙人来源于中国境内注册的个人独资企业、合伙企业生产、经营所得。

个体工商户或个人专营种植业、养殖业、饲养业、捕捞业(以下简称"四业")，且能单独(分开)核算，不征收个人所得税；不属于原农业税、牧业税征收范围的，应对其所得计征个人所得税；对农民销售自产农产品的所得暂不征收个人所得税。

个体工商户从事生产、经营的个人，取得与生产、经营活动无关的其他各项应税所得，应分别按照有关规定，计算征收个人所得税。

个人独资企业，合伙企业的个人投资者以企业资金为本人、家庭成员及其相关人员支付与企业生产、经营无关的消费性支出及购买汽车、住房等财产性支出，视为企业对个人投资者利润分配，并入投资者个人的生产经营所得，依照"经营所得"项目计算征收个人所得税。

合伙企业以每一个合伙人为纳税义务人。合伙企业生产、经营所得和其他所得采取"先分后税"的原则。生产、经营所得和其他所得，包括合伙企业分配给所有合伙人的所得和企业当年的留存所得，即利润。

(2) 个人依法从事办学、医疗、咨询以及其他有偿服务活动取得的所得。

(3) 个人对企业、事业单位承包经营、承租经营以及转包、转租取得的所得。

对企事业单位的承包经营、承租经营所得，是指个人承包经营或承租经营以及转包、转租取得的所得，还包括个人按月或按次取得的工资、薪金性质的所得。承包项目可分多种类型，如生产、经营、采购、销售、建筑安装等各种承包。转包包括全部转包或部分转包。

由于目前实行承包、承租经营的形式较多，分配方式也不相同。因此，不同的承包、承租方式下，承租人、承包人取得的所得也并不一定都按照"经营所得"项目征税。

① 如果承租人、承包人对企业经营成果不拥有所有权，仅是按照合同(协议)规定取得一定所得的，其所得按"工资、薪金所得"项目征收个人所得税。

② 如果承租人、承包人按合同(协议)的规定只向发包方、出租方缴纳一定费用后，企业经营成果归其所有的，其取得的所得属于对企事业单位的承租、承包所得，按"经营所得"项目征收个人所得税。

(4) 个人从事其他生产、经营活动取得的所得。

个人从事彩票代销业务取得的所得，从事个体出租车运营的出租车驾驶员取得的收入，都应按照"经营所得"项目计征个人所得税。这里所说的从事个体出租车运营包括：出租车属于个人所有，但挂靠出租汽车经营单位或企事业单位，驾驶员向挂靠单位缴纳管理费的；出租汽车经营单位将出租车所有权转移给驾驶员的。

### (六) 利息、股息、红利所得

利息、股息、红利所得，是指个人拥有债权、股权而取得的利息、股息、红利所得。利息，是指个人拥有债权而取得的利息，包括存款利息、贷款利息和各种债券的利息；股息是指个人拥有股权而取得的公司、企业派息分红，按照一定比率派发的每股息金；红利是指根据公司、企业应分配的、超过股息部分的利润，按股派发的红股。

我国税法规定，国债利息、国家发行的金融债券利息、个人银行结算账户利息视同储蓄存款利息，不征收个人所得税。

纳税年度内个人投资者从其投资企业(个人独资企业、合伙企业除外)借款，在该纳税年度终了后既不归还又未用于企业生产经营的，其未归还的借款可视为企业对个人投资者的红利分配，按"利息、股息、红利所得"项目计征个人所得税。

### (七) 财产租赁所得

财产租赁所得，是指个人出租不动产、机器设备、车船以及其他财产取得的所得。

个人取得的财产转租收入，属于财产租赁所得的征收范围，由财产转租人缴纳个人所得税。

房地产开发企业与商店购买者个人签订协议，以优惠价格出售其开发的商店给购买者个人，购买者个人在一定期限内必须将购买的商店无偿提供给房地产开发企业对外出租使用。对个人购买者少支出的购房价款，应视同个人财产租赁所得，按"财产租赁所得"项目征收个人所得税，每次财产租赁所得的收入额，按照少支出的购房价款和协议规定的租赁月份平均计算确定。

### (八) 财产转让所得

财产转让所得，是指个人转让有价证券、股权、合伙企业中的财产份额、不动产、机器设备、车船以及其他财产取得的所得。

个人进行财产转让主要是个人财产所有权的转让。财产转让实际上是一种买卖行为，当事人双方通过签订、履行财产转让合同，形成财产买卖的法律关系，使财产出让人从对方取得价款(收入)或其他经济利益。

境内上市公司的股票转让暂不征收个人所得税，境内个人投资者通过沪港通投资香港联交所上市股票取得的转让差价所得，2019 年 12 月 5 日至 2022 年 12 月 31 日，继续暂免征收个人所得税。

个人转让自用 5 年以上，并且是家庭唯一生活用房取得的所得，继续暂免征收个人所得税。2010 年 10 月 1 日起，对出售自有住房并在一年内重新购房的纳税人不再减免个人所得税。

### （九）偶然所得

偶然所得，是指个人得奖、中奖、中彩以及其他偶然性质的所得。得奖是指参加各种有奖竞赛活动取得名次得到的奖金；中奖、中彩是指参加各种有奖活动，经过规定程序，抽中、摇中号码而取得的奖金。偶然所得应缴纳的个人所得税税款，一律由发奖单位或机构代扣代缴。

税法规定，对个人购买社会福利有奖、募捐奖券一次中奖收入不超过 1 万元的，暂免征收个人所得税；收入超过 1 万元的，全额征税。

## 三、所得来源地的确定

### 1. 关于一般所得来源地的规定

下列所得，不论支付地点是否在中国境内，均为来源于中国境内的所得：

(1) 在中国境内从事生产、经营活动而取得的生产经营所得。

(2) 因任职、受雇、履约等在中国境内提供各种劳务取得的劳务报酬所得。

(3) 将财产出租给承租人在中国境内使用而取得的所得。

(4) 转让中国境内的建筑物、土地使用权等财产，以及在中国境内转让其他财产取得的所得。

(5) 提供专利权、非专利技术、商标权、著作权，以及其他特许权在中国境内使用的所得。

(6) 因持有中国的各种债券、股票、股权而从中国境内的公司、企业、或者其他组织及个人取得的利息、股息、红利所得。

### 2. 关于工资、薪金所得来源地的规定

(1) 个人取得归属于中国境内工作期间的工资、薪金所得为来源于境内的工资、薪金所得。境内工作期间按照个人在境内工作天数计算，包括其在境内的实际工作日以及境内工作期间在境内、境外享受的公休假、个人休假、接受培训的天数。在境内、境外单位同时担任职务或者仅在境外单位任职的个人，在境内停留的当天不足 24 小时的，按照半天计算境内工作天数。

(2) 无住所个人在境内、境外单位同时担任职务或者仅在境外单位任职，且当期同时在境内、境外工作的，按照工资、薪金所属境内、境外工作天数占当期公历天数的比例计算确定来源于境内、境外工资薪金所得的收入额。境外工作天数按照当期公历天数减去当期境内工作天数计算。

### 3. 关于数月奖金以及股权激励所得来源地的规定

数月奖金是指一次取得归属于数月的奖金、年终加薪、分红等工资、薪金所得，不包

括每月固定发放的奖金及一次性发放的数月工资。

股权激励包括股票期权、股权期权、限制性股票、股票增值权、股权奖励以及其他因认购股票等有价证券从雇主取得的折扣或者补贴。

无住所个人取得的数月奖金或者股权激励所得按照相关规定确定所得来源地的，在境内履职或者执行职务时收到的数月奖金或者股权激励所得，归属于境外工作期间的部分，为来源于境外的工资、薪金所得。

无住所个人停止在境内履约或者执行职务离境后收到的数月奖金或者股权激励所得，对属于境内工作期间的部分，为来源于境内的工资、薪金所得。

境内所得具体计算方法：数月奖金或者股权激励乘以数月奖金或者股权激励所属工作期间境内工作天数与所属工作期间天数之比。

无住所个人一个月内取得的境内外数月奖金或者股权激励包含归属于不同期间的多笔所得的，应当先分别按照规定计算不同归属期间来源于境内的所得，然后再计算当月来源于境内的数月奖金或者股权激励收入额。

**4. 关于董事、监事及高层管理人员取得报酬所得来源地的规定**

对于担任境内居民企业的董事、监事及高层管理职务的个人，无论是否在境内履行职务，取得由境内居民企业支付或者负担的董事费、监事费、工资、薪金或者其他类似报酬(包含数月奖金和股权激励)，属于来源于境内的所得。高层管理职务包括企业正、副(总)经理、各职能总师、总监及其他类似公司管理层的职务。

**5. 关于稿酬所得来源地的规定**

由境内企业、事业单位、其他组织支付或者负担的稿酬所得，为来源于境内的所得。

# 任务二　税率与应纳税所得额的确定

## 一、税率

### (一) 综合所得适用税率

综合所得适用七级超额累进税率，税率为3%～45%，具体如表4-2所示。

表4-2　综合所得个人所得税税率表

| 级数 | 全年应纳税所得额 | 税率/% | 速算扣除数/元 |
| --- | --- | --- | --- |
| 1 | 不超过36 000元的 | 3 | 0 |
| 2 | 36 000元至144 000元的部分 | 10 | 2 520 |
| 3 | 144 000元至300 000元的部分 | 20 | 16 920 |
| 4 | 300 000元至420 000元的部分 | 25 | 31 920 |
| 5 | 420 000元至660 000元的部分 | 30 | 52 920 |
| 6 | 660 000元至960 000元的部分 | 35 | 85 920 |
| 7 | 超过960 000元的部分 | 45 | 181 920 |

非居民纳税人取得工资、薪金所得，劳务报酬所得、稿酬所得和特许权使用费所得，依照本表按月换算后计算应纳税额。

### (二) 经营所得适用税率

经营所得适用五级超额累进税率，税率为5%～35%，具体如表4-3所示。

**表4-3 经营所得个人所得税税率表**

| 级数 | 全年应纳税所得额 | 税率/% | 速算扣除数/元 |
| --- | --- | --- | --- |
| 1 | 不超过 30 000 元的 | 3 | 0 |
| 2 | 30 000 元至 90 000 元的部分 | 10 | 1 500 |
| 3 | 90 000 元至 300 000 元的部分 | 20 | 10 500 |
| 4 | 300 000 元至 500 000 元的部分 | 25 | 40 500 |
| 5 | 超过 500 000 元部分 | 30 | 65 500 |

### (三) 其他所得适用税率

利息、股息、红利所得，财产租赁所得，财产转让所得和偶然所得，适用20%的比例税率。

## 二、应纳税所得额的规定

以某项应税项目的收入额减去税法规定的该项费用减除标准后的余额为该项所得的个人所得税应纳税所得额。

由于个人所得税的应税项目不同，并且取得某项所得所需费用也不相同，因此计算个人所得税应纳税所得额需要不同应税项目分项计算。两个以上的个人共同取得同一项收入的，应当对每个人取得的收入分别按照个人所得税法的规定计算纳税。

### (一) 应纳税所得额的一般规定

应纳税所得额的基本计算公式为如下：

应纳税所得额 = 各项收入 − 税法规定的扣除项目或扣除金额

**1. 收入的规定**

1) 收入的形式

个人取得收入的形式包括货币、实物收入、有价证券和其他形式的经济利益。实物应当按照所取得的凭证上注明的价格计算应纳税所得额；无凭证的实物或凭证上注明的价格明显偏低的，参照市场价格核定；所得为有价证券的，根据票面价格和市场价格核定；所得为其他形式的经济利益的，参照市场价格核定应纳税所得额。

2) 纳税期限的确定

《个人所得税法》分项目规定了三种纳税期：一种是按年计征，如居民纳税人的综合所得、经营所得；第二种是按月计征，如非居民纳税人的工资、薪金所得；第三种是按次计征，如财产租赁所得，利息、股息、红利所得，偶然所得和非居民纳税人的劳务报酬所得、稿酬所得，特许权使用费所得。如何准确地划分"次"是十分重要的，《个人所得税法》对于次数有如下具体规定：

(1) 财产租赁所得，以一个月内取得的收入为一次。

(2) 利息、股息、红利所得，以支付利息、股息、红利时取得的收入为一次。

(3) 偶然所得，以每次收入为一次。

(4) 劳务报酬所得，是属于只有一次性的劳务报酬收入，应以每次提供劳务取得的收入为一次；但如果一次性劳务报酬收入需要以分月支付方式取得，则属于同一事项连续取得收入，以一个月内取得的收入为一次。例如，某外籍歌手(非居民纳税人)与一家酒吧签约，作为驻场歌手在一定时期内每天到酒吧演唱一次，每一次演出后取得报酬 800 元。在计算其取得的劳务报酬所得时，应视为同一事项的连续性收入，以其一个月内取得的收入为一次计征个人所得税，而不能以每天取得的收入为一次。

(5) 稿酬所得，以每次出版、发表取得的收入为一次，不论出版单位是预付还是分笔支付稿酬，或者加印该作品后再付稿酬，均应合并其稿酬所得按一次计征个人所得税。具体又可细分为：同一作品再版取得的所得，应视作另一次稿酬所得计征个人所得税，同一作品先在报刊上连载，然后再出版，或者先出版，再在报刊上连载取得的所得应视为两次稿酬所得。即连载所得作为一次，出版所得作为另一次。同一作品在报刊上连载取得收入的，以连载完成后取得的所有收入合并为一次计征个人所得税。同一作品在出版和发表时，以预付稿酬或分次支付稿酬等形式取得的稿酬收入，应合并计算为一次。同一作品出版、发表后，因添加印数而追加稿酬的，应与以前出版、发表时取得的稿酬合并计算为一次，计征个人所得税。作者去世后，对取得其遗作稿酬的个人，按稿酬所得征收个人所得税。

(6) 特许权使用费所得，以某项使用权的一次转让所取得的收入为一次。如果该次转让取得的所得是分笔支付的，则应将各笔收入相加为一次的收入，计征个人所得税。

**2. 费用减除的标准**

费用减除的标准如下：

(1) 居民取得的综合所得，以每年收入额减除费用 60 000 元以及专项扣除、专项附加扣除和依法确定的其他扣除后的余额，作为应纳税所得额。

劳务报酬所得、稿酬所得、特许权使用费所得，以收入减除 20%的费用后的余额为收入额。稿酬所得的收入额减按 70%计算。

① 专项扣除，是指居民纳税人按照国家规定的范围和标准缴纳的基本养老保险、基本医疗保险、失业保险等社会保险和住房公积金等。

② 专项附加扣除，包括子女教育、继续教育、大病医疗、住房贷款利息、住房租金、赡养老人等支出，具体范围、标准和实施步骤由国务院确定，并报全国人民代表大会常务委员会备案。

③ 依法确定的其他扣除，包括个人缴纳符合国家规定的企业年金、职业年金、个人购买符合国家规定的商业健康保险、税收递延型商业养老保险的支出，以及国务院规定可以扣除的其他项目。

专项扣除、专项附加扣除和依法确定的其他扣除，以居民纳税人一个纳税年度的应纳税所得额为限额；一个纳税年度内扣除不完的，不结转以后年度扣除。

(2) 非居民纳税人的工资、薪金所得，以每月收入额减除费用 5 000 元后的余额为应纳税所得额；非居民纳税人的劳务报酬所得、稿酬所得、特许权使用费所得，以每次收入额为应纳税所得额。劳务报酬所得、稿酬所得、特许权使用费所得，以收入减除 20% 的费用后的余额为收入额。稿酬所得的收入额减按 70% 计算。

(3) 经营所得，以每一纳税年度的收入总额减除成本、费用以及损失后的余额为应纳税所得额。

所谓成本、费用，是指生产、经营活动中发生的各项直接支出和分配计入成本的间接费用、管理费用、销售费用和财务费用；损失，指的是生产、经营活动中发生的固定资产和存货的盘亏、毁损、报废损失，坏账损失，自然灾害损失以及其他损失等。

取得经营所得的个人，没有综合所得的，计算其每一纳税年度的应纳税所得额时，应减除费用 60 000 元、专项扣除、专项附加扣除以及依法确定的其他扣除。专项附加扣除在办理汇算清缴时减除。

对个体工商户业主、个人独资企业和合伙企业自然人投资者的生产、经营所得依法计征个人所得税时，个体工商户业主、个人独资企业和合伙企业自然人投资者的费用扣除标准统一确定为 60 000 元/年。

对企事业单位承租、承包经营所得，以每一纳税年度的收入总额，减除必要费用后的余额作为应纳税所得额。每一年度的收入总额，是指纳税人按照承租、承包经营合同规定分得的经营利润和工资、薪金性质的所得；这里所说的减除必要费用，是指按年减除 60 000 元。

(4) 财产租赁所得，每次收入不超过 4 000 元的，减除费用 800 元；每次收入在 4 000 元以上的，减除 20% 的费用，减除后的余额作为应纳税所得额。

每次收入 = 租金收入(不含增值税) − 准予扣除项目 − 向出租方支付的租金及增值税
(限于转租) − 修缮费用(每次以 800 元为限)

(5) 财产转让所得，以转让财产的收入额减除财产原值和合理费用后的余额为应纳税所得额。财产原值确定标准如下：

① 有价证券，为买入价以及买入时按规定交纳的有关费用；

② 建筑物，为建造费或购进价格以及其他有关费用；

③ 土地使用权，为取得土地使用权所支付的金额、开发土地的费用以及其他有关费用；

④ 机器设备、车船，为购进价格、运输费、安装费以及其他有关费用。

⑤ 其他财产，参照以上方法确定。

纳税人未提供完整、准确的财产原值凭证，不能正确计算财产原值的，应由主管税务机关核定其财产原值。

合理费用，是指卖出财产时按照规定支付的有关费用。

(6) 利息、股息、红利所得和偶然所得，以每次收入额为应纳税所得。

综上所述，费用扣除的标准详见表 4-4。

### 表4-4　计算应纳税所得额一览表

| 征税范围 | 征税方法 | 应纳税所得额 |
|---|---|---|
| 工资、薪金所得 | 居民纳税人：综合所得按年计征，需按月或者按次预扣预缴税款<br><br>非居民纳税人：分别按月或者按次由扣缴义务人代扣代缴税款，不需预扣预缴税款 | 居民纳税人：<br>每一纳税年度收入额-60 000 元-专项扣除-专项附加扣除-依法确定的其他扣除<br>非居民个人：<br>工资、薪金所得：每月收入额-5 000 元<br>劳务报酬所得、稿酬所得、特许权使用费所得：每次收入额，具体来说：<br>① 劳务报酬所得、特许权使用费所得收入额 = 收入×(1-20%)<br>② 稿酬所得收入额 = 收入×(1-20%)×70% |
| 劳务报酬所得 | | |
| 稿酬所得 | | |
| 特许权使用费所得 | | |
| 经营所得 | 按年计征 | 每一纳税年度的收入总额-成本、费用、损失等 |
| 财产租赁所得 | 按次计征 | 每次收入≤4 000 元：每次收入-800<br>每次收入>4 000 元：每次收入×(1-20%) |
| 财产转让所得 | | 财产转让的收入额-财产原值-合理费用 |
| 利息、股息、红利所得 | | 每次收入额 |
| 偶然所得 | | |

（二）应纳税所得额的特殊规定

个人将其所得通过中国境内的社会团体、国家机关向教育和其他公益事业以及遭受严重自然灾害地区、贫困地区捐赠，捐赠额未超过纳税人申报的应纳税所得额30%的部分，可从其应纳税所得额中扣除，超过部分不得扣除；国务院规定对公益慈善事业捐赠实行全额税前扣除的，从其规定，详见表4-5。

### 表4-5　个人公益性捐赠规定总结表

| 扣除方法 | 项目 | 具体规定 |
|---|---|---|
| 限额扣除 | 捐赠途径 | 第三方捐赠，即向中国境内的公益性社会组织、国家机关捐赠，直接捐赠不可税前扣除 |
| | 捐赠对象 | 教育、扶贫、济困等公益事业 |
| | 计算基础 | 应纳税所得额 |
| | 扣除限额 | 应纳税所得额×30% |
| | 税前扣除的捐赠额 | 计算出的限额与实际捐赠数额较小者 |
| 全额扣除 | 个人通过非营利的社会团体和政府部门向农村义务教育、教育事业、红十字事业、公益性青少年活动场所(其中包括新建)、非营利性老年服务机构、地震灾区等事业的捐赠，在计算缴纳个人所得税时，准予在税前的所得额中全额扣除 | |

【例题4.1】居民纳税人王某于2019年8月取得股息收入9万元，当月通过中国教育发展基金会捐款3万元用于公益事业。王某的股息收入当月应缴纳的个人所得税为(　　)元。

A.12 000　　　　　　B.12 400　　　　　　C.16 900　　　　　　D.18 520

【答案】　A

【解析】　个人通过中国教育发展基金会用于公益救济性的捐赠，准予在缴纳个人所得税前全额扣除。对于王某的股息收入按照"利息、股息、红利所得"缴纳个人所得税。应缴纳的个人所得税 = (90 000 – 30 000) × 20% = 12 000(元)。

# 任务三　个人所得税的税收优惠

## 一、免征个人所得税的优惠

个人所得税的免税项目有：

(1) 省级人民政府、国务院部委和中国人民解放军军以上单位，以及外国组织、国际组织颁发的科学、教育、技术、文化、卫生、体育、环境保护等方面的奖金。

(2) 国债和国家发行的金融债券利息。

(3) 按照国务院规定发给的政府特殊津贴、院士津贴、资深院士津贴和国务院规定免纳个人所得税的补贴、津贴。

(4) 福利费、抚恤金、救济金。

(5) 保险赔款。

(6) 军人的转业费、复员费、退役金。

(7) 按照国家统一规定发给干部、职工的安家费、退职费、退休工资、离休工资、离休生活补助费。

▶小提示

离退休人员除了按规定领取离退休工资或养老金，另从原任职单位取得的各类补贴、奖金、实物，不属于《个人所得税法》规定可以免税的退休工资、离休工资、离休生活补助费，应按"工资、薪金所得"应税项目的规定缴纳个人所得税。

(8) 依照中国有关法律规定应予免税的各国驻华使馆、领事馆的外交代表、领事官员和其他人员的所得。

(9) 中国政府参加的国际公约、签订的协议中规定免税的所得。

(10) 经国务院财政部门批准免税的所得。该类免税规定由国务院报全国人民代表大会常务委员会备案。

## 二、减征个人所得税的优惠

有下列情形之一的，可以减征个人所得税，具体幅度和期限，由各省、自治区、直辖市人民政府规定，并报同级人民代表大会常务委员会备案。

(1) 残疾、孤老人员和烈属的所得。这里需要注意的是，对残疾人个人取得的劳动所得才适用减税规定。

(2) 因自然灾害造成重大损失的。

(3) 其他经国务院财政部门批准减税的。

### 三、暂免征税项目

暂免征税项目主要包括下面内容：

(1) 外籍个人和专家待遇。

① 外籍个人以非现金形式或实报实销形式取得的住房补贴、伙食补贴、搬迁费、洗衣费。

② 外籍个人按合理标准取得的境内、境外出差补贴。

③ 外籍个人取得的探亲费、语言训练费、子女教育费等，经当地税务机关审核批准为合理的部分。

④ 外籍个人从外商投资企业取得的股息、红利所得。

⑤ 符合国家规定的外籍专家取得的工资、薪金所得。

(2) 个人举报、协查各种违法、犯罪行为而获得的奖金。

(3) 个人办理代扣代缴税款手续，按规定取得的扣缴手续费。

(4) 个人转让自用达 5 年以上，并且是唯一的家庭生活用房取得的所得。

(5) 对个人购买福利彩票、赈灾彩票、体育彩票，一次中奖收入在 1 万元以下的(含 1 万元)暂免征收个人所得税，超过 1 万元的，全额征收个人所得税。

(6) 达到离休、退休年龄，但确因工作需要，适当延长离休、退休年龄的高级专家，其在延长离休、退休期间的工资、薪金所得，视同离休、退休工资免征个人所得税。

(7) 城镇企业、事业单位及其职工个人按照《失业保险条例》规定的比例，实际缴付的失业保险费，均不计入职工个人当期的工资、薪金所得，免予征收个人所得税。

(8) 企业和个人按照国家或地方政府规定的比例，提取并向指定金融机构实际缴付的住房公积金、医疗保险金、基本养老保险金，免予征收个人所得税。

(9) 个人领取原提存的住房公积金、医疗保险金、基本养老保险金，以及具备《失业保险条例》规定条件的失业人员领取的失业保险金，免予征收个人所得税。

(10) 按照国家或省级地方政府规定的比例缴付的住房公积金、医疗保险金、基本养老保险金、失业保险金存入银行个人账户所取得的利息所得，免予征收个人所得税。

(11) 生育妇女取得符合规定的生育津贴、生育医疗费或其他属于生育保险性质的津贴、补贴，免征个人所得税。

(12) 对符合地方政府规定条件的低收入住房保障家庭从地方政府领取的住房租赁补贴，免征个人所得税。

(13) 2020 年 1 月 1 日至 2024 年 12 月 31 日，对在海南自由贸易港工作的高端人才和紧缺人才，其个人所得税税负超过 15%的部分予以免征。

## 任务四　应纳税额的计算

### 一、居民纳税人综合所得应纳税额的计算

居民纳税人取得综合所得，按年计算个人所得税；有扣缴义务人的，由扣缴义务人按月或者按次预扣预缴税款；需要办理汇算清缴的，应当在取得所得的次年 3 月 1 日至 6 月

30 日内办理汇算清缴。

(一) 计算公式

综合所得的计算公式如下：

综合所得 = 纳税年度的综合收入额 − 基本费用 60 000 元 − 专项扣除 −
专项附加扣除 − 其他扣除

专项扣除、专项附加扣除和依法确定的其他扣除，以居民纳税人一个纳税年度的应纳税所得额为限额；一个纳税年度扣除不完的，不结转以后年度扣除。

劳务报酬所得、稿酬所得、特许权使用费所得等属于一次性收入的，以取得该项收入为一次；属于同一项目连续性收入的，以一个月内取得的收入为一次。

其他扣除，包括个人缴付符合国家规定的企业年金、职业年金，个人购买符合国家规定的商业健康保险、税收递延型商业养老保险的支出，以及国务院规定可以扣除的其他项目。

(二) 综合收入额的确定

(1) 工资、薪金所得，全额计入收入额；

(2) 劳务报酬所得，按收入的 80%计入收入额；

(3) 稿酬所得，按收入的 80%，再减按 70%计入收入额，即按收入的 56%计入收入额；

(4) 特许权使用费所得，按收入的 80%计入收入额。

(三) 费用扣除项目

(1) 专项扣除：居民纳税人缴纳的基本养老保险、基本医疗保险、失业保险等社会保险费和住房公积金等。

(2) 专项附加扣除：子女教育支出、继续教育支出、大病医疗支出、住房贷款利息、住房租金、赡养老人支出等。

(3) 依法确定的其他扣除：企业年金、职业年金、商业健康保险、税收递延型商业养老保险等。

(四) 专项附加扣除

### 1. 子女教育支出专项附加扣除

子女教育支出专项附加扣除规定详见表 4-6。

表 4-6 子女教育支出专项附加扣除规定一览表

| 项 目 | 具 体 规 定 |
| --- | --- |
| 扣除内容 | 纳税人年满 3 岁的子女接受学前教育和全日制学历教育的相关支出(满 3 岁到博士)其中：<br>(1) 学前教育指年满 3 岁至小学入学前教育；<br>(2) 学历教育包括义务教育(小学、初中教育)、高中阶段教育(普通高中、中等职业、技工教育)、高等教育(大学专科、大学本科、硕士研究生、博士研究生教育) |
| 扣除标准 | 每个子女按 1 000 元/月的标准定额扣除 |

续表

| 项　目 | 具　体　规　定 |
|---|---|
| 扣除方式 | 父母可选择由其中一方按扣除标准的100%扣除，也可分别按扣除标准的50%扣除；具体扣除方式在一个纳税年度内不得变更 |
| 其他规定 | 纳税人子女在境外接受教育的，应留存境外学校录取通知书、留学签证等相关教育的证明资料备查 |
| 扣除时间 | 学前教育阶段：子女年满3周岁当月至小学入学前一月；<br>学历教育：子女接受全日制学历教育入学的当月至全日制学历教育结束的当月；<br>包含因病或其他非主观原因休学但学籍继续保留的休学期间，以及施教机构按规定组织实施的寒暑假等假期 |

### 2. 继续教育支出专项附加扣除

继续教育支出专项附加扣除规定详见表4-7。

表4-7　继续教育支出专项附加扣除规定一览表

| 项　目 | 具　体　规　定 |
|---|---|
| 扣除内容 | (1) 中国境内学历(学位)继续教育的支出；<br>(2) 技能人员职业资格继续教育、专业技术人员职业资格继续教育支出 |
| 扣除标准 | (1) 学历(学位)教育期间按照4 800元/年(即400元/月)定额扣除；同一学历(学位)继续教育扣除期不得超过48个月；<br>(2) 在取得相关证书的当年，按照3 600元定额扣除；<br>留存相关证书等资料备查 |
| 扣除时间 | (1) 学历(学位)教育，为在中国境内接受学历(学位)继续教育入学的当月至学历(学位)继续教育结束的当月；<br>(2) 技能人员职业资格继续教育、专业技术人员职业资格继续教育，为取得相关证书的当年 |
| 本人接受本科及以下学历(学位)继续教育支出，可以选择由其父母扣除，也可以选择由本人扣除，但不得同时扣除 ||

### 3. 大病医疗支出专项附加扣除

大病医疗支出专项附加扣除规定详见表4-8。

表4-8　大病医疗支出专项附加扣除规定一览表

| 项　目 | 具　体　规　定 |
|---|---|
| 扣除内容 | 一个纳税年度内，纳税人发生的与基本医保相关的医药费用支出 |
| 扣除标准 | 扣除医保报销后个人负担(医保目录范围内的自付部分)累计超过15 000元的部分，由纳税人在办理年度汇算清缴时，在80 000元限额内据实扣除 |
| 扣除方式 | 可以选择本人扣除或者配偶扣除，未成年子女发生的医药费用支出可以选择由其父母一方扣除。纳税人及其配偶、未成年子女发生的医药费用支出，按规定分别计算扣除额 |
| 其他规定 | 纳税人应当留存医药服务收费及医保报销相关票据原件(或者复印件)等资料备查 |
| 扣除时间 | 为医疗保障信息系统记录的医药费用实际支出的当年 |

### 4. 住房贷款利息专项附加扣除

住房贷款利息专项附加扣除规定详见表 4-9。

**表 4-9　住房贷款利息专项附加扣除规定一览表**

| 项　目 | 具　体　规　定 |
|---|---|
| 扣除内容 | 纳税人本人或者配偶单独或者共同使用商业银行或者住房公积金个人住房贷款为本人或者其配偶购买中国境内住房，发生的首套住房贷款利息支出 |
| 扣除标准 | 在实际发生贷款利息的年度按照 1 000 元/月的标准定额扣除，纳税人只能享受一次首套住房贷款的利息扣除 |
| 扣除方式 | (1) 经夫妻双方约定，可以选择由其中一方扣除，具体扣除方式在一个纳税年度内不能变更<br>(2) 夫妻双方婚前分别购买住房发生的首套住房贷款，其贷款利息支出，婚后可以选择其中一套购买的住房，由购买方按扣除标准的 100%扣除，也可以由夫妻双方对各自购买的住房分别按扣除标准的 50%扣除，具体扣除方式在一个纳税年度内不能变更 |
| 其他规定 | 纳税人应当留存住房贷款合同、贷款还款支出凭证备查 |
| 扣除时间 | 为贷款合同约定开始还款的当月至贷款全部归还或贷款合同终止的当月，扣除期限最长不得超过 240 个月 |

### 5. 住房租金专项附加扣除

住房租金专项附加扣除规定详见表 4-10。

**表 4-10　住房租金专项附加扣除规定一览表**

| 项　目 | 具　体　规　定 | | |
|---|---|---|---|
| 扣除内容 | 纳税人在主要工作城市没有自有住房而发生的住房租金支出 | | |
| 扣除标准 | 直辖市、省会(首府)城市、计划单列市以及国务院确定的其他城市 | | 1 500/月 |
| | 其他城市 | 市辖区户籍人口超过 100 万的城市 | 1 100/月 |
| | | 市辖区户籍人口不超过 100 万的城市 | 800/月 |
| 扣除方式 | 夫妻双方主要工作城市相同的，只能由一方扣除住房租金支出<br>住房租金支出由签订租赁住房合同的承租人扣除 | | |
| 其他规定 | 纳税人应当留存住房租赁合同、协议等有关资料备查<br>纳税人及其配偶在一个纳税年度内不得同时分别享受住房贷款利息专项附加扣除和住房租金专项附加扣除 | | |
| 扣除时间 | 为租赁合同(协议)约定的房屋租赁期开始的当月至租赁期结束的当月<br>提前终止合同(协议)的，以实际租赁期限为准 | | |

### 6. 赡养老人专项附加扣除

赡养老人专项附加扣除规定详见表 4-11。

表 4-11　赡养老人专项附加扣除规定一览表

| 项　目 | 具　体　规　定 |
|---|---|
| 扣除内容 | 纳税人赡养一位及以上被赡养人的支出，可以按照标准定额扣除 |
| | 被赡养人指年满 60 岁的父母以及子女均已去世的年满 60 岁的祖父母、外祖父母，不包括岳父岳母、公公婆婆 |
| 扣除标准 | (1) 纳税人为独生子女的，按照 2 000 元/月的标准定额扣除 |
| | (2) 纳税人为非独生子女的，由其与兄弟姐妹分摊 2 000 元/月的扣除额度，每人分摊的额度不能超过 1 000 元/月 |
| 扣除方式 | 赡养人均摊或约定分摊、被赡养人指定分摊。约定或指定分摊的须签订书面分摊协议 |
| | 具体分摊方式在一个纳税年度内不得变更 |
| 扣除时间 | 为被赡养人年满 60 周岁的当月至赡养义务终止的年末 |

**7. 保障措施**

(1) 纳税人向收款单位索取发票、财政票据、支出凭证，收款单位不能拒绝提供。

(2) 纳税人首次享受专项附加扣除，应当将专项附加扣除相关信息提交扣缴义务人或者税务机关，扣缴义务人应当及时将相关信息报送税务机关，纳税人对所提交信息的真实性、准确性、完整性负责。专项附加扣除信息发生变化的，纳税人应当及时向扣缴义务人或者税务机关提供相关信息。

专项附加扣除相关信息，包括纳税人本人、配偶、子女、被赡养人等个人身份信息，以及国务院税务主管部门规定的其他与专项附加扣除相关的信息。

纳税人需要将备查的专项附加扣除相关资料留存 5 年。

(3) 扣缴义务人发现纳税人提供的信息与实际情况不符的，可以要求纳税人修改。纳税人拒绝修改的，扣缴义务人应当报告税务机关，税务机关应当及时处理。

个人所得税专项附加扣除额一个纳税年度扣除不完的，不能结转以后年度扣除。居民纳税人向扣缴义务人提供专项附加扣除信息的，扣缴义务人按月预扣预缴税款时应当按照规定予以扣除，不得拒绝。

**(五) 专项附加扣除操作办法**

(1) 享受子女教育支出、继续教育支出、住房贷款利息、住房租金、赡养老人支出专项附加扣除的纳税人，自符合条件之日开始，可以向支付工资、薪金所得的扣缴义务人提供上述专项附加扣除有关信息，由扣缴义务人在预扣预缴税款时，按其在本单位本年可享受的累计扣除额办理扣除；也可以在次年 3 月 1 日至 6 月 30 日内，向汇缴地主管税务机关办理汇算清缴申报时扣除。享受大病医疗支出专项附加扣除的纳税人，由其在次年 3 月 1 日至 6 月 30 日内，自行向汇缴地主管税务机关办理汇算清缴申报时扣除。

(2) 纳税人同时从两处以上取得工资、薪金所得，并由扣缴义务人办理上述专项附加扣除的，对同一专项附加扣除项目，一个纳税年度内，纳税人只能选择从其中一处扣除。

(3) 纳税人年度中间更换工作单位的，在原单位任职、受雇期间已享受的专项附加扣除金额，不得在新任职、受雇单位扣除。原扣缴义务人应当自纳税人离职不再发放工资、薪金所得的当月起，停止为其办理专项附加扣除。

(4) 纳税人未取得工资、薪金所得，仅取得劳务报酬所得、稿酬所得、特许权使用费所得需要享受专项附加扣除的，应当在次年 3 月 1 日至 6 月 30 日内，自行向汇缴地主管税务机关报送《个人所得税专项附加扣除信息表》，并在办理汇算清缴申报时扣除。

(5) 一个纳税年度内，纳税人在扣缴义务人预扣预缴税款环节未享受或未足额享受专项附加扣除的，可以在当年内向支付工资、薪金的扣缴义务人申请在剩余月份发放工资、薪金时补充扣除，也可以在次年 3 月 1 日至 6 月 30 日内，向汇缴地主管税务机关办理汇算清缴时申报扣除。

(6) 纳税人次年需要由扣缴义务人继续办理专项附加扣除的，应当于每年 12 月对次年享受专项附加扣除的内容进行确认，并报送至扣缴义务人。纳税人未及时确认的，扣缴义务人于次年 1 月起暂停扣除，待纳税人确认后再行办理专项附加扣除。

(7) 扣缴义务人应当及时按照纳税人提供的信息计算办理扣缴申报，不得擅自更改纳税人提供的相关信息。除了纳税人另有要求，扣缴义务人应当于年度终了后两个月内，向纳税人提供已办理的专项附加扣除项目及金额等信息。

(8) 纳税人有下列情形之一的，主管税务机关应当责令其改正；情形严重的，应当纳入有关信用信息系统，并按照国家有关规定实施联合惩戒；涉及以下违反税收征管法等法律法规的，税务机关依法进行处理：

① 报送虚假专项附加扣除信息；
② 重复享受专项附加扣除；
③ 超范围或标准享受专项附加扣除；
④ 拒不提供留存备查资料；
⑤ 税务总局规定的其他情形。

纳税人在任职、受雇单位报送虚假扣除信息的，税务机关责令改正的同时，通知扣缴义务人。

【例题 4.2】 某居民纳税人为独生子女，2020 年扣除"四险一金"共取得含税工资收入 18 万元，除需要独自赡养年满 60 岁的父母，该纳税人不享受其余专项附加扣除和税法规定的其他扣除。计算其当年应纳个人所得税税额。

【解析】 (1) 全年应纳税所得额 = 180 000 – 60 000 – 24 000 = 96 000(元)。

(2) 应纳税额 = 96 000 × 10% – 2 520 = 7 080(元)。

【例题 4.3】 某居民纳税人 2019 年交完社保和住房公积金后共取得税前工资收入 23 万元，劳务报酬 2 万元，稿酬 1.5 万元。该纳税人有两个小孩且均由其扣除子女教育专项附加，纳税人还需要每月缴纳住房贷款且均由其扣除。计算该居民当年应纳个人所得税税额。

【解析】(1) 全年应纳税所得额 = 230 000 + 20 000 × (1 – 20%) + 15 000 × (1 – 20%) × 70% – 60 000 – 12 000 × 2 – 12 000 = 158 400(元)。

(2) 应纳税额 = 158 400 × 20% – 16 920 = 14 760(元)。

(六) 居民纳税人预扣预缴办法

扣缴义务人向居民纳税人支付工资、薪金所得，劳务报酬所得，稿酬所得，特许权使用费所得时，按以下方法预扣预缴个人所得税，并向主管税务机关报送《个人所得税扣缴申报表》。

**1. 工资、薪金所得的预扣预缴**

扣缴义务人向居民纳税人支付工资、薪金所得时,应当按照累计预扣法计算预扣税款,并且按月办理全员全额扣缴申报。

累计预扣法,是指扣缴义务人在一个纳税年度内预扣预缴税款时,以纳税人在本单位截至当前月份工资、薪金所得累计收入减除累计免税收入、累计减除费用、累计专项扣除、累计专项附加扣除和累计依法确定的其他扣除后的余额为累计预扣预缴应纳税所得额,适用居民纳税人工资、薪金所得预扣预缴率表(与综合所得适用税率表一致,详见表 4-12),计算累计应预扣预缴税额,再减除累计减免额和累计已预扣预缴税额,其余额为本期应预扣预缴税额。具体公式如下:

累计预扣预缴应纳税所得额 = 累计收入 – 累计免税收入 – 累计减除费用 – 累计专项扣除

– 累计专项附加扣除 – 累计依法确定的其他扣除

累计减除费用 = 5 000 元/月 × 当年截至本月在本单位的任职受雇月份数

本期应预扣预缴税额 = (累计预扣预缴应纳税所得额 × 预扣率 – 速算扣除数)

– 累计减免税额–累计已预扣预缴税额

表 4-12　个人所得税预扣预缴率表

| 级数 | 累计预扣预缴应纳税所得额 | 预扣率/% | 速算扣除数/元 |
|------|------------------------|---------|--------------|
| 1 | 不超过 36 000 元的部分 | 3 | 0 |
| 2 | 36 001 元～144 000 元的部分 | 10 | 2 520 |
| 3 | 144 001 元～300 000 元的部分 | 20 | 16 920 |
| 4 | 300 001 元～420 000 元的部分 | 25 | 31 920 |
| 5 | 420 001 元～660 000 元的部分 | 30 | 52 920 |
| 6 | 660 001 元～960 000 元的部分 | 35 | 85 920 |
| 7 | 超过 960 000 元的部分 | 45 | 181 920 |

▶小提示

当计算出的本期应预扣预缴税额为负数时,暂不退税。纳税年度终了后余额为负数时,由纳税人通过办理综合所得年度汇算清缴,税款多退少补。

【例题 4.4】居民纳税人王某 2020 年每月取得工资收入为 35 000 元,每月减除费用 5 000元,每月“三险一金”等专项扣除为 6 000 元,每月享受专项附加扣除共计 2 000 元。2020年度王某只在本单位一处获取工资,没有其他收入,没有大病医疗和减免收入及减免税额等情况。请依照现行税法规定计算王某前 3 个月各月应预扣预缴税额和全年预扣预缴税额。

【解析】1 月份: (35 000 – 5 000 – 6 000 – 2 000) × 3% = 660(元);

2 月份: (35 000 × 2 – 5 000 × 2 – 6 000 × 2 – 2 000 × 2) × 10% – 2 520 – 660 = 1 220(元);

3 月份: (35 000 × 3 – 5 000 × 3 – 6 000 × 3 – 2 000 × 3) × 10% – 2 520 – 660 – 1 220

= 2 200(元);

全年累计预扣预缴税额 = (35 000 × 12 – 5 000 × 12 – 6 000 × 12 – 2 000 × 12) × 20%

– 16 920 = 35 880(元)。

**2. 劳务报酬所得的预扣预缴**

劳务报酬所得以收入减除费用后的余额为收入额，并以此作为预扣预缴应纳税所得额。

(1) 劳务报酬预扣预缴的应纳税所得额：每次收入不超过 4 000 元的，减除费用按 800 元计算；每次收入 4 000 元以上的，减除费用按 20%计算。

(2) 预扣率：三级超额累进预扣率，不同于汇算清缴的税率。详见表 4-13。

**表 4-13 劳务报酬所得预扣预缴率表**

| 级数 | 预扣预缴应纳税所得额 | 预扣率/% | 速算扣除数/元 |
|---|---|---|---|
| 1 | 不超过 20 000 元的部分 | 20 | 0 |
| 2 | 20 001 元～50 000 元的部分 | 30 | 2 000 |
| 3 | 超过 50 000 元的部分 | 40 | 7 000 |

(3) 劳务报酬所得应预扣预缴税额的计算，具体公式如下：

劳务报酬所得应预扣预缴税额 = 预扣预缴应纳税所得额 × 预扣率 - 速算扣除数

【例题 4.5】 某演员为居民纳税人，2020 年 11 月取得一次性演出收入 50 000 元，请计算其应预扣预缴的个人所得税税额。

【解析】 应预扣预缴的个人所得税税额 = 50 000 × (1-20%) × 30% - 2 000 = 10 000(元)。

年度终了，该演员如有其他的综合所得，应于 2021 年 3 月 1 日至 2021 年 6 月 30 日进行汇算清缴。

**3. 稿酬所得的预扣预缴**

稿酬所得以收入减除费用后的余额为收入额，稿酬所得的收入额减按 70%计算，稿酬所得以每次收入额为预扣预缴应纳税所得额。

(1) 预扣预缴的应纳税所得额：每次收入不超过 4 000 元的，减除费用按 800 元计算；每次收入 4 000 元以上的，减除费用按 20%计算。

(2) 稿酬所得的预扣率：20%的比例预扣。

(3) 稿酬所得应预扣预缴税额的计算公式如下：

稿酬所得应预扣预缴税额 = 预扣预缴应纳税所得额 × 20%。

【例题 4.6】 居民纳税人小张 2020 年 2 月取得稿酬 30 000 元，请计算出版社在支付稿酬时应预扣预缴的个人所得税。

【解析】 稿酬所得应预扣预缴税额 = 30 000 × (1-20%) × 70% × 20% = 3 360(元)。

年度终了，小张如有其他的综合所得，应于 2021 年 3 月 1 日至 2021 年 6 月 30 日进行汇算清缴。

**4. 特许权使用费所得的预扣预缴**

特许权使用费所得以收入减除费用后的余额为收入额，并以此作为预扣预缴应纳税所得额。

(1) 预扣预缴的应纳税所得额：每次收入不超过 4 000 元的，减除费用按 800 元计算；每次收入 4 000 元以上的，减除费用按 20%计算。

(2) 特许权使用费所得的预扣率：20%的比例预扣。

(3) 特许权使用费所得应预扣预缴税额的计算公式如下：

特许权使用费所得应预扣预缴税额 ＝ 预扣预缴应纳税所得额 × 20%

【例题 4.7】 2020 年 10 月，居民纳税人刘某获得特许权使用费所得 2 000 元，请计算支付方在支付特许权使用费时应预扣预缴的个人所得税。

【解析】 特许权使用费应预扣预缴税额 ＝ (2 000 － 800) × 20% ＝ 240(元)。

年度终了，刘某如有其他的综合所得，应于 2021 年 3 月 1 日至 2021 年 6 月 30 日进行汇算清缴。

## 二、非居民纳税人工资、薪金所得，劳务报酬所得，稿酬所得以及特许权使用费所得的计税办法

非居民纳税人取得工资、薪金所得，劳务报酬所得，稿酬所得和特许权使用费所得，有扣缴义务人的，由扣缴义务人按月或者按次"分项"代扣代缴税款，不办理汇算清缴。

### (一) 应纳税所得额的计算

各项目计算公式如下：

工资、薪金所得应纳税所得额 ＝ 每月收入额 － 5000 元/月

劳务报酬所得应纳税所得额 ＝ 收入 × (1 － 20%)

稿酬所得应纳税所得额 ＝ 收入 × (1 － 20%) × 70%

特许权使用费所得应纳税所得额 ＝ 收入 × (1 － 20%)

### (二) 税率

个人所得税税率如表 4-14 所示。

表 4-14　个人所得税税率表

(非居民纳税人工资、薪金所得，劳务报酬所得，稿酬所得，特许权使用费所得适用)

| 级数 | 应纳税所得额 | 税率/% | 速算扣除数/元 |
| --- | --- | --- | --- |
| 1 | 不超过 3 000 元部分 | 3 | 0 |
| 2 | 3 001 元～12 000 元部分 | 10 | 210 |
| 3 | 12 001 元～25 000 元部分 | 20 | 1 410 |
| 4 | 25 001 元～35 000 元部分 | 25 | 2 660 |
| 5 | 35 001 元～55 000 元部分 | 30 | 4 410 |
| 6 | 55 001 元～80 000 元部分 | 35 | 7 160 |
| 7 | 超过 80 000 元部分 | 45 | 15 160 |

### (三) 应纳税额的计算

应纳税额的计算公式为如下：

应纳税额 ＝ 应纳税所得额 × 税率 － 速算扣除数

【例题 4.8】 某外籍专家(假设为非居民纳税人)2020 年 1 月取得由所任职企业发放的含税工资收入 30 000 元人民币，此外其还在国内某高校进行讲学，取得一次性劳务报

酬 5 000 元人民币。请计算该专家当月应纳税额。

【解析】该非居民纳税人当月工资、薪金所得应纳税额 = (30 000 − 5 000) × 20% − 1 410
　　　　　　　　　　　　　　　　　　　　　　　　　　　　= 3 590(元)。

该非居民纳税人当月劳务报酬所得应纳税额 = 5 000 × (1 − 20%) × 10% − 210 = 190(元)。

## 三、经营所得应纳税额的计算

取得经营所得的个人，没有综合所得的，计算其每一纳税年度的应纳税所得额时，应当减除费用 6 万元、专项扣除、专项附加扣除以及依法确定的其他扣除，专项附加扣除在办理汇算清缴时减除。

经营所得应纳税所得额与应纳税额计算公式如下：

应纳税所得额 = 收入总额 − 成本 − 费用 − 损失 − 税金 − 其他支出 − 允许弥补的以前年度亏损
　　　　应纳税额 = 应纳税所得额 × 适用税率 − 速算扣除数

经营所得应纳税所得额适用的税率见表 4-3。

### (一) 个体工商户应纳税额的计算

个体工商户应纳税所得额的计算，以权责发生制为原则。除了财政部、国家税务总局另有规定，应纳税所得额按如下公式计算：

个体工商户生产、经营所得应纳税所得额 = 每一纳税年度的收入总额 − 成本 − 费用 − 税金
　　　　　　　　　　　　　　　　　　− 损失 − 其他支出 − 允许弥补的以前年度的亏损

#### 1. 基本规定

收入总额为个体工商户从事生产经营所得以及与生产经营有关的活动取得的货币形式和非货币形式的各项收入。具体包括销售货物收入、提供劳务收入、转让财产收入、利息收入、租金收入、接受捐赠收入、其他收入。

其他收入又包括个体工商户资产溢余收入、逾期一年以上的未退包装物押金收入、确实无法偿付的应付款项、已做坏账损失处理后又收回的应收款项、债务重组收入、补贴收入、违约金收入、汇兑收益等。

成本，是指个体工商户在生产、经营活动中发生的销售成本、销货成本、业务支出及其他耗费。

费用，是指个体工商户在生产、经营活动中发生的销售费用、管理费用、财务费用(已经计入成本的有关费用除外)。

个体工商户生产、经营活动中，应当分别核算生产、经营费用和个人、家庭费用。如果生产、经营费用与个人、家庭费用难以分清的，其 40%视为与生产、经营有关的费用，准予扣除。

税金，是指个体工商户在生产、经营活动中发生的个人所得税和允许抵扣的增值税以外的各种税金及附加。

损失，是指个体工商户在生产、经营活动中发生的固定资产和存货的盘亏、毁损、报废损失，转让财产损失，坏账、自然灾害等不可抗力因素造成的损失以及其他损失。

个体工商户发生的损失，减除责任人赔偿和保险赔款后的余额，参照财政部、国家税

务总局有关企业资产损失税前扣除的规定扣除。

个体工商户已作为损失处理的资产，在以后纳税年度又全部收回或者部分收回时，应当计入收回当期的收入。

其他支出，是指个体工商户在生产、经营活动中发生成本、费用、税金、损失以外的与生产、经营活动有关的、合理的支出。

个体工商户纳税年度发生的亏损，准予向以后年度结转，用以后年度的生产经营所得弥补，但结转年限最长不得超过 5 年。

**2. 扣除项目及扣除标准**

个体工商户扣除项目的规定与企业所得税扣除项目的标准基本相同，具体如下。

(1) 工资、薪金扣除标准。

① 个体工商户实际支付给从业人员的、合理的工资、薪金支出，准予扣除；

② 个体工商户业主的工资在税前不允许扣除，业主费用扣除标准统一为 60 000 元/年。

(2) "五险一金"、补充养老保险费、补充医疗保险费扣除标准。

① 个体工商户按照国务院有关主管部门或者省级人民政府规定的范围和标准为其业主和从业人员缴纳的基本养老保险费、基本医疗保险费、失业保险费、生育保险费、工伤保险费和住房公积金，准予扣除。

② 个体工商户为其从业人员缴纳的补充养老保险费、补充医疗保险费，分别在不超过从业人员工资总额 5%标准内的部分据实扣除；超过部分，不得扣除。

③ 个体工商户业主本人缴纳的补充养老保险费、补充医疗保险费，以当地(地级市)上年度社会平均工资的 3 倍为计算基数，分别在不超过该计算基数 5%标准内的部分据实扣除；超过部分，不得扣除。

④ 除了个体工商户依照国家有关规定为特殊工种从业人员支付的人身安全保险费和财政部、国家税务总局规定的可以扣除的其他商业保险，个体工商户业主本人或为其从业人员支付的商业保险费，不得扣除。

(3) 职工福利费支出、工会经费支出、职工教育经费支出的扣除标准。

个体工商户向当地工会组织拨缴的工会经费、实际发生的职工福利费支出、职工教育经费支出分别在工资、薪金总额的 2%、14%、2.5%的标准内据实扣除。其中，职工教育经费的实际发生数额超出规定比例当期不能扣除的数额，准予在以后纳税年度结转扣除；而职工福利费支出、工会经费支出超出规定比例当期不能扣除的数额，则不允许在以后纳税年度内继续结转扣除。

个体工商户业主本人向当地工会组织缴纳的工会经费、实际发生的职工福利费支出、职工教育经费支出，以当地(地级市)上年度社会平均工资的 3 倍为计算基数，分别按该基数的 2%、14%、2.5%的标准据实扣除。

(4) 业务招待费支出扣除标准。

个体工商户发生的与生产经营活动有关的业务招待费，按照实际发生额的 60%扣除，但最高不得超过当年销售(营业)收入的 5‰。

业主自申请营业执照之日起至开始生产、经营之日止所发生的业务招待费，按照实际发生额的 60%计入个体工商户的开办费。

(5) 广告费和业务宣传费扣除标准。

个体工商户每一纳税年度发生的与其生产经营活动直接相关的广告费和业务宣传费不超过当年销售(营业)收入 15%的部分，可以据实扣除；超过部分，准予在以后纳税年度结转扣除。

(6) 借款费用和利息支出扣除标准。

个体工商户为购置、建造固定资产、无形资产和经过 12 个月以上的建造才能达到预定可销售状态的存货发生借款的，在有关资产购置、建造期间发生的合理的借款费用，应当作为资本性支出计入有关资产的成本。个体工商户在生产、经营中发生的合理的不需要资本化的借款费用，准予扣除。

个体工商户在生产、经营中向金融企业借款的利息支出，准予扣除；向非金融企业和个人借款的利息支出，不超过按照金融企业同期同类贷款利率计算的数额的部分，准予扣除。

(7) 汇兑损失扣除标准。

个体工商户在货币交易中，以及纳税年度终了时将人民币以外的货币性资产、负债按照期末即期人民币汇率中间价折算为人民币时产生的汇兑损失，已计入有关资产成本部分外的，准予扣除。

(8) 固定资产租赁费扣除标准。

个体工商户以经营租赁方式租入固定资产发生的租赁费支出，按照租赁期限均匀扣除；以融资租赁方式租入固定资产发生的租赁费支出，按照规定构成融资租入固定资产价值的部分应当提取折旧费用，分期扣除。

(9) 研究开发新产品、新技术、新工艺所发生的开发费用扣除标准。

个体工商户研究开发新产品、新技术、新工艺所发生的开发费用，以及研究开发新产品、新技术而购置单台价值在 10 万元以下的测试仪器和试验性装置的购置费准予直接扣除；单台价值在 10 万元以上(含 10 万元)的测试仪器和试验性装置，按固定资产管理，不得在当期直接扣除。

(10) 公益性捐赠扣除标准。

个体工商户通过公益性社会团体或者县级以上人民政府及其部门，用于《中华人民共和国公益事业捐赠法》规定的公益事业的捐赠，捐赠额不超过其应纳税所得额30%的部分可以据实扣除。财政部、国家税务总局规定可以全额在税前扣除的捐赠支出项目，按有关规定执行。个体工商户直接对受益人的捐赠不得扣除。

个体工商户自申请营业执照之日起至开始生产经营之日止所发生的符合规定的费用，除了为取得固定资产、无形资产的支出，以及应计入资产价值的汇兑损益、利息支出，作为开办费，个体工商户可以选择在开始生产、经营的当年一次性扣除，也可以选择自生产经营月份起在不短于 3 年期限内摊销扣除，但一经选定，不得改变。

(11) 其他项目扣除标准。

① 个体工商户代其从业人员或者其他人负担的税款，不得税前扣除。

② 个体工商户按照规定缴纳的摊位费、行政性收费、协会会费等，按实际发生数额扣除。

③ 个体工商户参加的财产保险，按照规定缴纳的保险费，准予扣除。

④ 个体工商户发生的合理的劳动保护支出，准予扣除。

### 3. 不得扣除项目

(1) 个人所得税税款；

(2) 税收滞纳金；

(3) 罚金、罚款和被没收财物的损失；

(4) 不符合扣除规定的捐赠支出；

(5) 赞助支出；

(6) 用于个人和家庭的支出；

(7) 其他(与经营收入无关的其他支出、国家税务总局规定的不准扣除的支出)。

### (二) 个人独资企业和合伙企业应纳税额的计算

对个人独资企业和合伙企业生产、经营所得，其个人所得税应纳税额的计算有查账征税和核定征收两种办法。

### 1. 查账征税

各项计算公式如下：

$$应纳税所得额 = \Sigma 各个企业的经营所得(汇总确定税率)$$

$$应纳税额 = 应纳税所得额 \times 税率 - 速算扣除数$$

$$本企业应纳税额 = 应纳税额 \times 本企业的经营所得 \div \Sigma 各个企业的经营所得$$

$$本企业应补缴的税额 = 本企业应纳税额 - 本企业预缴的税额$$

个人独资企业以投资者为纳税义务人，合伙企业以每一个合伙人为纳税义务人(以下简称投资者)。投资者兴办两个或两个以上企业的(包括参与兴办)，年度终了时，应汇总从所有企业取得的应纳税所得额，据此确定适用税率并计算缴纳个人所得税。

(1) 合伙企业的合伙人应纳税所得额的确认原则如下：

① 合伙企业的合伙人以合伙企业的生产、经营所得和其他所得，按照合伙协议约定的分配比例确定应纳税所得额。

② 合伙协议未约定或者约定不明确的，以全部生产、经营所得和其他所得，按照合伙人协商决定的分配比例确定应纳税所得额。

③ 协商不成的，以全部生产、经营所得和其他所得，按照合伙人实缴出资比例确定应纳税所得额。

④ 无法确定出资比例的，以全部生产、经营所得和其他所得，按照合伙人数量平均计算每个合伙人的应纳税所得额。

⑤ 合伙协议不得约定将全部利润分配给部分合伙人。

合伙企业的合伙人是法人和其他组织的，合伙人在计算其缴纳企业所得税时，不得用合伙企业的亏损抵减其盈利。

(2) 允许扣除的项目及扣除标准。

从总体上看，个人独资企业和合伙企业生产、经营所得收入总额、成本、费用、损失、税金、其他支出、扣除项目的扣除标准等规定与个体工商户相关规定大体一致，但下列项目的扣除例外：

① 投资者工资不得在税前直接扣除，投资者的费用扣除标准为 5 000 元/月。投资者

兴办两个或两个以上企业的,其费用扣除标准由投资者选择在其中一个企业的生产、经营所得中扣除。

② 投资者及其家庭发生的生活费用不允许在税前扣除。生活费用与企业生产、经营费用混合在一起难以划分的,全部视为生活费用,不允许税前扣除。

③ 投资者及其家庭共用的固定资产,难以划分的,由税务机关核定准予在税前扣除的折旧费用的数额或比例。

(3) 关于个人独资企业和合伙企业的亏损弥补,按以下规定执行:

① 企业的年度亏损,允许用本企业下一年度的生产、经营所得弥补,下一年度所得不足弥补的,允许逐年延续弥补,但最长不得超过 5 年。

② 投资者兴办两个或两个以上企业的,企业的年度经营亏损不能跨企业弥补。

③ 实行查账征税方式的个人独资企业和合伙企业改为核定征税方式后,在查账征税方式下认定的年度经营亏损未弥补完的部分,不得再继续弥补。

(4) 个人独资企业和合伙企业境外所得与清算所得的相关规定。

① 投资者来源于中国境外的生产、经营所得,已在境外缴纳所得税的,可以按照有关规定计算扣除已在境外缴纳的所得税。

② 企业的清算所得应当视为年度生产、经营所得,由投资者依法缴纳个人所得税。

清算所得是指企业清算时的全部资产或者财产的公允价值扣除各项清算费用、损失、负债、以前年度留存的利润后,超过实缴资本的部分。

(5) 对外投资分回的利息、股息、红利。

个人独资企业对外投资分回的利息、股息、红利,不并入企业的收入,而应单独作为投资者个人取得的利息、股息、红利所得,按"利息、股息、红利所得"应税项目计算缴纳个人所得税。

(6) 征收管理。

① 按年计算,分月或分季预缴,15 日内预缴,年度终了后 3 个月内汇算清缴,多退少补。

② 投资者应向企业实际经营管理所在地主管税务机关申报纳税。

③ 投资者兴办两个或两个以上企业的,应分别向企业实际经营管理所在地主管税务机关预缴税款。

**2. 核定征收**

有下列情形之一的,主管税务机关应采取核定征收方式征收个人所得税:

(1) 企业依照国家有关规定应当设置但未设置账簿的;

(2) 企业虽设置账簿,但账目混乱或者成本资料、收入凭证、费用凭证残缺不全,难以查账的;

(3) 纳税人发生纳税义务,未按照规定的期限办理纳税申报,经税务机关责令限期申报逾期仍不申报的。

核定征收方式,包括定额征收、核定应税所得率征收以及其他合理的征收方式。实行核定征税的投资者不得享受个人所得税的优惠。

实行核定应税所得率征收方式的，应纳所得税额的计算公式如下：

$$应纳所得税额 = 应纳税所得额 \times 适用税率$$
$$应纳税所得额 = 收入总额 \times 应税所得率$$
或
$$应纳税所得额 = 成本费用支出额 \div (1 - 应税所得率) \times 应税所得率$$

企业经营多业的，无论其经营项目是否单独核算，均应根据其主营项目确定其适用的应税所得率。

### (三) 对企事业单位承包、承租经营所得的计税方法

该项目的计算公式如下：

$$个人承包、承租经营收入总额 = 承包人按规定分得的经营利润$$
$$+ 承包人来自承包企业的工资薪金$$
$$全年应纳税所得额 = 个人承包、承租经营收入总额 - 每月费用扣除标准(5\ 000\ 元)$$
$$\times 实际承包或承租月数$$
$$全年应纳税额 = 应纳税所得额 \times 适用税率 - 速算扣除数$$

实行承包、承租经营的纳税人，应以每一纳税年度的承包、承租经营所得计算纳税。纳税人在一个年度内分次取得承包、承租经营所得的，应在每次取得承包、承租经营所得后预缴税款，年终汇算清缴，多退少补。如果纳税人的承包、承租期在一个纳税年度内经营不足 12 个月，应以其实际承包、承租经营的期限为一个纳税年度计算纳税。

## 四、利息、股息、红利所得应纳税额的计算

利息、股息、红利所得，以支付利息、股息、红利时取得的收入为一次，由扣缴义务人在支付时依法代扣代缴税款。除了另有规定，利息、股息、红利所得直接以每次收入额作为应纳税所得额，不允许扣除费用。应纳税额计算公式如下：

$$应纳税额 = 应纳税所得额 \times 适用税率 = 每次收入额 \times 20\%$$

在计算利息、股息、红利所得应纳税额时，应注意以下问题：

(1) 实施上市公司股息、红利差别化个人所得税政策的规定。

个人从公开发行和转让市场取得的上市公司股票，持股期限超过 1 年的，股息、红利所得暂免征收个人所得税。个人从公开发行和转让市场取得的上市公司股票，持股期限在 1 个月以内(含 1 个月)的，其股息、红利所得全额计入应纳税所得额；持股期限在 1 个月以上至 1 年(含 1 年)的，暂减按 50%计入应纳税所得额。

全国中小企业股份转让系统挂牌公司股息、红利差别化个人所得税政策，按照本规定执行。

(2) 个人持有的上市公司限售股，解禁后取得的股息、红利，持股时间自解禁日起计算；解禁前取得的股息、红利继续暂减按 50%计入应纳税所得额，适用 20%的税率计征个人所得税。

(3) 个人购买国家发行的金融债券免征个人所得税，个人储蓄利息所得暂免征收个人所得税。

(4) 沪港股票市场交易互联互通机制试点有关税收政策。

① 内地投资者(个人)通过沪港通从上市 H 股、非 H 股取得的股息红利，按照 20%的

税率缴纳个人所得税。

② 香港市场投资者(包括企业和个人)投资上交所上市 A 股取得的股息、红利所得，暂不执行按持股时间实行差别化征税政策，由上市公司按照10%的税率代扣所得税。

## 五、财产转让所得应纳税额的计算

### 1. 财产转让所得应纳税额计算的一般规定

财产转让所得，按照一次性转让财产的收入减除财产原值和合理费用后的余额计算纳税。应纳税额的计算公式如下：

$$应纳税额 = (收入总额 - 财产原值 - 合理税费) \times 20\%$$

转让的财产为有价证券的，原值为买入价以及买入时按规定缴纳的有关费用；转让的财产为建筑物的，原值为建造费或者购进价格以及其他有关税费；转让的财产为土地使用权的，原值为取得土地使用权所支付的金额、开发土地的费用以及其他有关税费；转让的财产为机器设备、车船的，原值为购进价格、运输费、安装费以及其他相关费用。

纳税人未能提供完整、准确的财产原值凭证的，不能按照上述规定的方法确定财产原值的，由主管税务机关核定财产原值。

合理税费，是指卖出财产时按照规定支付的有关税费。

### 2. 个人转让住房所得应纳税额的计算

应纳税额的计算公式如下：

$$应纳税额 = (转让收入 - 财产原值 - 合理税费) \times 20\%$$

其中：

(1) 转让收入是指转让房屋时的实际成交价格。纳税人申报的住房成交价格明显低于市场价格且无正当理由的，征收机关依法有权根据有关信息核定其转让收入，但必须保证各税种计税价格一致。

(2) 纳税人可凭原购房合同、发票等有效凭证，经税务机关审核后，允许从其转让收入中减除房屋原值、转让住房过程中缴纳的税金和有关费用。

(3) 转让住房过程中缴纳的税金是指纳税人在转让住房时实际缴纳的城市维护建设税、教育费附加、土地增值税、印花税等税金。

(4) 合理费用是指纳税人按照规定实际支付的房屋装修费用、房屋贷款利息、手续费、公证费等费用。

① 房屋装修费用，纳税人能提供实际支付装修费用的税务统一发票，并且发票上所列付款人姓名与转让房屋产权人一致的，经税务机关审核，其转让住房在转让前实际发生的装修费用，可在以下规定比例内扣除：已购公有住房、经济适用房，最高扣除限额为房屋原值的15%；商品房及其他住房，最高扣除限额为房屋原值的10%。

② 住房贷款利息，纳税人出售以按揭贷款方式购置的住房，其向贷款银行实际支付的住房贷款利息，凭贷款银行出具的有效证明据实扣除。

③ 纳税人按照有关规定实际支付的手续费、公证费等，凭有关部门出具的有效证明据实扣除。

▶小提示

个人转让自用 5 年以上、并且是家庭唯一生活用房取得的所得，暂免征收个人所得税。

(5) 个人转让离婚析产房屋的征税问题。

① 个人通过离婚析产方式分割房屋产权办理过户手续的，不征收个人所得税。

② 个人转让离婚析产房屋所取得的收入，允许扣除其相应的财产原值和合理费用后，余额按照规定的税率缴纳个人所得税；其相应的财产原值为房屋初次购置全部原值和相关税费之和乘以转让者占房屋产权的比例。

③ 个人转让离婚析产房屋所取得的收入，符合家庭生活自用五年以上唯一住房的，可以申请免征个人所得税。

### 3. 个人转让股权应纳税额的计算

股权是指自然人股东(以下简称个人)投资于在中国境内成立的企业或组织(以下统称被投资企业，不包括个人独资企业和合伙企业)的股权或股份。个人转让股权应纳税额的计算公式如下：

$$应纳税额 = (转让收入 - 股权原值 - 合理税费) \times 20\%$$

(1) 转让收入的确认。转让收入指转让方取得的与股权转让相关的各种款项，包括违约金、补偿金，其他名目的款项、资产、权益，以及纳税人按合同约定，在满足约定条件后取得的后续收入。

股权转让收入应当按照公平交易原则确定，符合下列情形之一的，主管税务机关可以核定股权转让收入：

① 申报的股权转让收入明显偏低且无正当理由的；

② 未按照规定期限办理纳税申报，经税务机关责令限期申报，逾期仍不申报的；

③ 转让方无法提供或拒不提供股权转让收入有关资料的；

④ 其他应核定股权转让收入的情形。

符合下列情形之一，视为股权转让收入明显偏低：

① 申报的股权转让收入低于股权对应的净资产份额的。其中，被投资企业拥有土地使用权、房屋、房地产企业未销售房产、知识产权、探矿权、采矿权、股权等资产的，申报的股权转让收入低于股权对应的净资产公允价值份额的。

② 申报的股权转让收入低于初始投资成本或低于取得该股权所支付的价款及相关税费的。

③ 申报的股权转让收入低于相同或类似条件下同一企业同一股东或其他股东股权转让收入的。

④ 申报的股权转让收入低于相同或类似条件下同类行业的企业股权转让收入的。

⑤ 不具合理性的无偿让渡股权或股份。

⑥ 主管税务机关认定的其他情形。

符合下列情形之一的股权转让收入明显偏低，视为有正当理由：

① 能出具有效文件，证明被投资企业因国家政策调整，生产经营受到重大影响，导致低价转让股权。

② 继承或将股权转让给其能提供具有法律效力身份关系证明的配偶、父母、子女、祖父母、外祖父母、孙子女、外孙子女、兄弟姐妹以及对转让人承担直接抚养或者赡养义

务的抚养人或者赡养人。

③ 相关法律、政府文件或企业章程规定，并有相关资料充分证明转让价格合理且真实的本企业员工持有的不能对外转让股权的内部转让。

④ 股权转让双方能够提供有效证据证明其合理性的其他合理情形。

(2) 股权原值的确认。个人转让股权原值依照以下方法确认：

① 以现金出资方式取得的股权，按照实际支付的价款与取得股权直接相关的合理税费之和确认股权原值。

② 以非货币性资产出资方式取得的股权，按照税务机关认可或核定的投资入股时非货币性资产价格与取得股权直接相关的合理税费之和确认股权原值。

③ 通过无偿让渡方式取得股权，具备"继承或将股权转让给其能提供具有法律效力身份关系证明的配偶、父母、子女、祖父母、外祖父母、孙子女、外孙子女、兄弟姐妹以及对转让人承担直接抚养或者赡养义务的抚养人或者赡养人"情形的，按照取得股权发生的合理税费与原持有人的股权原值之和确认股权原值。

④ 被投资企业以资本公积、盈余公积、未分配利润转增股本，个人股东已依法缴纳个人所得税的，以转增额和相关税费之和确认其新转增股本的股权原值。

⑤ 除了上述情形，由主管税务机关按照避免重复征收个人所得税的原则合理确认的股权原值。

⑥ 对个人多次取得同一被投资企业股权的，转让部分股权时，采用"加权平均法"确定其股权原值。

(3) 沪深港股票市场交易互联互通机制试点关于个人转让股票所得的有关税收政策。

对内地个人投资者通过沪港通、深港通投资香港联交所上市股票取得的转让差价所得和通过基金互认买卖香港基金份额取得的转让差价所得，自 2019 年 12 月 5 日起至 2022 年 12 月 31 日止，继续暂免征收个人所得税。

香港市场个人投资者转让其投资的上交所上市 A 股的股票转让差价所得，暂免征收个人所得税。

### 4. 个人转让限售股应纳税额的计算

个人转让限售股应纳税额的计算公式如下：

应纳税额 = (限售股股权转让收入 – 限售股原值 – 合理税费) × 20%

如果纳税人未能提供完整、真实的限售股原始凭证，不能准确计算限售股原值的，主管税务机关一律按限售股转让收入的 15% 核定限售股原值及合理税费。

### 5. 个人取得拍卖收入应纳税额的计算

作者将自己的文字作品手稿原件或复印件拍卖取得的所得，按照"特许权使用费所得"项目计算缴纳个人所得税。个人拍卖自己的文字作品原稿及复印件以外的其他财产，按照"财产转让所得"项目计算缴纳个人所得税。

个人取得拍卖收入应纳税额的计算公式如下：

应纳税额 = (拍卖收入 – 拍卖品原值 – 税金 – 合理费用) × 20%

(1) 拍卖品原值的确定。

① 通过商店、画廊等购买的，其原值为购买拍卖品时实际支付的价款。

② 通过拍卖行取得的,其原值为拍得该拍卖品实际支付的价款及缴纳的相关税费。

③ 通过祖传收藏的,其原值为收藏该拍卖品而发生的费用。

④ 通过赠送方式取得的,其原值为受赠该拍卖品时所支付的相关税费。

(2) 纳税人不能提供合法、完整、准确的财产原值凭证,不能正确计算财产原值的,按以下规定确定其应纳税额:

① 拍卖品为经文物部门认定的海外回流文物的,应纳税额 = 转让收入额 × 2%;

② 拍卖其他财产的,应纳税额 = 转让收入额 × 3%。

(3) 税金是指在拍卖财产时纳税人实际缴纳的相关税金及附加(不含增值税)。

(4) 合理费用包括拍卖费(佣金)、鉴定费、评估费、图录费、证书费等。

【例题 4.9】 刘某拍卖其收藏品取得收入 80 000 元,不能提供合法、完整、准确的收藏品财产原值凭证。请计算刘某应缴纳的个人所得税。

【解析】 应缴纳个人所得税 = 80 000 × 3% = 2 400(元)。

## 六、财产租赁所得应纳税额的计算

### 1. 财产租赁所得应纳税额计算的一般规定

财产租赁所得应纳税额的计算公式为

$$应纳税额 = 应纳税所得额 × 20\%$$

(1) 应纳税所得额的确定。

个人出租财产取得的财产租赁收入,在计算缴纳个人所得税时,应依次扣除以下费用:

① 财产租赁过程中缴纳的税金和国家能源交通重点建设基金,国家预算调节基金、教育费附加,可持有完税(缴款)凭证,从其财产租赁收入中扣除。

② 向出租方支付的租金及增值税(转租情况涉及此项扣除)。

③ 由纳税人负担的该出租财产实际开支的修缮费用(允许扣除的修缮费用,以每次 800 元为限。一次扣除不完的,准予在下一次继续扣除,直到扣完为止)。

应纳税所得额的计算公式如下:

① 每次收入≤4 000 元:

应纳税所得额 = 每次收入额 – 准予扣除项目 – 修缮费用(800 元为限) – 800 元

② 每次收入>4 000 元:

应纳税所得额 = [每次收入额 – 准予扣除项目 – 修缮费用(800 元为限)] × (1 – 20%)

注意: 以一个月内取得的收入为一次。

### 2. 个人出租居民住房取得的财产租赁所得应纳税额的计算

个人按市场价格出租居民住房取得的所得,2001 年 1 月 1 日起暂减按 10%的税率征收个人所得税。其税前允许扣除的税金包括城建税、教育费附加及地方教育费附加、房产税等。

应纳税额的计算公式如下:

$$应纳税额 = 应纳税所得额 × 10\%$$

个人出租居民住房，需要缴纳的税种包括：

① 增值税。个人出租居民住房，按照 5%的征收率减按 1.5%计算增值税。如果采用一次性收取租金的形式出租不动产，取得的租金收入可在租金对应的租赁期平均分摊，分摊后的月租金收入不超过 10 万元的，可享受小微企业免征增值税的待遇。

② 城建税、教育费附加及地方教育费附加。按照应纳增值税税额适用税率计算城建税，按照应纳增值税税额的 3%计算教育费附加，按照应纳增值税税额的 2%计算地方教育费附加。

③ 房产税。不含增值税的月租金收入，按照 4%的税率计算。

**【例题 4.10】** 中国公民王某 2019 年将其拥有的住房出租给李某居住，约定每月不含增值税租金为 5 000 元；1 月份发生房屋修缮费用 1 000 元，已按规定缴纳相关税费，支付的修缮费及缴纳的相关税费均能提供合法票据。王某 1 月和 2 月取得的租金收入应缴纳的个人所得税合计多少元？

**【解析】** 月租金收入 5 000 元，免征增值税、城建税、教育费附加；个人出租住房免征印花税；个人出租住房，每月房产税 5 000 × 4% = 200(元)。

1 月取得的租金收入应缴纳的个人所得税 = (5 000-200-800) × (1-20% ) × 10%= 320(元)。

2 月取得的租金收入应缴纳的个人所得税 = (5 000-200-200) × (1-20%) × 10% = 368(元)。

个人所得税合计 = 320 + 368 = 688(元)。

## 七、偶然所得应纳税额的计算

偶然所得以每次取得该项收入为一次，以每次收入额为应纳税所得额，按照 20%的税率计算缴纳个人所得税，具体计算公式如下：

$$应纳税额 = 应纳税所得额(每次收入额) × 20\%$$

# 任务五　特殊情况下个人所得税的计税方法

## 一、居民纳税人取得全年一次性奖金的计税方法

全年一次性奖金是指行政机关、企事业单位等扣缴义务人根据其全年经济效益和对雇员全年工作业绩的综合考核情况，向雇员发放的一次性奖金。全年一次性奖金也包括年终加薪、实行年薪制和绩效工资办法的单位根据考核情况兑现的年薪和绩效工资，但不包括半年奖、季度奖、加班奖、先进奖、考勤奖等全年一次性奖金以外的其他各种名目的奖金。上述其他奖金应与当月工资、薪金收入合并，按税法规定计算缴纳个人所得税。

居民纳税人取得全年一次性奖金纳税计算方法如表 4-15 所示。

表 4-15　居民纳税人取得全年一次性奖金纳税计算方法一览表

| 取得时间 | 计算方法 |
|---|---|
| 2019 年 1 月 1 日-2021 年 12 月 31 日 | 可以选择:<br>(1) 不并入当年综合所得,单独作为一个月工资计税(单独计税):原计税方法(不考虑差额)+月度税率表;<br>(2)　并入当年综合所得计算纳税 |
| 2022 年 1 月 1 日后 | 居民纳税人取得全年一次性奖金,应并入当年综合所得计算缴纳个人所得税(没有选择) |

其中,原计税方法计算步骤如下:

(1) 确定税率:将当月取得的全年一次性奖金收入除以 12 个月,按照按月换算后的所得依据月度税率表确定适用税率和速算扣除数,月度税率表详见表 4-16。

(2) 计算税额:应纳税额 = 全年一次性奖金×适用税率-速算扣除数

注意:在一个纳税年度内,对每一个纳税人,选择单独计税的办法只允许采用一次。

2021 年 12 月 31 日前,中央企业负责人任期结束后取得的绩效薪金 40%的部分和任期奖励,参照上述方法执行,2022 年 1 月 1 日之后的政策另行明确。

表 4-16　居民个人所得税适用月度税率表

| 级数 | 全月应纳税所得额 | 税率/% | 速算扣除数/元 |
|---|---|---|---|
| 1 | 不超过 3 000 元的部分 | 3 | 0 |
| 2 | 3 001 元~12 000 元的部分 | 10 | 210 |
| 3 | 12 001 元~25 000 元的部分 | 20 | 1 410 |
| 4 | 25 001 元~35 000 元的部分 | 25 | 2 660 |
| 5 | 35 001 元~55 000 元的部分 | 30 | 4 410 |
| 6 | 55 001 元~80 000 元的部分 | 35 | 7 160 |
| 7 | 超过 80 000 元的部分 | 45 | 15 160 |

【例题 4.11】 中国公民李某 2020 年 2 月份一次性领取年终奖 42 000 元,李某选择不并入当年综合所得,单独计税。请计算李某取得该笔奖金应缴纳的个人所得税。

【解析】 (1) 平均每月所得 = 42 000÷12 = 3 500(元);

适用的税率为 10%,速算扣除数为 210 元。

(2) 应纳税额 = 42 000×10%-210 = 3 990(元)。

## 二、单位向员工低价售房的计税方法

单位低于购置或建造成本价格出售住房给职工,职工因此而少支出的差价部分,符合规定的,不并入当年综合所得,以差价收入除以 12 个月得到的数额,按照月度税率表确定适用税率和速算扣除数,单独计算纳税。应纳税额的计算公式如下:

应纳税额 = 职工实际支付的购房价款低于该房屋的购置或建造成本价格的差额

　　×适用税率-速算扣除数

### 三、个人领取企业年金和职业年金的计税方法

企业年金和职业年金都属于补充养老保险的范畴。企业年金，是指企业及其职工在依法参加基本养老保险的基础上，自主建立的补充养老保险制度。企业年金不是法定的，不是单位必须履行的义务，有相应经济负担能力的单位可以为职工建立企业年金。职业年金，是指机关事业单位及其工作人员在参加机关事业单位基本养老保险的基础上，建立的补充养老保险制度。职业年金是法定的，是单位的法定义务，机关事业单位必须为工作人员办理职业年金，机关事业单位的工作人员，每个人都能享受该项权利。

#### 1. 企业年金和职业年金缴费的个人所得税处理

(1) 企业和事业单位(以下统称"单位")根据国家有关政策规定的办法和标准，为在本单位任职或者受雇的全体职工缴付的企业年金或职业年金(以下统称"年金")单位缴费部分，在计入个人账户时，个人暂不缴纳个人所得税。

(2) 个人根据国家有关政策规定缴付的年金个人缴费部分，不超过本人缴费工资计税基数的4%标准内的部分，暂从个人当期的应纳税所得额中扣除。

(3) 超过第(1)项和第(2)项规定的标准缴付的年金单位缴费和个人缴费部分，应并入个人当期的工资、薪金所得，依法计征个人所得税。税款由建立年金的单位代扣代缴，并向主管税务机关申报解缴。

(4) 企业年金个人缴费工资计税基数为本人上一年度月平均工资。月平均工资按国家统计局规定列入工资总额统计的项目计算。月平均工资超过职工工作地所在设区城市上一年度职工月平均工资300%以上的部分，不计入个人缴费工资计税基数。

职业年金个人缴费工资计税基数为职工岗位工资和薪级工资之和。职工岗位工资和薪级工资之和超过职工工作地所在设区城市上一年度职工月平均工资 300%以上的部分，不计入个人缴费工资计税基数。

#### 2. 年金基金投资运营收益的个人所得税处理

年金基金投资运营收益分配计入个人账户时，个人暂不缴纳个人所得税。

#### 3. 领取年金的个人所得税处理

个人达到国家规定的退休年龄，领取的企业年金、职业年金，符合规定的，不并入综合所得，全额单独计算应纳税款。具体计算方式如表 4–17 所示。

表 4–17　领取年金个人所得税税务处理归纳表

| 领取方式 | 税务处理 |
|---|---|
| 按月领取 | 适用月度税率表计算纳税 |
| 按季领取 | 平均分摊计入各月，按每月领取额适用月度税率表计算纳税 |
| 按年领取 | 适用综合所得税率表计算纳税 |

如果需要一次性领取年金的，个人所得税税务处理如表 4–18 所示。

表4-18　一次性领取年金个人所得税税务处理表

| 领取原因 | 税务处理 |
|---|---|
| 个人因出境定居而一次性领取年金个人账户资金 | 适用综合所得的税率表计税 |
| 个人死亡后其指定的受益人或法定继承人一次性领取年金个人账户余额 | |
| 其他情形 | 适用月度税率表计税 |

## 四、解除劳动关系取得一次性补偿收入的计税方法

个人与用人单位解除劳动关系取得一次性补偿收入(包括用人单位发放的经济补偿金、生活补助费和其他补助费)的税务处理如表4-19所示。

表4-19　解除劳动关系取得一次性补偿收入的税务处理表

| 项目 | | 具体规定 |
|---|---|---|
| 收入 | 免税收入 | 在当地上年职工平均工资3倍数额以内的部分 |
| | 应税收入 | 超过当地上年职工平均工资3倍数额的部分(应纳税所得额) |
| 税务处理 | | 不并入当年综合所得,单独适用综合所得税率表计算纳税 |
| 计算公式 | | 应纳税额 = 应纳税所得额 × 适用税率 - 速算扣除数 |

## 五、提前退休取得一次性补贴收入的计税方法

个人办理提前退休取得一次性补贴收入的,应按照办理提前退休手续至法定离退休年龄之间实际年度数平均分摊,确定适用税率和速算扣除数,单独适用综合所得税率表计算纳税。

应纳税额的计算公式如下:

应纳税额 = {[(一次性补贴收入 ÷ 办理提前退休手续至法定退休年龄的实际年度数) - 费用扣除标准] × 适用税率 - 速算扣除数} × 办理提前退休手续至法定退休年龄的实际年度数

## 六、内部退养取得一次性补偿收入的计税方法

实行内部退养的居民纳税人在办理内部退养手续后至法定退休年龄之间从原任职单位取得的工资、薪金,不属于离退休工资,应按"工资、薪金所得"项目计征个人所得税。

## 七、关于保险营销员、证券经纪人佣金收入的计税方法

保险营销员、证券经纪人取得的佣金收入,属于劳务报酬所得。2019年1月1日起,以不含增值税的收入减除20%的费用后的余额作为收入额,收入额减去展业成本以及附加税费后,并入当年综合所得,计算缴纳个人所得税。展业成本按照收入额的25%计算。当年综合所得的金额计算公式如下:

计入当年综合所得的金额 = 不含增值税的收入 × (1-20%) × (1-25%) - 附加税费

## 八、在中国境内无住所的个人取得工资、薪金所得的税务处理

依照《中华人民共和国个人所得税法》(以下简称《个人所得税法》)及其实施条例和我国对外签订的避免双重征税协定(以下简称税收协定)的有关规定，现对在中国境内无住所的个人由于在中国境内公司、企业、经济组织(以下简称中国境内企业)或外国企业在中国境内设立的机构、场所以及税收协定所说常设机构(以下简称中国境内机构)担任职务，或者由于受雇或履行合同而在中国境内从事工作取得的工资、薪金所得应如何确定征税问题，明确如下：

(1) 关于工资、薪金所得来源地的确定。

根据规定，来源于中国境内的工资、薪金所得应为个人实际在中国境内工作期间取得的工资、薪金，即个人实际在中国境内工作期间取得的工资、薪金，不论是由中国境内还是境外企业或个人雇主支付的，均属来源于中国境内的所得；个人实际在中国境外工作期间取得的工资、薪金，不论是由中国境内还是境外企业或个人雇主支付的，均属来源于中国境外的所得。

(2) 关于在中国境内无住所而在一个纳税年度中在中国境内连续或累计居住不超过90日或在税收协定规定期间在中国境内连续或累计居住不超过183日的个人纳税义务的确定。

根据《个人所得税法》的有关规定，在中国境内无住所而在一个纳税年度中在中国境内连续或累计工作不超过90日或在税收协定规定期间在中国境内连续或累计居住不超过183日的个人，由中国境外雇主支付并且不是由该雇主的中国境内机构负担的工资、薪金，免予缴纳个人所得税。对前述个人应仅就其实际在中国境内工作期间由中国境内企业或个人雇主支付或者由中国境内机构负担的工资、薪金所得申报纳税。凡是该中国境内企业、机构属于采取核定利润方法计征企业所得税或没有营业收入而不征收企业所得税的，在该中国境内企业任职、受雇的个人实际在中国境内工作期间取得的工资、薪金，不论是否在该中国境内企业会计账簿中有记载，均应视为该中国境内企业支付或负担的工资、薪金。

2004年7月1日起，在中国境内无住所而在一个纳税年度中在中国境内连续或累计居住不超过90日或在税收协定规定期间在中国境内连续或累计居住不超过183日的个人，负有纳税义务的，其应纳税额的计算公式如下：

应纳税额＝(当月境内、外工资薪金应纳税所得额×适用税率－速算扣除数)×当月境内
　　　　　支付工资÷当月境内外支付工资总额×当月境内工作天数÷当月天数

上述个人每月应纳的税款应按《个人所得税法》规定的期限申报缴纳。

(3) 关于在中国境内无住所而在一个纳税年度中在中国境内连续或累计居住超过90日或在税收协定规定期间在中国境内连续或累计居住超过183日但不满一年的个人纳税义务的确定。

根据《个人所得税法》的有关规定，在中国境内无住所而在一个纳税年度中在中国境内连续或累计工作超过90日或在税收协定规定期间在中国境内连续或累计居住超过183日但不满一年的个人，其实际在中国境内工作期间取得的由中国境内企业或个人雇主支付和由境外企业或个人雇主支付的工资、薪金所得，均应申报缴纳个人所得税；其

在中国境外工作期间取得的工资、薪金所得,除了属于下面第(5)条规定的情况,不予征收个人所得税。

2004 年 7 月 1 日起,在中国境内无住所而在一个纳税年度中在中国境内连续或累计居住超过 90 日或在税收协定规定期间在中国境内连续或累计居住超过 183 日但不满一年的个人,负有纳税义务的,其应纳税额的计算公式如下:

$$应纳税额 = (当月境内、外工资薪金应纳税所得额 × 适用税率 - 速算扣除数)$$
$$× 当月境内工作天数 ÷ 当月天数$$

上述个人每月应纳的税款应按《个人所得税法》规定的期限申报缴纳。其中,取得的工资、薪金所得是由境外雇主支付并且不是由中国境内机构负担的个人,事先可预定在一个纳税年度中连续或累计居住超过 90 日或在税收协定规定期间连续或累计居住超过 183 日的,其每月应纳的税款应按《个人所得税法》规定期限申报纳税;对事先不能预定在一个纳税年度或税收协定规定的有关期间连续或累计居住超过 90 日或 183 日的,可以待达到 90 日或 183 日后的次月 7 日内,就其以前月份应纳的税款一并申报缴纳。

(4) 关于在中国境内无住所但在境内居住满一年的个人纳税义务的确定。

根据《个人所得税法》的规定,在中国境内无住所但在境内居住满一年而不超过五年的个人,其在中国境内工作期间取得的由中国境内企业或个人雇主支付和由中国境外企业或个人雇主支付的工资、薪金,均应申报缴纳个人所得税;这里所说临时离境工作期间的工资、薪金所得,仅就由中国境内企业或个人雇主支付的部分申报纳税,凡是该中国境内企业属于采取核定利润方法计征企业所得税或没有营业收入而不征收企业所得税的,在该中国境内企业任职、受雇的个人取得的工资、薪金,不论是否在中国境内企业会计账簿中有记载,均应视为由其任职的中国境内企业支付。

上述个人,在一个月中既有在中国境内工作期间的工资、薪金所得,也有在临时离境期间由境内企业或个人雇主支付的工资、薪金所得的,应合并计算当月应纳税款,并按《个人所得税法》规定的期限申报缴纳。在中国境内无住所但境内累计居住满 183 日的年度连续不满 6 年的个人,负有纳税义务的,其应纳税额的计算公式如下:

$$应纳税额 = (当月境内、外工资薪金应纳税所得额 × 适用税率 - 速算扣除数) × (1 - 当月$$
$$境外支付工资 ÷ 当月境内外支付工资总额 × 当月境内工作天数 ÷ 当月天数)$$

(5) 中国境内企业董事,高层管理人员纳税义务的确定。

担任中国境内企业董事或高层管理职务的个人,其取得的由该中国境内企业支付的董事费或工资、薪金,不适用前述第(2)、(3)条的规定,而应自其担任该中国境内企业董事或高层管理职务起,至其解除上述职务止的期间,不论其是否在中国境外履行职务,均应申报缴纳个人所得税;其取得的由中国境外企业支付的工资、薪金,应依照前述规定确定纳税义务。

## 九、关于外籍个人有关津贴的政策

2019 年 1 月 1 日至 2021 年 12 月 31 日,外籍个人符合居民纳税人条件的,可以选择享受个人所得税专项附加扣除,也可以选择享受住房补贴、语言训练费、子女教育费等津补贴免税优惠政策,但不得同时享受。外籍个人一经选择,在一个纳税年度内不得变更。

2022年1月1日起，外籍个人不再享受住房补贴、语言训练费、子女教育费津补贴免税优惠政策，应按规定享受专项附加扣除。

上述可以享受免税优惠的外籍个人津贴包括：

(1) 外籍个人以非现金形式或实报实销形式取得的住房补贴、伙食补贴、搬迁费、洗衣费；按合理标准取得的境内、外出差补贴；探亲费、语言训练费、子女教育费等，经当地税务机关审核批准为合理的部分。可以享受免征个人所得税优惠的探亲费，仅限于外籍个人在我国的受雇地与其家庭所在地(包括配偶或父母居住地)之间搭乘的交通工具，且每年不超过两次的费用。

(2) 受雇于我国境内企业的外籍个人，因家庭等原因居住在香港、澳门，每个工作日往返于内地与香港、澳门等地区，由此境内企业(包括其关联企业)给予在香港或澳门住房、伙食、洗衣、搬迁等非现金形式或实报实销形式的补贴，凡能提供有效凭证且经主管税务机关审核确认的。

(3) 受雇于我国境内企业的外籍个人就其在香港或澳门进行语言培训、子女教育而取得的费用补贴，凡能够提供有效支出凭证等材料的，经主管税务机关审核确认为合理的部分。

## 十、关于企业改组改制过程中个人取得量化资产征税问题

根据国家有关规定，允许集体所有制企业在改制为股份合作制企业时可以将有关资产量化给职工个人。为了支持企业改组改制的顺利进行，对于企业在这一改革过程中个人取得量化资产的有关个人所得税问题，有如下明确规定。

(1) 对职工个人以股份形式取得的仅作为分红依据，不拥有所有权的企业量化资产，不征收个人所得税。

(2) 对职工个人以股份形式取得的拥有所有权的企业量化资产，暂缓征收个人所得税；待个人将股份转让时，就其转让收入额，减除个人取得该股份时实际支付的费用支出和合理转让费用后的余额，按"财产转让所得"项目计征个人所得税。

(3) 对职工个人以股份形式取得的企业量化资产参与企业分配而获得的股息、红利，应按"利息、股息、红利"项目征收个人所得税。

## 十一、个人投资者收购企业股权后将原盈余积累转增股本征收个人所得税的规定

根据有关规定，对个人投资者收购企业股权后，将企业原有盈余积累转增股本有关个人所得税征收规定如下：

(1) 一名或多名个人投资者以股权收购方式取得被收购企业100%股权，股权收购前，被收购企业原账面金额中的"资本公积、盈余公积、未分配利润"等盈余积累未转增股本，而在股权交易时将其一并计入股权转让价格并履行了所得税纳税义务。股权收购后，企业将原账面金额中的盈余积累向个人投资者(新股东,下同)转增股本，有关个人所得税问题区分以下情形处理：

① 新股东以不低于净资产价格收购股权的，企业原盈余积累已全部计入股权交易价格，新股东取得盈余积累转增股本的部分，不征收个人所得税。

② 新股东以低于净资产价格收购股权的，企业原盈余积累中，对于股权收购价格减去原股本的差额部分已经计入股权交易价格，新股东取得盈余积累转增股本的部分，不征收个人所得税；对于股权收购价格低于原所有者权益的差额部分未计入股权交易价格，新股东取得盈余积累转增股本的部分，应按照"利息、股息、红利所得"项目征收个人所得税。

新股东以低于净资产价格收购企业股权后转增股本，应按照下列顺序进行，即先转增应税的盈余积累部分，然后再转增免税的盈余积累部分。

(2) 新股东将所持股权转让时，其财产原值为其收购企业股权实际支付的对价及相关税费。

(3) 企业发生股权交易及转增股本等事项后，应在次月15日内，将股东及其股权变化情况、股权交易前原账面记载的盈余积累数额、转增股本数额及扣缴税款情况报告主管税务机关。

## 十二、企业转增股本个人所得税规定

股份制企业用资本公积金转增股本不属于股息、红利性质的分配，对个人取得的转增股本数额，不作为个人所得，不征收个人所得税。股份制企业用盈余公积金派发红股属于股息、红利性质的分配，对个人取得的红股数额，应作为个人所得征税。

2016年1月1日起，全国范围内的中小高新技术企业以未分配利润、盈余公积、资本公积向个人股东转增股本时，个人股东一次缴纳个人所得税确有困难的，可根据实际情况自行制定分期缴税计划，在不超过5个公历年度内(含)分期缴纳，并将有关资料报主管税务机关备案。个人股东获得转增的股本，应按照'利息、股息、红利所得'项目，适用20%税率征收个人所得税。股东转让股权并取得现金收入的，该现金收入应优先用于缴纳尚未缴清的税款。在股东转让该部分股权之前，企业依法宣告破产，股东进行相关权益处置后没有取得收益或收益小于初始投资额的，主管税务机关对其尚未缴纳的个人所得税可不予追征。

非上市及未在全国中小企业股份转让系统挂牌的其他企业转增股本，应及时代扣代缴个人所得税。

上市中小高新技术企业或在全国中小企业股份转让系统挂牌的中小高新技术企业向个人股东转增股本，股东应纳的个人所得税，继续按照现行有关股息、红利差别化个人所得税政策执行。

## 十三、股票期权所得个人所得税规定

(1) 员工接受股票期权时，除了另有规定，一般不作为应税所得征税。

(2) 员工行权时，其从企业取得股票的实际购买价(施权价)低于购买日公平市场价(指该股票当日的收盘价)的差额，按"工资、薪金所得"适用的规定计算缴纳个人所得税。

员工在行权日之前将股票期权转让的，以股票期权的转让净收入，作为"工资薪金所得"征收个税。

员工将行权后的股票再转让时获得的高于购买日公平市场价的差额，应按照"财产转让所得"适用的征免规定计算缴纳个人所得税。

### 十四、个人无偿受赠房屋产权个人所得税规定

以下情形的房屋产权无偿赠予，对当事双方不征收个人所得税：

(1) 房屋产权所有人将房屋产权无偿赠予配偶、父母、子女、祖父母、外祖父母、孙子女、外孙子女、兄弟姐妹；

(2) 房屋产权所有人将房屋产权无偿赠予对其承担直接抚养或者赡养义务的抚养人或者赡养人；

(3) 房屋产权所有人死亡，依法取得房屋产权的法定继承人、遗嘱继承人或者受遗赠人。

上述规定情形以外的，受赠人按照"偶然所得"项目缴纳个人所得税，税率为20%。

对受赠人无偿受赠房屋计征个人所得税时，应纳税额计算公式如下：

应纳税所得额＝房地产赠予合同上标明的赠予房屋价值－受赠人支付的相关税费

受赠人接受房屋捐赠后，又将该受赠房屋转让时，应计算缴纳个人所得税，计算公式如下：

应纳税所得额＝转让受赠房屋的收入－原捐赠人取得该房屋的实际购置成本

－赠予和转让过程中受赠人支付的相关税费

## 任务六　境外所得的税额扣除

为了避免重复征税，《个人所得税法》规定，居民纳税人从中国境外取得的所得，可以从其应纳税额中抵免已在境外缴纳的个人所得税税额，但抵免额不得超过该纳税人境外所得依照本法规定计算的应纳税额。

《个人所得税法》所说的已在境外缴纳的个人所得税税额，是指居民纳税人来源于中国境外的所得，依照该所得来源国家(地区)的法律应当缴纳并且实际已经缴纳的所得税税额。

《个人所得税法》所说的纳税人境外依照规定计算的应纳税额，是居民纳税人抵免已在境外缴纳的综合所得、经营所得以及其他所得的所得税税额的限额(以下简称免抵限额)。除了国务院财政、税务主管部门另有规定，来源于中国境外一个国家(地区)的综合所得抵免限额、经营所得抵免限额以及其他所得抵免限额之和，为来源于该国家(地区)所得的抵免限额。居民纳税人在中国境外一个国家(地区)实际已经缴纳的个人所得税税额，低于依照前面规定计算出的来源于该国家(地区)所得的抵免限额的，应当在中国缴纳差额部分的税款；超过来源于该国家(地区)所得的抵免限额的，其超过部分不得在本纳税年度的应纳税额中抵免，但是可以在以后纳税年度来源于该国家(地区)所得的抵免限额的余额中补扣。补扣期限最长不得超过5年。

居民纳税人申请抵免已在境外缴纳的个人所得税税额，应当提供境外税务机关出具的税款所属年度的有关纳税凭证。

【例题4.12】　中国居民纳税人李某持有甲国A公司股权，2019年取得分红收入10万元，在甲国缴纳个人所得税1.8万元；李某还持有乙国B公司股权，2019年取得分红收入20万元，在乙国缴纳个人所得税3.8万元。同年李某转让B公司股权，取得收入185万元，

已知该股权原值以及转让时发生的相关税费合计 75 万元，在乙国缴纳个人所得税 23 万元。请计算就上述境外所得，李某需在我国补缴的个人所得税。

【解析】 来源于甲国所得的抵免限额 = 10 × 20% = 2(万元)；

2 万元 > 在甲国实际缴纳的税额 1.8 万元：

需在我国补缴个人所得税 = 2 - 1.8 = 0.2(万元)。

来源于乙国所得的抵免限额 = 20 × 20% + (185 - 75) × 20% = 26(万元)；

26 万元 < 在乙国实际缴纳的税额 26.8 万元(3.8 + 23 = 26.8 万元)，无需在我国补税。

故，李某应在我国补缴个人所得税 0.2 万元。

# 任务七 征 收 管 理

## 一、自行申报纳税

### (一) 有下列情形之一的，纳税人应当依法办理纳税申报

(1) 取得综合所得需要办理汇算清缴；

(2) 取得应税所得没有扣缴义务人；

(3) 取得应税所得，扣缴义务人未扣缴税款；

(4) 取得境外所得；

(5) 因移居境外注销中国户籍；

(6) 非居民纳税人在中国境内从两处以上取得工资、薪金所得，

(7) 国务院规定的其他情形。

### (二) 取得综合所得需要办理汇算清缴的纳税申报

取得综合所得且符合下列情形之一的纳税人，应当依法办理汇算清缴：

(1) 从两处以上取得综合所得，且综合所得年收入额减除专项扣除后的余额超过 6 万元；

(2) 取得劳务报酬所得、稿酬所得、特许权使用费所得中一项或者多项所得，且综合所得年收入额减除专项扣除的余额超过 6 万元；

(3) 纳税年度内预缴税额低于应纳税额；

(4) 纳税人申请退税。

需要办理汇算清缴的纳税人，应当在取得所得的次年 3 月 1 日至 6 月 30 日内，向任职、受雇单位所在地主管税务机关办理纳税申报，并报送《个人所得税年度自行纳税申报表》。纳税人有两处以上任职、受雇单位的，选择向其中一处任职、受雇单位所在地主管税务机关办理纳税申报；纳税人没有任职、受雇单位的，向户籍所在地或经常居住地主管税务机关办理纳税申报。

纳税人办理综合所得汇算清缴，应当准备与收入、专项扣除、专项附加扣除、依法确定的其他扣除、捐赠、享受税收优惠等有关的资料，并按规定留存备查或报送。

### （三）取得经营所得的纳税申报

个体工商户业主、个人独资企业投资者、合伙企业个人合伙人、承包承租经营者个人以及其他从事生产、经营活动的个人取得经营所得，包括以下情形：

(1) 个体工商户从事生产、经营活动取得的所得，个人独资企业投资人、合伙企业的个人合伙人来源于境内注册的个人独资企业、合伙企业生产、经营的所得；

(2) 个人依法从事办学、医疗、咨询以及其他有偿服务活动取得的所得；

(3) 个人对企业、事业单位承包经营、承租经营以及转包、转租取得的所得；

(4) 个人从事其他生产、经营活动取得的所得。

纳税人取得经营所得，按年计算个人所得税，由纳税人在月度或季度终了后 15 日内，向经营管理所在地主管税务机关办理预缴纳税申报，并报送《个人所得税经营所得纳税申报表(A 表)》。在取得所得的次年 3 月 31 日前，向经营管理所在地主管税务机关办理汇算清缴，并报送《个人所得税经营所得纳税申报表(B 表)》；从两处以上取得经营所得的，选择向其中一处经营管理所在地主管税务机关办理年度汇总申报，并报送《个人所得税经营所得纳税申报表(C 表)》。

### （四）取得应税所得，扣缴义务人未扣缴税款的纳税申报

纳税人取得应税所得，扣缴义务人未扣缴税款的，应当区别以下情形办理纳税申报：

(1) 居民纳税人取得综合所得的，按照本公告第一条办理。

(2) 非居民纳税人取得工资、薪金所得，劳务报酬所得，稿酬所得，特许权使用费所得的，应当在取得所得的次年 6 月 30 日前，向扣缴义务人所在地主管税务机关办理纳税申报，并报送《个人所得税自行纳税申报表(A 表)》。有两个以上扣缴义务人均未扣缴税款的，选择向其中一处扣缴义务人所在地主管税务机关办理纳税申报。

非居民纳税人在次年 6 月 30 日前离境(临时离境除外)的，应当在离境前办理纳税申报。

(3) 纳税人取得利息、股息、红利所得，财产租赁所得，财产转让所得和偶然所得的，应当在取得所得的次年 6 月 30 日前，按相关规定向主管税务机关办理纳税申报，并报送《个人所得税自行纳税申报表(A 表)》。

### （五）取得境外所得的纳税申报

居民纳税人从中国境外取得所得的，应当在取得所得的次年 3 月 1 日至 6 月 30 日内，向中国境内任职、受雇单位所在地主管税务机关办理纳税申报；在中国境内没有任职、受雇单位的，向户籍所在地或中国境内经常居住地主管税务机关办理纳税申报；户籍所在地与中国境内经常居住地不一致的，选择其中一地主管税务机关办理纳税申报；在中国境内没有户籍的，向中国境内经常居住地主管税务机关办理纳税申报。

纳税人取得境外所得办理纳税申报的具体规定，另行公告。

### （六）因移居境外注销中国户籍的纳税申报

纳税人因移居境外注销中国户籍的，应当在申请注销中国户籍前，向户籍所在地主管税务机关办理纳税申报，进行税款清算。

(1) 纳税人在注销户籍年度取得综合所得的，应当在注销户籍前，办理当年综合所得的汇算清缴，并报送《个人所得税年度自行纳税申报表》。尚未办理上一年度综合所得汇算清缴的，应当在办理注销户籍纳税申报时一并办理。

(2) 纳税人在注销户籍年度取得经营所得的，应当在注销户籍前，办理当年经营所得的汇算清缴，并报送《个人所得税经营所得纳税申报表(B 表)》。从两处以上取得经营所得的，还应当一并报送《个人所得税经营所得纳税申报表(C 表)》。尚未办理上一年度经营所得汇算清缴的，应当在办理注销户籍纳税申报时一并办理。

(3) 纳税人在注销户籍当年取得利息、股息、红利所得，财产租赁所得，财产转让所得和偶然所得的，应当在注销户籍前，申报当年上述所得的完税情况，并报送《个人所得税自行纳税申报表(A 表)》。

(4) 纳税人有未缴或者少缴税款的，应当在注销户籍前，结清欠缴或未缴的税款。纳税人存在分期缴税且未缴纳完毕的，应当在注销户籍前，结清尚未缴纳的税款。

(5) 纳税人办理注销户籍纳税申报时，需要办理专项附加扣除、依法确定的其他扣除的，应当向税务机关报送《个人所得税专项附加扣除信息表》《商业健康保险税前扣除情况明细表》《个人税收递延型商业养老保险税前扣除情况明细表》等。

(七) 非居民纳税人在中国境内从两处以上取得工资、薪金所得的纳税申报

非居民纳税人在中国境内从两处以上取得工资、薪金所得的，应当在取得所得的次月 15 日内，向其中一处任职、受雇单位所在地主管税务机关办理纳税申报，并报送《个人所得税自行纳税申报表(A 表)》。

(八) 纳税申报方式

纳税人可以采用远程办税端、邮寄等方式申报，也可以直接到主管税务机关申报。

(九) 其他有关问题

(1) 纳税人办理自行纳税申报时，应当一并报送税务机关要求报送的其他有关资料。首次申报或者个人基础信息发生变化的，还应报送《个人所得税基础信息表(B 表)》。

本规定涉及的有关表证单书，由国家税务总局统一制定式样，另行公告。

(2) 纳税人在办理纳税申报时需要享受税收协定待遇的，按照享受税收协定待遇有关办法办理。

(十) 申报纳税地点

申报纳税地点一般为收入来源地的税务机关，如果纳税人在两处或两处以上取得工资、薪金所得的，申报地点应选择并固定在一地税务机关申报纳税。在中国境外取得所得的，在户籍地或常住地中自选一地并固定申报。对在中国境内几地工作或提供劳务的临时来华人员，应以《个人所得税法》所规定的申报纳税日期为准，在某一地区达到申报纳税的日期，即应在该地申报纳税。但为了方便纳税，也可准予个人提出申请，经批准后固定在一地申报纳税。对由在华企业或办事机构发放工资、薪金的外籍纳税人，由在华企业或办事机构集中向当地税务机关申报纳税。纳税人要求变更纳税申报地点的，须经原主管税

务机关备案。

## 二、源泉扣缴

《个人所得税法》规定，个人所得税以取得应税所得的个人为纳税义务人，以支付所得的单位或者个人为扣缴义务人，包括企业(公司)、事业单位、财政部门、机关事务管理部门、人事管理部门、社会团体、军队、驻华机构(不包括外国驻华使领馆和联合国及其他依法享有外交特权和豁免权的国际组织驻华机构)、个体工商户等单位或个人。按照《个人所得税法》规定代扣代缴个人所得税，是扣缴义务人的法定义务，必须依法履行。纳税人为持有完税依据而向扣缴义务人索取代扣代收税款凭证的，扣缴义务人不得拒绝。税务机关应根据扣缴义务人所扣缴的税款，付给 2%的手续费，由扣缴义务人用于代扣代缴费用开支和奖励代扣代缴工作做得较好的办税人员。

【思考】 试填写个人所得税纳税申报表。

个人所得税纳税申报表详见二维码

# 项目五

# 资源环境税类

## 任务一　资　源　税

2019 年 8 月 26 日第十三届全国人民代表大会常务委员会第十二次会议通过了《中华人民共和国资源税法》，2020 年 9 月 1 日，《中华人民共和国资源税法》(以下简称《资源税法》)正式实施。至此，车船税、环境保护税、烟叶税、耕地占用税、资源税五大资源环境类税种已全部完成立法。

### 一、资源税立法的意义

资源的含义比较广泛。一般提到资源，是指自然界存在的所有天然物质财富，包括地下资源、地上资源、空间资源；从物质内容角度看，包括矿产资源、土地资源、水资源、动物资源、植物资源、海洋资源、太阳能资源、空气资源等。对应税资源征收资源税，是贯彻国家生态文明思想、落实税收法定原则、完善地方税体系的重要举措，是绿色税制建设的重要组成部分。

《资源税法》的实施，在保持现行税制框架和税负水平总体不变的基础上，增强了资源税在促进资源节约集约利用、加强生态环境保护方面的功能，为绿水青山拉起了一张牢固的"保护网"。

《资源税法》规范细化了税目，从法律上确立了从价计征为主、从量计征为辅的资源税征税方式，所列 164 个税目覆盖了目前已发现的所有矿种和盐，其中的 158 个实行从价计征。从价计征制度弥补了之前从量定额机制下资源税负与矿价不挂钩的不足。从价计征机制下，资源税负随着矿价的升降而自动增减，有利于促进资源节约集约利用。将开发资源对生态环境的影响作为确定资源税税率的重要因素，有利于发挥资源税保护环境的积极作用。

值得注意的是，《资源税法》拓展了征税范围，将征税范围表述为"开发应税资源"，区别于原来的"开采矿产品和生产盐"，同时将水资源等纳入在内，有望在未来发挥调节水资源合理利用的作用。《资源税法》授权国务院根据国民经济和社会发展需要，对取用地表水或者地下水的单位和个人试点征收水资源税，为水资源税改革试点提供了法律依据，预留了改革的空间。

## 二、纳税义务人

在中华人民共和国领域和中华人民共和国管辖的其他海域开发应税资源的单位和个人，为资源税的纳税人。

国务院根据国民经济和社会发展需要，依照《资源税法》的原则，对取用地表水或者地下水的单位和个人试点征收水资源税。征收水资源税的，停止征收水资源费。

中外合作开采陆上、海上石油资源的企业依法缴纳资源税。

2011 年 11 月 1 日前已依法订立中外合作开采陆上、海上石油资源合同的，在该合同有效期内，继续依照国家有关规定缴纳矿区使用费，不缴纳资源税；合同期满后，依法缴纳资源税。

## 三、征税对象

资源税的税目反映征收资源税的具体范围，是资源税课征对象的具体表现形式。《资源税法》以正列举的方式统一规范了税目，列举了 30 多种主要资源的品目，没有列举的由省级人民政府具体确定。

《资源税法》共设置了 5 个一级税目 17 个二级子税目，具体如下。

### (一) 能源矿产

能源矿产具体包括以下 7 个子税目：

(1) 原油，其征税对象是原矿；

(2) 天然气、页岩气、天然气水合物，其征税对象是原矿；

(3) 煤，其征税对象是原矿或者选矿；

(4) 煤成(层)气，其征税对象是原矿；

(5) 铀、钍，其征税对象是原矿；

(6) 油页岩、油砂、天然沥青、石煤，其征税对象是原矿或者选矿；

(7) 地热，其征税对象是原矿。

### (二) 金属矿产

金属矿产包括黑色金属和有色金属。

(1) 黑色金属包括铁、锰、铬、钒和钛，其征税对象是原矿或者选矿；

(2) 有色金属包括铜、铅、锌、锡、镍、锑、镁、钴、铋、汞，铝土矿，钨，钼，金、银、铂、钯、钌、锇、铱、铑、轻稀土，中重稀土，铍、锂、锆、锶、镓、铯、铌、钽、锗、镓、铟、铊、铪、铼、镉、硒、碲。

其中，钨、钼、轻稀土、中重稀土的征税对象是选矿；其他有色金属矿产的征税对象是原矿或者选矿。

### (三) 非金属矿产

非金属矿产包括矿物类、岩石类和宝玉石类三类。

(1) 矿物类包括高岭土，石灰岩，磷，石墨，萤石、硫铁矿、自然硫，天然石英砂、脉石英、粉石英、水晶、工业用金刚石、冰洲石、蓝晶石、硅线石(矽线石)、长石、滑石、刚玉、菱镁矿、颜料矿物、天然碱、芒硝、钠硝石、明矾石、砷、硼、碘、溴、膨润土、硅藻土、陶瓷土、耐火粘土、铁矾土、凹凸棒石粘土、海泡石粘土、伊利石粘土、累托石粘土，叶蜡石、硅灰石、透辉石、珍珠岩、云母、沸石、重晶石、毒重石、方解石、蛭石、透闪石、工业用电气石、白垩、石棉、蓝石棉、红柱石、石榴子石、石膏，其他粘土(铸型用粘土、砖瓦用粘土、陶粒用粘土、水泥配料用粘土、水泥配料用红土、水泥配料用黄土、水泥配料用泥岩、保温材料用粘土)；

(2) 岩石类包括大理岩、花岗岩、白云岩、石英岩、砂岩、辉绿岩、安山岩、闪长岩、板岩、玄武岩、片麻岩、角闪岩、页岩、浮石、凝灰岩、黑曜岩、霞石正长岩、蛇纹岩、麦饭岩、泥灰岩、含钾岩石、含钾砂页岩、天然油石、橄榄岩、松脂岩、粗面岩、辉长岩、辉石岩、正长岩、火山灰、火山渣、泥炭、砂石；

(3) 宝玉石类包括宝石、玉石、宝石级金刚石、玛瑙、黄玉、碧玺。

非金属矿产的征税对象是原矿或者选矿。

## （四）水气矿产

水气矿产具体包括以下 2 个子税目：

(1) 二氧化碳气、硫化氢气、氦气、氡气，其征税对象是原矿；

(2) 矿泉水，其征税对象是原矿。

水气矿产的征税对象是原矿。

## （五）盐

盐具体包括以下 3 个子税目：

(1) 钠盐、钾盐、镁盐和锂盐，其征税对象是选矿。

(2) 天然卤水，其征税对象是原矿。

(3) 海盐。

应税资源的具体范围，由《资源税法》所附《资源税税目税率表》确定。

# 四、税目税率

资源税的税目、税率，依照《资源税税目税率表》执行。资源税按照《资源税税目税率表》实行从价计征或者从量计征，如表 5-1 所示。

### 表 5-1　资源税税目税率表

| 税目 | | 征税对象 | 税率 |
|---|---|---|---|
| 能源矿产 | 原油 | 原矿 | 6% |
| | 天然气、页岩气、天然气水合物 | 原矿 | 6% |
| | 煤 | 原矿或者选矿 | 2%～10% |
| | 煤成(层)气 | 原矿 | 1%～2% |
| | 铀、钍 | 原矿 | 4% |

续表一

| 税　目 | | 征税对象 | 税　率 |
|---|---|---|---|
| 油页岩、油砂、天然沥青、石煤 | | 原矿或者选矿 | 1%～4% |
| 地热 | | 原矿 | 1%～20%或者每立方米1～30元 |
| 金属矿产 | 黑色金属　铁、锰、铬、钒、钛 | 原矿或者选矿 | 1%～9% |
| | 有色金属　铜、铅、锌、锡、镍、锑、镁、钴、铋、汞 | 原矿或者选矿 | 2%～10% |
| | 铝土矿 | 原矿或者选矿 | 2%～9% |
| | 钨 | 选矿 | 6.50% |
| | 钼 | 选矿 | 8% |
| | 金、银 | 原矿或者选矿 | 2%～6% |
| | 铂、钯、钌、锇、铱、铑 | 原矿或者选矿 | 5%～10% |
| | 轻稀土 | 选矿 | 7%～12% |
| | 中重稀土 | 选矿 | 20% |
| | 铍、锂、锆、锶、铷、铯、铌、钽、锗、镓、铟、铊、铪、铼、镉、硒、碲 | 原矿或者选矿 | 2%～10% |
| 非金属矿产 | 矿物类　高岭土 | 原矿或者选矿 | 1%～6% |
| | 石灰岩 | 原矿或者选矿 | 1%～6%或者每吨(或者每立方米)1～10元 |
| | 磷 | 原矿或者选矿 | 3%～8% |
| | 石墨 | 原矿或者选矿 | 3%～12% |
| | 萤石、硫铁矿、自然硫 | 原矿或者选矿 | 1%～8% |
| | 天然石英砂、脉石英、粉石英、水晶、工业用金刚石、冰洲石、蓝晶石、硅线石(矽线石)、长石、滑石、刚玉、菱镁矿、颜料矿物、天然碱、芒硝、钠硝石、明矾石、砷、硼、碘、溴、膨润土、硅藻土、陶瓷土、耐火粘土、铁钒土、凹凸棒石粘土、海泡石粘土、伊利石粘土、累托石粘土 | 原矿或者选矿 | 1%～12% |
| | 叶腊石、硅灰石、透辉石、珍珠岩、云母、沸石、重晶石、毒重石、方解石、蛭石、透闪石、工业用电气石、白垩、石棉、蓝石棉、红柱石、石榴子石、石膏 | 原矿或者选矿 | 2%～12% |
| | 其他粘土(铸型用粘土、砖瓦用粘土、陶粒用粘土、水泥配料用粘土、水泥配料用红土、水泥配料用黄土、水泥配料用泥岩、保温材料用粘土) | 原矿或者选矿 | 1%～5%或者每吨(或者每立方米)0.1～5元 |

| 税　目 | | | 征税对象 | 税　率 |
|---|---|---|---|---|
| 岩石类 | | 大理岩、花岗岩、白云岩、石英岩、砂岩、辉绿岩、安山岩、闪长岩、板岩、玄武岩、片麻岩、角闪岩、页岩、浮石、凝灰岩、黑曜岩、霞石正长岩、蛇纹岩、麦饭石、泥灰岩、含钾岩石、含钾砂页岩、天然油石、橄榄岩、松脂岩、粗面岩、辉长岩、辉石岩、正长岩、火山灰、火山渣、泥炭 | 原矿或者选矿 | 1%～10% |
| | | 砂石 | 原矿或者选矿 | 1%～5%或者每吨(或者每立方米)0.1～5 元 |
| | 宝玉石类 | 宝石、玉石、宝石级金刚石、玛瑙、黄玉、碧玺 | 原矿或者选矿 | 4%～20% |
| 水气矿产 | 二氧化碳气、硫化氢气、氦气、氡气 | | 原矿 | 2%～5% | 水气矿产 |
| | 矿泉水 | | 原矿 | 1%～20%或者每立方米 1～30 元 |
| 盐 | 钠盐、钾盐、镁盐、锂盐 | | 选矿 | 3%～15% | 盐 |
| | 天然卤水 | | 原矿 | 3%～15%或者每吨(或者每立方米)1～10 元 |
| | 海盐 | | | 2%～5% |

《资源税税目税率表》中规定实行幅度税率的，其具体适用税率由省、自治区、直辖市人民政府统筹考虑该应税资源的品位、开采条件以及对生态环境的影响等情况，在《资源税税目税率表》规定的税率幅度内提出，报同级人民代表大会常务委员会决定，并报全国人民代表大会常务委员会和国务院备案。

《资源税税目税率表》中规定征税对象为原矿或者选矿的，应当分别确定具体适用税率。

水资源税根据当地水资源状况、取用水类型和经济发展等情况实行差别税率。水资源税试点实施办法由国务院规定，报全国人民代表大会常务委员会备案。国务院自《资源税法》施行之日起五年内，就征收水资源税试点情况向全国人民代表大会常务委员会报告，并及时提出修改法律的建议。

纳税人开采或者生产不同税目应税资源产品的，应当分别核算不同税目应税资源产品的销售额或者销售数量；未分别核算或者不能准确提供不同税目应税资源产品的销售额或者销售数量的，从高适用税率。

## 五、资源税的计税依据

资源税按照《资源税税目税率表》实行从价计征或者从量计征。

《资源税税目税率表》中规定可以选择实行从价计征或者从量计征的，具体计征方式由省、自治区、直辖市人民政府提出，报同级人民代表大会常务委员会决定，并报全国人民代表大会常务委员会和国务院备案。

实行从价计征的，应纳税额按照应税资源产品的销售额乘以具体适用税率计算。实行从量计征的，应纳税额按照应税资源产品的销售数量乘以具体适用税率计算。

纳税人开采或者生产应税资源产品自用的，应当依照《资源税法》规定缴纳资源税；自用于连续生产应税资源产品的，不缴纳资源税。

## 六、应纳税额的计算

### （一）从价定率应纳税额的计算

实行从价计征的，应纳税额按照应税资源产品的销售额乘以具体适用税率计算。具体计算公式如下：

$$应纳税额 = 销售额 × 适用税率$$

【例题5.1】　某油田2020年3月销售原油20 000吨，开具增值税专用发票，注明销售额为20 000万元，增值税2 600万元，其适用税率为6%。计算该油田当月应纳资源税。

【解析】　应纳税额 = 20 000 × 6% = 1 200(万元)。

### （二）从量定额应纳税额的计算

实行从量计征的，应纳税额按照应税资源产品的销售数量乘以具体适用税率计算。具体计算公式如下：

$$应纳税额 = 课税数量 × 单位税额$$

【例题5.2】　假设某矿泉水生产企业2020年4月开发生产矿泉水4 000立方米，本月销售3 600立方米。该企业所在省政府规定，矿泉水实行定额征收资源税，资源税税率为5元/立方米。计算该企业当月应纳资源税。

【解析】　应纳税额 = 3 600 × 5 = 18 000(元)。

## 七、减税、免税项目

### （一）免征资源税

有下列情形之一的，免征资源税：

(1) 开采原油以及在油田范围内运输原油过程中用于加热的原油、天然气；

(2) 煤炭开采企业因安全生产需要抽采的煤成(层)气。

（二）减征资源税

有下列情形之一的，减征资源税：

(1) 从低丰度油气田开采的原油、天然气，减征 20%资源税；

(2) 高含硫天然气、三次采油和从深水油气田开采的原油、天然气，减征 30%资源税；

(3) 稠油、高凝油减征 40%资源税；

(4) 从衰竭期矿山开采的矿产品，减征 30%资源税。

根据国民经济和社会发展需要，国务院对有利于促进资源节约集约利用、保护环境等情形可以规定免征或者减征资源税，报全国人民代表大会常务委员会备案。

（三）免征或者减征资源税

有下列情形之一的，省、自治区、直辖市可以决定免征或者减征资源税：

(1) 纳税人开采或者生产应税资源产品过程中，因意外事故或者自然灾害等原因遭受重大损失；

(2) 纳税人开采共伴生矿、低品位矿、尾矿。

上述规定的免征或者减征资源税的具体办法，由省、自治区、直辖市人民政府提出，报同级人民代表大会常务委员会决定，并报全国人民代表大会常务委员会和国务院备案。

纳税人的免税、减税项目，应当单独核算销售额或者销售数量；未单独核算或者不能准确提供销售额或者销售数量的，不予免税或者减税。

（四）增值税小规模纳税人的优惠

为贯彻落实党中央、国务院决策部署，进一步支持小微企业发展，根据《财政部税务总局关于实施小微企业普惠性税收减免政策的通知》(财税〔2019〕13 号)规定，2019年 1 月 1 日至 2021 年 12 月 31 日，省、自治区、直辖市人民政府根据本地区实际情况，以及宏观调控需要确定，对增值税小规模纳税人可以在 50%的税额幅度内减征资源税。增值税一般纳税人按规定转登记为小规模纳税人的，自成为小规模纳税人的当月起适用减征优惠。

（五）《资源税法》中部分用语的含义

(1) 低丰度油气田，包括陆上低丰度油田、陆上低丰度气田、海上低丰度油田、海上低丰度气田。陆上低丰度油田是指每平方公里原油可开采储量丰度低于二十五万立方米的油田；陆上低丰度气田是指每平方公里天然气可开采储量丰度低于二亿五千万立方米的气田；海上低丰度油田是指每平方公里原油可开采储量丰度低于六十万立方米的油田；海上低丰度气田是指每平方公里天然气可开采储量丰度低于六亿立方米的气田。

(2) 高含硫天然气，是指硫化氢含量在每立方米三十克以上的天然气。

(3) 三次采油，是指二次采油后继续以聚合物驱、复合驱、泡沫驱、气水交替驱、二氧化碳驱、微生物驱等方式进行采油。

(4) 深水油气田，是指水深超过三百米的油气田。

(5) 稠油，是指地层原油粘度大于或等于每秒五十毫帕或原油密度大于或等于每立方厘米零点九二克的原油。

(6) 高凝油，是指凝固点高于四十摄氏度的原油。

(7) 衰竭期矿山，是指设计开采年限超过十五年，且剩余可开采储量下降到原设计可开采储量的百分之二十以下或者剩余开采年限不超过五年的矿山。衰竭期矿山以开采企业下属的单个矿山为单位确定。

## 八、征收管理

### (一) 纳税义务发生时间

纳税人销售应税资源产品，纳税义务发生时间为收讫销售款或者取得索取销售款凭据的当日；自用应税资源产品的纳税义务发生时间为移送应税资源产品的当日。

### (二) 纳税地点

纳税人应当向应税资源产品开采地或者生产地的税务机关申报缴纳资源税。

### (三) 纳税期限

资源税按月或者按季申报缴纳，不能按固定期限计算缴纳的，可以按次申报缴纳。纳税人按月或者按季申报缴纳的，应当自月度或者季度终了之日起十五日内，向税务机关办理纳税申报并缴纳税款；按次申报缴纳的，应当自纳税义务发生之日起十五日内，向税务机关办理纳税申报并缴纳税款。

税务机关与自然资源等相关部门应当建立工作配合机制，加强资源税征收管理。

### (四) 纳税申报

纳税人在规定期限内根据企业的实际情况填制《资源税纳税申报表》。

# 任务二　车　船　税

车船税是以车船为征税对象，向拥有车船的单位和个人征收的一种税。征收车船税有利于为地方政府筹集财政资金，有利于车船的管理和合理配置，也有利于调节财富差异。

## 一、车船税的纳税人

在中华人民共和国境内属于《车船税法》所附《车船税税目税额表》规定的车辆、船舶的所有人或者管理人，为车船税的纳税义务人，应当依照《车船税法》的规定缴纳车船税。管理人是指对车船具有管理权或使用权，不具有所有权的单位和个人。

## 二、车船税的征税范围

车船税的征税对象是在中华人民共和国境内属于《车船税法》所附《车船税税目税额

表》规定的车辆和船舶。其征税范围如下：

（1）依法应当在车船登记管理部门登记的机动车辆和船舶；

（2）依法不需要在车船登记管理部门登记的在单位内部场所行驶或者作业的机动车辆和船舶。

上述机动车辆包括乘用车、商用车(客车、货车)、挂车、专用作业车、轮式专用机械车、摩托车。拖拉机不需要缴纳车船税。

具体含义如下：

乘用车，是指在设计和技术特性上主要用于载运乘客及随身行李，核定载客人数包括驾驶员在内不超过 9 人的汽车。

商用车，是指乘用车之外，在设计和技术特性上用于载运乘客、货物的汽车，划分为客车和货车。

半挂牵引车，是指装备有特殊装置用于牵引半挂车的商用车。

三轮汽车，是指最高设计车速不超过每小时 50 千米，具有三个车轮的货车。

低速载货汽车，是指以柴油机为动力，最高设计车速不超过每小时 70 千米，具有四个车轮的货车。

挂车，是指就其设计和技术特性需由汽车或者拖拉机牵引，才能正常使用的一种无动力的道路车辆。

专用作业车，是指在其设计和技术特性上用于特殊工作的车辆。如汽车起重机、消防车、混凝土泵车、清障车、高空作业车、洒水车、扫路车等。以载运人员或货物为主要目的的专用汽车，如救护车，不属于专用作业车。

轮式专用机械车，是指有特殊结构和专门功能，装有橡胶车轮可以自行行驶，最高设计车速大于每小时 20 千米的轮式工程机械车。

摩托车，是指无论采用何种驱动方式，最高设计车速大于每小时 50 千米，或者使用内燃机，其排量大于 50 毫升的两轮或者三轮车辆。

上述船舶，是指各类机动、非机动船舶以及其他水上移动装置，但是船舶上装备的救生艇筏和长度小于 5 米的艇筏除外。其中，机动船舶是指用机器推进的船舶；拖船是指专门用于拖(推)动运输船舶的专业作业船舶；非机动驳船，是指在船舶登记管理部门登记为驳船的非机动船舶；游艇是指具备内置机械推进动力装置，长度在 90 米以下，主要用于游览观光、休闲娱乐、水上体育运动等活动，并应当具有船舶检验证书和适航证书的船舶。

## 三、车船税的税率

车船税实行定额税率。车辆的具体适用税额由省、自治区、直辖市人民政府依照车船税法所附《车船税税目税额表》（见表 5–2）规定的税额幅度和国务院的规定确定。船舶的具体适用税额由国务院在车船税法所附《车船税税目税额表》规定的税额幅度内确定。

### 表 5-2　车船税税目税额表

| 税　　目 | | 计税单位 | 年基准税额 | 备　注 |
|---|---|---|---|---|
| 乘用车〔按发动机气缸容量(排气量)分档〕 | 1.0 升(含)以下的 | 每辆 | 60 元～360 元 | 核定载客人数 9 人(含)以下 |
| | 1.0 升以上至 1.6 升(含)的 | | 300 元～540 元 | |
| | 1.6 升以上至 2.0 升(含)的 | | 360 元～660 元 | |
| | 2.0 升以上至 2.5 升(含)的 | | 660 元～1 200 元 | |
| | 2.5 升以上至 3.0 升(含)的 | | 1 200 元～2 400 元 | |
| | 3.0 升以上至 4.0 升(含)的 | | 2 400 元～3 600 元 | |
| | 4.0 升以上的 | | 3 600 元～5 400 元 | |
| 商用车 | 客车 | 每辆 | 480 元～1 440 元 | 核定载客人数 9 人以上，包括电车 |
| | 货车 | 整备质量每吨 | 16 元～120 元 | 包括半挂牵引车、三轮汽车和低速载货汽车等 |
| 挂车 | | 整备质量每吨 | 按照货车税额的 50%计算 | |
| 其他车辆 | 专用作业车 | 整备质量每吨 | 16 元～120 元 | 不包括拖拉机 |
| | 轮式专用机械车 | | 16 元～120 元 | |
| 摩托车 | | 每辆 | 36 元～180 元 | |
| 船舶 | 机动船舶 | 净吨位每吨 | 3 元～6 元 | 拖船、非机动驳船分别按照机动船舶税额的 50%计算 |
| | 游艇 | 艇身长度每米 | 600 元～2 000 元 | |

(1) 机动船舶具体适用税额：

① 净吨位不超过 200 吨的，每吨 3 元；

② 净吨位 201 吨～2 000 吨的，每吨 4 元；

③ 净吨位 2 001 吨～10 000 吨的，每吨 5 元；

④ 净吨位超过 10 000 吨的，每吨 6 元。

拖船按照发动机功率每 1 千瓦折合净吨位 0.67 吨计算征收车船税。拖船、非机动驳船分别按照机动船舶税额的 50%计算。

(2) 游艇具体适用税额：

① 艇身长度不超过 10 米的，每米 600 元；

② 艇身长度 11 米～18 米的，每米 900 元；

③ 艇身长度 19 米～30 米的，每米 1 300 元；

④ 艇身长度超过 30 米的，每米 2 000 元；

⑤ 辅助动力帆艇，每米 600 元。

上述涉及的排气量、整备质量、核定载客人数、净吨位、千瓦、艇身长度，以车船登记管理部门核发的车船登记证书或者行驶证所载数据为准。

依法不需要办理登记的车船和依法应当登记而未办理登记或者不能提供车船登记证书、行驶证的车船，以车船出厂合格证明或者进口凭证标注的技术参数、数据为准；不能提供车船出厂合格证明或者进口凭证的，由主管税务机关参照国家相关标准核定，没有国家相关标准的参照同类车船核定。

(3) 客货两用车依照货车的计税单位和年基准税额计征车船税。

(4)《车船税法》及其实施条例涉及的整备质量、净吨位、艇身长度等计税单位，有尾数的一律按含尾数的计税单位据实计算车船税应纳税额。计算得出的应纳税额小数点后超过两位的可四舍五入保留两位小数。

(5) 境内单位和个人租入外国籍船舶的，不征收车船税。境内单位和个人将船舶出租到境外的，应依法征收车船税。

## 四、车船税的计税依据

车船税实行从量定额计征车船税，车船税法中涉及的计税单位有辆、整备质量、净吨位、艇身长度。

车船税法及实施细则涉及的整备质量、净吨位、艇身长度等计税单位，有尾数的一律按照含尾数的计税单位据实计算车船税应纳税额。计算得出的应纳税额小数点后超过两位的可四舍五入保留两位小数。

## 五、车船税的优惠政策

### 1. 车船税法规定的法定免税车船

(1) 捕捞、养殖渔船：是指在渔业船舶登记管理部门登记为捕捞船或者养殖船的船舶。

(2) 军队、武装警察部队专用的车船：是指按照规定在军队、武装警察部队车船登记管理部门登记，并领取军队、武警牌照的车船。

(3) 警用车船：是指公安机关、国家安全机关、监狱、劳动教养管理机关和人民法院、人民检察院领取警用牌照的车辆和执行警务的专用船舶。

(4) 依照法律规定应当予以免税的外国驻华使领馆、国际组织驻华代表机构及其有关人员的车船。

(5) 对节约能源、使用新能源的车船，可以减征或免征车船税。

(6) 省、自治区、直辖市人民政府根据当地实际情况，可以对公共交通车船，农村居民拥有并主要在农村地区使用的摩托车、三轮汽车和低速载货汽车定期减征或者免征车船税。

### 2. 特定减免

(1) 经批转临时入境的外国车船和香港特别行政区、澳门特别行政区、台湾地区的车船，不征收车船税。

(2) 按照规定缴纳船舶吨税的机动船舶，自车船税法实施之日起 5 年内免征车船税。

(3) 依法不需要在车船登记管理部门登记的机场、港口内部行驶或作业的车船，自车船税法实施之日起 5 年内免征车船税。

## 六、车船税的计算

车船税采用从量定额征收，其基本计算公式如下：

$$应纳税额 = 计税依据 \times 适用税率$$

各类车船税应纳税额的计算公式如下：

$$乘用车、客车、摩托车应纳税额 = 车辆数 \times 适用单位税额$$
$$货车、其他车辆应纳税额 = 整备质量吨位数 \times 适用单位税额$$
$$挂车应纳税额 = 整备质量吨位数 \times 适用单位税额 \times 50\%$$
$$机动船舶应纳税额 = 净吨位 \times 适用单位税额$$
$$拖船和非机动驳船应纳税额 = 净吨位 \times 适用单位税额 \times 50\%$$
$$游艇应纳税额 = 艇身长度 \times 适用单位税额$$

【例题 5.3】 洪顺公司拥有 1.8 L 排量的轿车 5 辆，每辆整备质量 1.2 吨；货运卡车 8 辆，每辆整备质量 5 吨；核载 40 人客车 2 辆，每辆整备质量 7 吨；机动船 2 艘，每艘净吨位 400 吨；拖船 1 条，净吨位 10 吨。已知轿车年税额 360 元/辆，卡车年税额 80 元/吨，客车年税额 800 元/辆，机动船年税额 4 元/吨，拖船年税额 3 元/吨。计算该公司应缴纳的车船税。

【解析】 轿车应纳税额 = 5 × 360 = 1 800(元)。

货运卡车应纳税额 = 8 × 5 × 80 = 3 200(元)。

客车应纳税额 = 2 × 800 = 1 600(元)。

机动船应纳税额 = 2 × 4 × 400 = 3 200(元)。

拖船应纳税额 = 3 × 10 × 50% = 15(元)。

洪顺公司应纳车船税总额 = 1 800 + 3 200 + 1 600 + 3 200 + 15 = 9 815(元)。

## 七、车船税的征收管理

### (一) 纳税义务发生时间

车船税纳税义务发生时间为取得车船所有权或者管理权的当月，应当以购买车船的发票或者其他证明文件所载日期的当月为准。

车船税按年申报，分月计算，一次性缴纳。纳税年度为公历 1 月 1 日至 12 月 31 日。

购置的新车船，购置当年的应纳税额自取得车船所有权或管理权的当月起按月计算，应纳税额为年应纳税额除以 12 再乘以应纳税月份数。

$$应纳税额 = 年应纳税额 \div 12 \times 应纳税月份数$$

### (二) 纳税地点

依法应当在车船登记部门登记的车船，纳税人自行申报缴纳的，应在车船的登记地缴纳车船税；保险机构代收代缴车船税的，应在保险机构所在地缴纳车船税。已由保险机构代收代缴车船税的，纳税人不再向税务机关申报缴纳车船税。依法不需要办理登记的车船，应在车船的所有人或者管理人所在地缴纳车船税。

### (三) 车船税的纳税申报

属于《中华人民共和国车船税法》所附《车船税税目税额表》规定的车辆、船舶的所有人或者管理人，依照税收法律法规及相关规定确定的申报期限、申报内容，就其应税项目向税务机关申报缴纳车船税。

# 任务三　耕地占用税

耕地占用税是对占用耕地建房或从事其他非农业建设的单位和个人，就其实际占用的耕地面积征收的一种税，它属于对特定土地资源占用课税。

## 一、纳税义务人

耕地占用税的纳税义务人，是在中华人民共和国境内占用耕地建设建筑物、构筑物或从事非农业建设的单位和个人。

单位指国有企业、集体企业、私营企业、股份制企业、外商投资企业、外国企业、其他企业和行政单位、事业单位、军事单位、社会团体及其他单位。个人包括个体经营者及其他个人。

## 二、征税范围

耕地占用税的征税范围为中华人民共和国境内被占用的耕地。所谓 "耕地"是指用于种植农作物的土地。

具体而言，下列占地行为应缴纳耕地占用税：

(1) 纳税人因建设项目施工或地质勘查临时占用耕地的。

(2) 占用园地、林地、草地、农田水利用地、养殖水面、渔业水域滩涂以及其他农用地建设建筑物、构筑物或者从事非农业建设的。

① 园地，包括果园、茶园、橡胶园、其他园地。其中，其他园地包括种植桑树、可可、咖啡、油棕、胡椒、药材等其他多年生作物的园地。

② 林地，包括乔木林地、竹林地、红树林地、森林沼泽、灌木林地、灌丛沼泽、其他林地，不包括城镇村庄范围内的绿化林木用地，铁路、公路征地范围内的林木用地，以及河流、沟渠的护堤林用地。其中，其他林地，包括疏林地、未成林地、迹地、苗圃等林地。

③ 草地，包括天然牧草地、沼泽草地、人工牧草地，以及用于农业生产并已由相关行政主管部门发放使用权证的草地。

④ 农田水利地，包括农田排灌沟渠及相应附属设施用地。

⑤ 养殖水面，包括人工开挖或天然形成的用于水产养殖的河流水面、湖泊水面、水库水面、坑塘水面及相应附属设施用地。

⑥ 渔业水域滩涂，包括专门用于种植或养殖水生动植物的海水潮浸地带和滩地，以及用于种植芦苇并定期进行人工养护管理的苇田。

此外，纳税人因挖损、采矿塌陷、压占、污染等损毁耕地，属于上述所称占用耕地从事非农业建设的情形，同样需要缴纳耕地占用税。

## 三、税率

由于在我国的不同地区之间人口和耕地资源的分布极不均衡，有些地区人烟稠密，耕地资源相对匮乏；而有些地区则人烟稀少，耕地资源比较丰富。各地区之间的经济发展水平也有很大差异。考虑到不同地区之间客观条件的差别以及与此相关的税收调节力度和纳税人负担能力方面的差别，耕地占用税在税率设计上采用了地区差别定额税率。耕地占用税的税额规定如下：

(1) 人均耕地不超过 1 亩的地区(以县级行政区域为单位，下同)，每平方米为 10 元～50 元；

(2) 人均耕地超过 1 亩但不超过 2 亩的地区，每平方米为 8 元～40 元；

(3) 人均耕地超过 2 亩但不超过 3 亩的地区，每平方米为 6 元～30 元；

(4) 人均耕地超过 3 亩的地区，每平方米为 5 元～25 元。

国务院财政、税务主管部门根据人均耕地面积和经济发展情况确定各省、自治区、直辖市的平均税额。

各地适用税额，由省、自治区、直辖市人民政府在规定的税额幅度内，根据本地区情况核定。各省、自治区、直辖市人民政府核定的适用税额的平均水平，不得低于规定的平均税额，各省、自治区、直辖市耕地占用税平均税额如表 5-3 所示。

经济特区、经济技术开发区和经济发达且人均耕地特别少的地区，适用税额可以适当提高，但是提高的部分最高不得超过当地适用税额的 50%。

表 5-3　各省、自治区、直辖市耕地占用税平均税额表

| 地　　区 | 每平方米平均税额/元 |
| --- | --- |
| 上海 | 45 |
| 北京 | 40 |
| 天津 | 35 |
| 江苏、浙江、福建、广东 | 30 |
| 辽宁、湖北、湖南 | 25 |
| 河北、安徽、江西、山东、河南、重庆、四川 | 22.5 |
| 广西、海南、贵州、云南、陕西 | 20 |
| 山西、吉林、黑龙江 | 17.5 |
| 内蒙古、西藏、甘肃、青海、宁夏、新疆 | 12.5 |

## 四、计税依据

纳税人实际占用的属于耕地占用税征税范围的土地(以下简称应税土地)面积为计税依

据，以每平方米为计量单位。

## 五、应纳税额的计算

应纳税额的计算公式如下：

$$应纳税额 = 应税土地面积(平方米) \times 适用定额税率$$

【例题 5.4】 某市一家企业新占用 60 000 平方米耕地用于工业建设，所占耕地适用的定额税率为 15 元/平方米，计算该企业应纳的耕地占用税。

【解析】 应纳税额 = 60 000 × 15 = 900 000(元)。

## 六、税收优惠

### (一) 免征耕地占用税

(1) 军事设施占用耕地。

(2) 学校、幼儿园、社会福利机构、医疗机构占用耕地。

### (二) 减征耕地占用税

(1) 铁路线路、公路线路、飞机场跑道、停机坪、港口、航道占用耕地，减按每平方米 2 元的税额征收耕地占用税。

(2) 农村居民占用耕地新建住宅，按照当地适用税额减半征收耕地占用税。

## 七、征收管理

### (一) 征收单位

耕地占用税由税务机关负责征收。

### (二) 纳税义务发生时间

纳税人收到自然资源主管部门办理占用耕地手续书面通知的当日。

### (三) 纳税期限

纳税人应当自纳税义务发生之日起 30 日内申报缴纳耕地占用税。

### (四) 纳税地点

纳税人占用耕地，应当在耕地所在地申报纳税。

### (五) 纳税申报

耕地占用税纳税人依法纳税申报时，应填报《耕地占用税纳税申报表》，同时依占用应税土地的不同情形分别提交相关资料。

# 任务四　烟　叶　税

烟叶税是对我国境内收购烟叶的行为以收购金额为征税依据而征收的一种税,体现国家对烟草"寓禁于征"的政策。

## 一、纳税义务人

在中华人民共和国境内收购烟叶的单位为烟叶税的纳税人,烟叶的生产、销售方不是烟叶税的纳税人,烟叶的收购方是烟叶税的纳税人。

收购烟叶的单位,是指依照《中华人民共和国烟草专卖法》的规定有权收购烟叶的公司或受其委托收购烟叶的单位。依照《中华人民共和国烟草专卖法》查处没收的违法收购的烟叶,由收购罚没烟叶的单位按照购买金额计算缴纳烟叶税。

## 二、征税范围

烟叶税的征税对象是烟叶,包括烤烟叶、晾晒烟叶。

晾晒烟叶包括列入名晾晒烟名录的晾晒烟叶和未列入名晾晒烟名录的其他晾晒烟叶。

## 三、税率

烟叶税的税率为20%。

## 四、计税依据

烟叶税的计税依据为纳税人收购烟叶实际支付的价款总额。实际支付的价款总额,包括纳税人支付给烟叶生产、销售单位和个人的烟叶收购价款和价外补贴。按照简化手续、方便征收的原则,对价外补贴统一按烟叶收购价款的10%计算。实际支付的价款总额计算公式如下:

$$实际支付的价款总额 = 收购价款 \times (1 + 10\%)$$

## 五、应纳税额的计算

应纳税额的计算公式如下:

$$应纳税额 = 实际支付的价款总额 \times 20\%$$

【例题5.5】 某烟草公司向烟农收购一批烟叶,收购价款为200万元(不含价外补贴),另外支付的价外补贴为烟叶收购价款的10%,计算该烟草公司应缴纳的烟叶税。

【解析】 应纳税额 = $200 \times (1 + 10\%) \times 20\% = 44$(万元)。

## 六、征收管理

### (一) 纳税地点

纳税人收购烟叶，应当向烟叶收购地的主管税务机关申报纳税。

### (二) 纳税时间

烟叶税的纳税义务发生时间为纳税人收购烟叶的当日。

### (三) 纳税申报

烟叶税按月计征，纳税人应当于纳税义务发生月终了之日起十五日内申报并缴纳税款。

# 任务五　环境保护税

环境保护税，也有人称之为生态税、绿色税。我国在多年高速发展、经济增长的同时也付出了环境污染的代价。为了保护和改善环境，减少污染物排放，推进生态文明建设，2016 年 12 月 25 日第十二届全国人民代表大会常务委员会第二十五次会议通过了《中华人民共和国环境保护税法》(以下简称《环境保护税法》)自 2018 年 1 月 1 日起施行。

## 一、纳税义务人

在中华人民共和国领域和中华人民共和国管辖的其他海域，直接向环境排放应税污染物的企业、事业单位和其他生产、经营者为环境保护税的纳税人。

依法设立的城乡污水集中处理、生活垃圾集中处理场所超过国家和地方规定的排放标准向环境排放应税污染物的，应当缴纳环境保护税；企业、事业单位和其他生产、经营者贮存或者处置固体废物不符合国家和地方环境保护标准的，应当缴纳环境保护税。

## 二、征税对象

环境保护税的征税对象为纳税人直接向环境排放的应税污染物，是《环境保护税法》所附《环境保护税税目税额表》《应税污染物和当量值表》规定的大气污染物、水污染物、固体废物和噪声。

## 三、不征税项目

有下列情形之一的，不属于直接向环境排放污染物，不缴纳相应污染物的环境保护税：

(1) 企业、事业单位和其他生产、经营者向依法设立的污水集中处理、生活垃圾集中处理场所排放应税污染物的；

(2) 企业、事业单位和其他生产、经营者在符合国家和地方环境保护标准的设施、场所贮存或者处置固体废物的。

## 四、税目及税率

### (一) 税目

根据《环境保护税法》的规定，环境保护税的征税对象是应税污染物，主要是四类重点污染物，即大气污染物、水污染物、固体废物和噪声。

#### 1. 大气污染物

大气污染物，是指由于人类活动或自然过程排入大气的并对人和环境产生有害影响的物质。应税大气污染物共计 44 种。

#### 2. 水污染物

水污染物，是指直接或间接向水体排放的，能导致水体污染的物质。应税水污染物包括 10 种第一类水污染物和 51 种第二类水污染物。

#### 3. 固体废物

固体废物，是指在生产、生活和其他活动中产生的丧失原有利用价值，或者虽未丧失利用价值但被抛弃或放弃的固态、半固态和置于容器中的气态的物品、物质以及法律、行政法规规定纳入固体废物管理的物品、物质。

应税固体废物包括煤矸石，尾矿，危险废物，冶炼渣、粉煤灰、炉渣、其他固体废物(含半固态、液态废物)。

#### 4. 噪声

噪声，是指在工业生产、建筑施工、交通运输和社会生活中产生的干扰周围生活环境的声音，当所产生的环境噪声超过国家规定的环境噪声排放标准，并干扰他人正常生活、工作和学习时，就形成噪声污染。目前只对工业企业厂界噪声超标的情况征收环境保护税。

### (二) 税率

应税污染物的适用税率有两种，一是全国统一定额税，二是浮动定额税。

对固体废物和噪声实行的是全国统一的定额税制，对大气和水污染物实行各省浮动定额税制，既有上限也有下限，税额上限设定为下限的 10 倍。各省可以在此幅度范围内自行选择定额税的金额。

应税大气污染物和水污染物的具体适用税额的确定和调整，由省、自治区、直辖市人民政府统筹考虑本地区环境承载能力、污染物排放现状和经济社会生态发展目标要求，在《环境保护税法》所附《环境保护税税目税额表》规定的税额幅度内提出，报同级人民代表大会常务委员会决定，并报全国人民代表大会常务委员会和国务院备案。

## 五、计税依据

应税污染物的计税依据根据污染物的种类来确定。具体按照下列方法确定：

(1) 应税大气污染物按照污染物排放量折合的污染当量数确定；

(2) 应税水污染物按照污染物排放量折合的污染当量数确定；

(3) 应税固体废物按照固体废物的排放量确定；

(4) 应税噪声按照超过国家规定标准的分贝数确定。

应税大气污染物、水污染物的污染当量数，以该污染物的排放量除以该污染物的污染当量值计算。每种应税大气污染物、水污染物的具体污染当量值，依照《环境保护税法》所附《应税污染物和当量值表》执行。

每一排放口或者没有排放口的应税大气污染物，按照污染当量数从大到小排序，对前三项污染物征收环境保护税。

每一排放口的应税水污染物，按照《应税污染物和当量值表》，区分第一类水污染物和其他类水污染物，按照污染当量数从大到小排序，对第一类水污染物前五项征收环境保护税，对其他类水污染物前三项征收环境保护税。

《环境保护税税目税额表》及《应税污染物和当量值表》详见二维码

另外，省、自治区、直辖市人民政府根据本地区污染物减排的特殊需要，可以增加同一排放口征收环境保护税的应税污染物项目数，报同级人民代表大会常务委员会决定，并报全国人民代表大会常务委员会和国务院备案。

## 六、应税污染物排放量的计算

应税大气污染物、水污染物、固体废物的排放量和噪声的分贝数，按照下列方法和顺序计算：

(1) 纳税人安装使用符合国家规定和监测规范的污染物自动监测设备的，按照污染物自动监测数据计算；

(2) 纳税人未安装使用污染物自动监测设备的，按照监测机构出具的符合国家有关规定和监测规范的监测数据计算；

(3) 因排放污染物种类多等原因不具备监测条件的，按照国务院生态环境主管部门规定的排污系数、物料衡算方法计算；

(4) 不能按照本条第(1)项至第(3)项规定的方法计算的，按照省、自治区、直辖市人民政府生态环境主管部门规定的抽样测算的方法核定计算。

## 七、应纳税额的计算

环境保护税应纳税额按照下列方法计算：

(1) 应税大气污染物的应纳税额为污染当量数乘以具体适用税额；

(2) 应税水污染物的应纳税额为污染当量数乘以具体适用税额；

(3) 应税固体废物的应纳税额为固体废物排放量乘以具体适用税额；

(4) 应税噪声的应纳税额为超过国家规定标准的分贝数对应的具体适用税额。

【例题5.6】某企业5月向大气直接排放二氧化硫160吨、氮氧化物228吨，烟尘45吨、一氧化碳20吨，该企业所在地区大气污染物的税额标准为1.2元/污染当量，该企业只有一个排放口。已知二氧化硫、氮氧化物的污染当量值为0.95千克，烟尘污染当量值为

2.18 千克，一氧化碳污染当量值为 16.7 千克。请计算该企业当月大气污染物应缴纳的环境保护税(结果保留两位小数)。

【解析】　第一步：计算各污染物的污染当量值。

二氧化硫：$160 \times 1\,000 \div 0.95 = 168\,421.05$；

氮氧化物：$228 \times 1\,000 \div 0.95 = 240\,000$；

烟尘：$45 \times 1\,000 \div 2.18 = 20\,642.20$；

一氧化碳：$20 \times 1\,000 \div 16.7 = 1\,197.60$。

第二步：按污染物的污染当量数排序。

氮氧化物(240 000) > 二氧化硫(168 421.05) > 烟尘(20 642.20) > 一氧化碳(1 197.60)

第三步：选取前三项污染物计算应纳税额。

氮氧化物：$240\,000 \times 1.2 = 288\,000(元)$；

二氧化硫：$168\,421.05 \times 1.2 = 202\,105.26(元)$；

烟尘：$20\,642.20 \times 1.2 = 24\,770.64(元)$；

应纳环境保护税税额 $= 288\,000 + 202\,105.26 + 24\,770.64 = 514\,875.90(元)$。

## 八、税收优惠

### (一) 免征规定

下列情形，暂予免征环境保护税：

(1) 农业生产(不包括规模化养殖)排放应税污染物的；

(2) 机动车、铁路机车、非道路移动机械、船舶和航空器等流动污染源排放应税污染物的；

(3) 依法设立的城乡污水集中处理、生活垃圾集中处理场所排放相应应税污染物，不超过国家和地方规定的排放标准的；

(4) 纳税人综合利用的固体废物，符合国家和地方环境保护标准的；

(5) 国务院批准免税的其他情形。

第(5)项免税规定，由国务院报全国人民代表大会常务委员会备案。

### (二) 减征规定

(1) 纳税人排放应税大气污染物或者水污染物的浓度值低于国家和地方规定的污染物排放标准30%的，减按75%征收环境保护税。

(2) 纳税人排放应税大气污染物或者水污染物的浓度值低于国家和地方规定的污染物排放标准50%的，减按50%征收环境保护税。

## 九、征收管理

### (一) 纳税义务发生时间

纳税义务发生时间为纳税人排放应税污染物的当日。

### (二) 纳税地点

纳税人应当向应税污染物排放地的税务机关申报缴纳环境保护税。

应税污染物排放地是指:

(1) 应税大气污染物、水污染物排放口所在地;

(2) 应税固体废物产生地;

(3) 应税噪声产生地。

纳税人跨区域排放应税污染物,税务机关对税收征收管辖有争议的,由争议各方按照有利于征收管理的原则协商解决;不能协商一致的,报请共同的上级税务机关决定。

### (三) 纳税期限

环境保护税按月计算,按季申报缴纳。不能按固定期限计算缴纳的,可以按次申报缴纳。

纳税人申报缴纳时,应当向税务机关报送所排放应税污染物的种类、数量,大气污染物、水污染物的浓度值,以及税务机关根据实际需要要求纳税人报送的其他纳税资料。

纳税人按季申报缴纳的,应当自季度终了之日起十五日内,向税务机关办理纳税申报并缴纳税款。纳税人按次申报缴纳的,应当自纳税义务发生之日起十五日内,向税务机关办理纳税申报并缴纳税款。

纳税人应当依法如实办理纳税申报,对申报的真实性和完整性承担责任。

### (四) 其他规定

税务机关应当将纳税人的纳税申报数据资料与生态环境主管部门交送的相关数据资料进行比对。

税务机关发现纳税人的纳税申报数据资料异常或者纳税人未按照规定期限办理纳税申报的,可以提请生态环境主管部门进行复核,生态环境主管部门应当自收到税务机关的数据资料之日起十五日内向税务机关出具复核意见。税务机关应当按照生态环境主管部门复核的数据资料调整纳税人的应纳税额。

依照《环境保护税法》第十条第(四)项的规定核定计算污染物排放量的,由税务机关会同生态环境主管部门核定污染物排放种类、数量和应纳税额。

纳税人从事海洋工程向中华人民共和国管辖海域排放应税大气污染物、水污染物或者固体废物,申报缴纳环境保护税的具体办法,由国务院税务主管部门会同国务院生态环境主管部门规定。

纳税人和税务机关、生态环境主管部门及其工作人员违反本法规定的,依照《中华人民共和国税收征收管理法》《中华人民共和国环境保护法》和有关法律法规的规定追究法律责任。

各级人民政府应当鼓励纳税人加大环境保护建设投入,对纳税人用于污染物自动监测设备的投资予以资金和政策支持。

# 项目六

# 其他税类

## 任务一　房　产　税

房产税是以房屋为征税对象，依据房屋的计税余值或租金收入向房产所有人征收的一种财产税。

### 一、房产税的纳税人

房产税的纳税人是征税范围内的房屋的产权所有人。

(1) 产权属国家所有的，由经营管理单位纳税；产权属集体和个人所有的，由集体单位和个人纳税；

(2) 产权出典的，由承典人纳税。由于在房屋出典期间，产权所有人已无权支配房屋。因此，税法规定由对房屋具有支配权的承典人为纳税人。

(3) 产权所有人、承典人不在房屋所在地的，或者产权未确定及租典纠纷未解决的，由房产代管人或者使用人纳税。

### 二、房产税的征税范围

房产税的征税对象是房产，其征税范围包括城市、县城、建制镇和工矿区。

所谓房产，是指有屋面和围护结构(有墙或两边有柱)，能够遮风避雨，可供人们在其中生产、工作、学习、娱乐、居住或储藏物资的场所。至于那些独立于房屋之外的建筑物，如围墙、烟囱、水塔、变电塔、油池油柜、酒窖菜窖、酒精池、糖蜜池、室外游泳池、玻璃暖房、砖瓦石灰窑以及各种油气罐等，则不属于房产。

房地产开发企业建造的商品房，在出售前，不征收房产税；但是对出售前房地产开发企业已使用或出租、出借的商品房应按规定征收房产税。

城市是指经国务院批准设立的市，城市的征税范围为市区、郊区和市辖县县城，不包括农村。县城是指县人民政府所在地的地区。建制镇是指经省、自治区、直辖市人民政府批准设立的建制镇人民政府所在地，不包括所辖的行政村。建制镇的征税范围为镇。工矿区是指工商业比较发达、人口比较集中，符合国务院规定的建制镇标准，但尚未设立建制镇的大中型工矿企业所在地。开征房产税的工矿区须经省、自治区、直辖市人民政府批准。

## 三、房产税的税率

现行房产税采用比例税率，并根据房产税的计税依据分为两种：从价计税的，税率为1.2%；从租计税的，税率为12%。

2001年1月1日起，对个人居住用房出租仍用于居住的，其应缴纳的房产税暂减按4%的税率征收。2008年3月1日起，对个人出租住房，不区分用途，按4%的税率征收房产税。对企事业单位、社会团体以及其他组织按市场价格向个人出租用于居住的住房，减按4%的税率征收房产税。

## 四、房产税的计税依据

房产税计税办法分为按房产余值计税和按租金收入计税两种。按照房产余值计税征税的，称为从价计征；按照房产的租金收入征税的，称为从租计征。

### 1. 从价计征

房产税法规定，房产税按房产原值一次减除10%～30%的余值计算缴纳。各地扣除比例由当地省、自治区、直辖市人民政府确定。

房产原值是指纳税人按照会计制度规定，在账簿"固定资产"科目中记载的房屋原价。因此，凡按会计制度规定在账簿中记载有房屋原价的，应以房屋原价按规定减除一定比例后的房产余值计征房产税；没有记载房屋原价的，按照上述原则，并参照同类房屋，确定房产原值，按规定计征房产税；对房产原值明显不合理的，应重新予以评估。

此外在计征时还应以下问题：

(1) 工业用途的房产，以房屋原价的50%～60%作为应税房产原值；商业和其他用途的房产，以房屋原价的70%～80%作为应税房产原值。房屋原价折算为应税房产原值的比例，由各省、自治区、直辖市和计划单列市财政和地方税务部门在上述幅度内自行确定。对于与地上房屋相连的地下建筑，如房屋的地下室、地下停车场、商场的地下部分，应将地下部分与地上房屋视为一个整体，按照地上房屋建筑的有关规定计算征收房产税。

(2) 房产原值应包括与房屋不可分割的各种附属设备或一般不单独计算价值的配套设施。主要有暖气、卫生、通风、照明、煤气等设备；各种管线，如蒸汽、压缩空气、石油、给水排水等管道及电力、电信、电缆导线；电梯、升降机、过道、晒台等。

(3) 对投资联营的房产，在计征房产税时应予以区别对待。对于以房产投资联营，投资者参与投资利润分红，共担风险的，按房产余值作为计税依据计征房产税；对以房产投资，收取固定收入，不承担联营风险的，实际是以联营名义取得房产租金，应根据《房产税暂行条例》的有关规定，由出租方按租金收入计算缴纳房产税。

(4) 对融资租赁房屋的情况，由于租赁费包括购进房屋的价款、手续费、借款利息等，与一般房屋出租的"租金"内涵不同，且租赁期满后，当承租方偿还最后一笔租赁费时，房屋产权一般都转移到承租方，实际上是一种变相的分期付款购买固定资产的形式，所以在计征房产税时应以房产余值计算征收。根据财税〔2009〕128号文件的规定，融资租赁的房产，由承租人自融资租赁合同约定开始日的次月起依照房产余值缴纳房产税。合同未约定开始日的，由承租人自合同签订的次月起依照房产余值缴纳房产税。

(5) 纳税人对原有房屋进行改建、扩建的，要相应增加房屋的原值。

(6) 居民住宅区内业主共有的经营性房产，由实际经营(包括自营和出租)的代管人或使用人缴纳房产税。

### 2. 从租计征

从租计征是按房产的租金收入(不含增值税)计算缴纳房产税。

房产的租金，是房屋产权所有人出租房产使用权取得的报酬，包括货币收入和实物收入。

如果是以劳务或其他形式为报酬抵付房租收入的，应根据当地同类房产的租金水平，确定一个标准租金额从租计征。

对于出租房产，租赁双方签订的租赁合同约定有免收租金期限的，免收租金期间由产权所有人按房产原值缴纳房产税。

出租的地下建筑，按照出租地上房屋建筑的有关规定计算征收房产税。

## 五、房产税的优惠政策

(1) 国家机关、人民团体、军队自用的房产免征房产税。但上述免税单位的出租房产以及非自身业务使用的生产和营业用房，不纳入免税范围。

(2) 由国家财政部门拨付事业经费的单位自用房产，如学校、医疗卫生单位、托儿所、幼儿园、敬老院、文化、体育、艺术等实行全额或差额预算管理的事业单位所有的，在自身业务范围内使用的房产免征房产税。

(3) 宗教寺庙、公园、名胜古迹自用的房产免征房产税。宗教寺庙自用的房产，是指举行宗教仪式等的房屋和宗教人员使用的生活用房屋；公园、名胜古迹自用的房产，是指供公共参观游览的房屋及其管理单位的办公用房屋。但宗教寺庙、公园、名胜古迹中附设的营业单位，如影剧院、饮食部、茶社、照相馆等使用的房产及出租的房产，不属于免税范围。

(4) 个人所有非营业用房(主要是指居民住房、不分面积多少)，一律免征房产税。对个人拥有的营业用房或者出租的房产，应照章纳税。

(5) 房产税的其他减免。

经财政部、国家税务总局批准免税的其他房产，情况特殊，范围较小，可根据实际情况确定。

① 经有关部门鉴定，对毁损不堪居住的房屋和危险房屋，在停止使用后，可免征房产税。

② 2001年1月1日起，对按政府规定价格出租的公有住房和廉租住房，包括企业和自收自支事业单位向职工出租的单位自有住房；房管部门向居民出租的公有住房；落实私房政策中带户发还产权并以政府规定租金标准向居民出租的私有住房等，暂免征收房产税。

③ 经营公租房的租金收入，免征房产税。

④ 老年服务机构自用的房产暂免征收房产税。

⑤ 纳税单位与免税单位共同使用的房屋，按各自使用的部分划分，分别征收或免征房产税。

⑥ 对军队空余房产租赁收入暂免征收房产税。

⑦ 对为高校学生提供住宿服务，按照国家规定的收费标准收取住宿费的高校学生公寓免征房产税。

## 六、房产税的计算

### 1. 从价计征应纳税额的计算

从价计征是按房产的原值减除一定比例后的余值计征。其应纳税额的计算公式如下：

$$应纳税额 = 应税房产原值 \times (1 - 扣除比例) \times 1.2\%$$

### 2. 从租计征应纳税额的计算

从租计征是按房产的租金收入计征。其计算公式如下：

$$应纳税额 = 租金收入 \times 12\%(或 4\%)$$

【例题 6.1】　洪顺公司 2020 年度自有房屋 8 栋。其中 6 栋用于本公司的生产经营，房产原值 2 000 万元，不包括冷暖通风设备 100 万元，另 2 栋房屋租给某公司作经营用房，一次性取得租金收入 100 万元。试计算该企业房产应纳的房产税额 (注：该省规定按房产原值一次扣除 30% 后的余值计税)。

【解析】　自用房产年应纳税额 = [(2 000 + 100) × (1 − 30%)] × 1.2% = 17.64(万元)；

租金收入年应纳税额 = 100 × 12% = 12(万元)；

洪顺公司 2020 年应纳房产税税额 = 17.64 + 12 = 29.64(万元)。

## 七、房产税的征收管理

### (一) 房产税的纳税义务发生时间

(1) 将原有房产用于生产经营的，从生产经营之月起，计征房产税。

(2) 自建的房屋用于生产经营的，自建成之次月起，计征房产税。

(3) 委托施工企业建设的房屋，从办理验收手续之次月起，计征房产税。

(4) 购置新建商品房，自房屋交付使用之次月起，计征房产税。

(5) 购置存量房，自办理房屋权属转移、变更登记手续，房地产权属登记机关签发房屋权属证书之次月起，计征房产税。

(6) 出租、出借房产，自交付出租、出借房产之次月起，计征房产税。

(7) 房地产开发企业自用、出租、出借本企业建造的商品房，自房屋使用或交付之次月起，计征房产税。

### (二) 房产税的纳税期限

房产税实行按年征收，分期缴纳。纳税期限由省、自治区、直辖市人民政府规定。

### （三）征收机关和纳税地点

房产税在房产所在地缴纳。纳税人的房产不在同一地点的，应按房产的坐落地点分别向房产所在地的税务机关纳税。

### （四）纳税申报

纳税人应按照房产税暂行条例的要求，将现有房屋的坐落地点、结构、面积、原值、出租收入等情况，如实向房屋所在地税务机关登记，办理纳税申报，如实填写《房产税纳税申报表》。

# 任务二　契　　税

契税是指以在中华人民共和国境内转移的不动产为征税对象，向产权承受人征收的一种财产税。征收契税有利于增加地方财政收入，有利于保护合法产权，避免产权纠纷。

## 一、契税的纳税人

契税的纳税人是指在中国境内转移土地、房屋权属行为中，承受的单位和个人。所谓土地、房屋权属，是指土地使用权和房屋所有权；单位是指企业单位、事业单位、国家机关、军事单位和社会团体以及其他组织；个人是指个体经营者及其他个人，包括中国公民和外籍人员。

## 二、契税的征税范围

契税的征税对象为发生土地使用权和房屋所有权权属转移的土地和房屋。具体征税范围包括以下几项内容：

(1) 国有土地使用权出让。它是指土地使用者向国家交付土地使用权出让费用，国家将国有土地使用权在一定年限内让与土地使用者的行为。

国有土地使用权出让，受让者应向国家缴纳出让金，以出让金为依据计算缴纳契税。不得因减免土地出让金而减免契税。

(2) 土地使用权转让，包括出售、赠予和交换等转让方式。它是指土地使用者将土地使用权转移给其他单位和个人的行为，不包括农村集体土地承包经营权的转移。

(3) 房屋买卖。它是指房屋所有者将其房屋出售，由承受者交付货币、实物、无形资产或者其他经济利益的行为。

① 以房抵债或实物交换房屋。经当地政府和有关部门批准，以房抵债或实物交换房屋，均视同房屋买卖，应由产权承受人，按房屋现值缴纳契税。

② 以房产作投资或作股权转让。应根据国家房地产管理的有关规定，办理房屋产权交易和产权变更登记手续，视同房屋买卖，由产权承受人按契税税率计算缴纳契税。

③ 买房拆料或翻建新房，应照章征收契税。

(4) 房屋赠予。它是指房屋所有者将其房屋无偿转让给受赠者的行为。其前提是产权无纠纷，赠予人和受赠人双方自愿。房屋的受赠人要按规定缴纳契税。

对于《中华人民共和国继承法》规定的法定继承人(包括配偶、子女、父母、兄弟姐妹、祖父母、外祖父母)继承土地、房屋权属，不征契税；非法定继承人根据遗嘱承受死者生前的土地、房屋权属，属于赠予行为，应征收契税。

(5) 房屋交换。它是指房屋住户、用户、所有人为了生活工作方便，互相交换房屋的使用权或所有权的行为。

行为的内容是：① 房屋使用权交换。经房屋所有人同意，使用者可以通过变更租赁合同，办理过户手续，交换房屋使用权。交换房屋的价值相等的不征收契税。② 房屋所有权交换。交换双方应订立交换契约，办理房屋产权变更手续和契税手续。房屋产权相互交换，双方交换价值相等，免纳契税，办理免征契税手续；其价值不相等的，按超出部分由支付差价方缴纳契税。

在市场经济形式的发展变化下，有些特殊方式转移土地、房屋权属的，也视同土地使用权转让、房屋买卖或者房屋赠予。包括以土地、房屋权属作价投资、入股；以土地、房屋权属抵债；以获奖方式承受土地、房屋权属；以预购方式或预付集资建房款方式承受土地、房屋权属。

## 三、契税的税率

契税实行幅度比例税率，税率幅度为3%～5%。具体执行税率，由各省、自治区、直辖市人民政府在规定的幅度内，根据本地区的实际情况确定。2010年10月1日起，对个人购买90平方米及以下且家庭唯一住房的普通住房，减按1%税率征收契税。

## 四、契税的计税依据

契税的计税依据为不含增值税的不动产的价格，按照土地、房屋交易的不同情况具体确定：

(1) 土地使用权出售、房屋买卖，其计税依据为成交价格。成交价格是指土地、房屋权属转移合同确定的价格，包括承受者应交付的货币、实物、无形资产或其他经济利益。

(2) 土地使用权赠予、房屋赠予，其计税依据由征收机关参照土地使用权出售、房屋买卖的市场价格核定。

(3) 土地使用权交换、房屋交换，其计税依据是所交换的土地使用权、房屋的价格差额，即交换价格相等时免征契税，交换价格不等时由多交付的一方缴纳契税。

(4) 出让国有土地使用权的，其契税计税价格为承受人为取得该土地使用权而支付的全部经济利益。

① 以协议方式出让的，其契税计税价格为成交价格。成交价格包括土地出让金、土地补偿费、安置补助费、地上附着物和青苗补偿费、拆迁补偿费、市政建设配套费等承受者应支付的货币、实物、无形资产及其他经济利益。

② 以竞价方式取得出让的，其契税计税价格，一般应确定为竞价的成交价格，土地出让金、市政建设配套费以及各种补偿费用应包括在内。

③ 以划拨方式取得土地使用权，后经批准改为出让方式取得该土地使用权的，应依法缴纳契税。计税依据为应补缴的土地出让金和其他出让费用。

④ 已购公有住房经补缴土地出让金和其他出让费用成为完全产权住房的，免征土地权属转移的契税。

对成交价格明显低于市场价格且无正当理由的，或所交换土地使用权、房屋价格的差额明显不合理的，征收机关可以参照市场价格核定计税依据。

(5) 房屋买卖的契税计税价格为房屋买卖合同的总价款，买卖价款的房屋装修费用应包括在内。

## 五、契税的优惠政策

(1) 国家机关、事业单位、社会团体、军事单位承受土地、房屋用于办公、教学、医疗、科研和军事设施的，免征契税。

(2) 城镇职工按规定第一次购买公有住房的，免征契税。

(3) 因不可抗力丧失住房而重新购买住房的，酌情准予减征或者免征契税。不可抗力是指自然灾害、战争等不能预见、不可避免并且不能克服的客观情况。

(4) 土地、房屋被县级以上人民政府征用、占用后，重新承受土地、房屋权属的，由省级人民政府确定是否减免契税。

(5) 承受荒山、荒沟、荒丘、荒滩土地使用权，并用于农、林、牧、渔业生产的，免征契税。

(6) 公租房经营单位购买住房作为公租房的，免征契税。

(7) 对个人购买家庭唯一住房，面积为 90 平方米及以下的，减按 1%的税率征收契税；面积为 90 平方米以上的，减按 1.5%的税率征收契税。

(8) 对个人购买家庭第二套改善性住房，面积为 90 平方米及以下的，减按 1%的税率征收契税；面积为 90 平方米以上的，减按 2%的税率征收契税。

(9) 经外交部确认，依照我国有关法律规定以及我国缔结或参加的双边和多边条约或协定，应当予以免税的外国驻华使馆、领事馆、联合国驻华机构及其外交代表、领事官员和其他外交人员承受土地、房屋权属的，免征契税。

## 六、契税的计算

计算契税应纳税额的基本公式如下：

$$应纳税额 = 计税依据 \times 适用税率$$

【例题 6.2】 2020 年 5 月，洪顺公司将一套房屋以 600 万元的价格卖给华艺公司，试计算应缴纳的契税(当地契税税率为 3%)。

【解析】 华艺公司应缴纳契税税额 $= 600 \times 3\% = 18(万元)$。

【例题 6.3】 2020 年 6 月，洪顺公司将一套价值 500 万元的经营性房屋与圣迪公司一套价值 520 万元的经营性房屋互相交换，试计算应缴纳的契税(当地契税税率为 3%)。

【解析】 洪顺公司应缴纳契税税额 $= (520 - 500) \times 3\% = 6\ 000(元)$。

## 七、契税的征收管理

### (一) 纳税义务发生时间

契税的纳税义务发生时间是纳税人签订土地、房屋权属转移合同的当天，或者纳税人取得其他具有土地、房屋权属转移合同性质凭证(如契约、协议、合约、单据和确认书)的当天。

### (二) 纳税期限

纳税人应当自纳税义务发生之日起 10 日内，向土地、房屋所在地的契税征收机关办理纳税申报，并在契税征收机关核定的期限内缴纳税款。

### (三) 纳税地点

契税在土地、房屋所在地的征收机关缴纳。

### (四) 纳税申报

纳税人应当在规定的期限内，填制《契税纳税申报表》，向契税的征收机关办理纳税申报，并在核定的期限内缴纳税款。

# 任务三　城镇土地使用税

城镇土地使用税是以开征范围的土地为征税对象，以实际占用的土地面积为计税标准，按规定税额对拥有土地使用权的单位和个人征收的一种税。

# 一、纳税人

凡在城市、县城、建制镇、工矿区范围内使用土地的单位和个人，为城镇土地使用税的纳税义务人。

单位包括国有企业、集体企业、私营企业、股份制企业、外商投资企业、外国企业以及其他企业和事业单位、社会团体、国家机关、军队以及其他单位。个人包括个体工商户及其他个人。

由于在现实经济生活中，使用土地的情况十分复杂，为确保将城镇土地使用税及时、足额地征收入库，税法根据用地者的不同情况，对纳税人作了如下具体规定：

(1) 城镇土地使用税由拥有土地使用权的单位或个人缴纳；

(2) 拥有土地使用权的单位和个人不在土地所在地的，其土地的实际使用人和代管人为纳税人。

(3) 土地使用权未确定或权属纠纷未解决的，由实际使用人纳税；

(4) 土地使用权共有的，由共有各方分别纳税。

## 二、征税范围

城镇土地使用税的征税范围为城市、县城、建制镇和工矿区内的国家所有和集体所有的土地。其中，城市是指经国务院批准设立的市，其征税范围包括市区和郊区；县城是指县人民政府所在地，其征税范围为县人民政府所在地的城镇；建制镇是指经省、自治区、直辖市人民政府批准设立的，符合国务院规定的镇建制标准的镇，其征税范围为镇人民政府所在地；工矿区是指工商业比较发达，人口比较集中的大中型工矿企业所在地，工矿区的设立必须经省、自治区、直辖市人民政府批准。

建立在城市、县城、建制镇、工矿区以外的工矿企业不需要缴纳城镇土地使用税。

## 三、税率

城镇土地使用税实行分级幅度税额。每平方米土地年税额规定如下：

(1) 大城市 1.5～30 元；

(2) 中等城市 1.2～24 元；

(3) 小城市 0.9～18 元；

(4) 县城、建制镇、工矿区 0.6～12 元。

上述大、中、小城市是以登记在册的非农业正式户口人数为依据，按照国务院颁布的《城市规划条例》中规定的标准划分。人口在 50 万以上的，称为大城市；人口在 20 万～50 万的，称为中等城市；人口在 20 万以下的，称为小城市。城镇土地使用税税率如表 6-1 所示。

表 6-1　城镇土地使用税税率表

| 级　别 | 人口/人 | 每平方米税额/元 |
|---|---|---|
| 大城市 | 50 万以上 | 1.5～30 |
| 中等城市 | 20 万～50 万 | 1.2～24 |
| 小城市 | 20 万以下 | 0.9～18 |
| 县城、建制镇、工矿区 | | 0.6～12 |

根据《城镇土地使用税暂行条例》规定，各省、自治区、直辖市人民政府应当在法定税额幅度内，根据市政建设状况、经济繁荣程度等条件，确定所辖地区的适用税额幅度。市、县人民政府应当根据实际情况，将本地区土地划分为若干等级，在省、自治区、直辖市人民政府确定的税额幅度内，制定适用税额标准，报省、自治区、直辖市人民政府批准执行。

经省、自治区、直辖市人民政府批准，经济落后地区的城镇土地使用税适用税额标准可以适当降低，但降低额不得超过规定的最低税额的 30%。经济发达地区城镇土地使用税的适用税额标准可以适当提高，但须报经财政部批准。

## 四、城镇土地使用税应纳税额的计算

### (一) 计税依据

城镇土地使用税以纳税人实际占用的土地面积(平方米)为计税依据。

(1) 纳税人持有政府部门核发的土地使用证,实际占用的土地面积,以土地使用证书确认的土地面积为准。

(2) 尚未核发土地使用证书的,应由纳税人据实申报土地面积,据以纳税,待核发土地使用证以后再作调整。

### (二) 应纳税额的计算

城镇土地使用税的应纳税额依据纳税人实际占用的土地面积和适用单位税额计算。计算公式如下:

$$应纳税额 = 计税土地面积(平方米) \times 适用税额$$

▶小提示◀

土地使用权由几方共有的,由共有各方按照各自实际使用的土地面积占总面积的比例,分别计算缴纳土地使用税。

【例题 6.4】 设在某城市的一家企业使用土地面积为 1 000 平方米,经税务机关核定,该土地为应税土地,每平方米税额为 3 元。请计算其全年应纳的土地使用税税额。

【解析】 年应纳土地使用税税额 = 1 000 × 3 = 3 000(元)。

## 五、税收优惠

### (一) 减免税优惠的基本规定

城镇土地使用税的免税项目有:

**1. 国家机关、人民团体、军队自用的土地**

(1) 人民团体是指经国务院授权的政府部门批准设立或登记备案,并由国家拨付行政事业费的各种社会团体。

(2) 国家机关、人民团体、军队自用的土地,是指这些单位本身的办公用地和公务用地。

**2. 由国家财政部门拨付事业经费的单位自用的土地**

(1) 由国家财政部门拨付事业经费的单位,是指由国家财政部门拨付经费、实行全额预算管理或差额预算管理的事业单位。不包括实行自收自支、自负盈亏的事业单位。

(2) 事业单位自用的土地,是指这些单位本身的业务用地。

(3) 企业办的学校、医院、托儿所、幼儿园,其用地能与企业其他用地明确区分的,可以比照由国家财政部门拨付事业经费的单位自用的土地,免征城镇土地使用税。

**3. 宗教寺庙、公园、名胜古迹自用的土地**

(1) 宗教寺庙自用的土地,是指举行宗教仪式等的用地和寺庙内的宗教人员生活用地。

(2) 公园、名胜古迹自用的土地，是指供公共参观游览的用地及其管理单位的办公用地。公园、名胜古迹中附设的营业场所，如影剧院、饮食部、茶社、照相馆等用地，应征收城镇土地使用税。

### 4. 市政街道、广场、绿化地带等公共用地

非社会性的公共用地不能免税，如企业内的广场、道路、绿化等占用的土地。

### 5. 直接用于农、林、牧、渔业的生产用地

指直接从事种植、养殖、饲养的专业用地。农副产品加工厂占地和从事农、林、牧、渔业生产单位的生活、办公用地不包括在内。

### 6. 开山填海整治的土地

自行开山填海整治的土地和改造的废弃土地，从使用的月份起免缴城镇土地使用税 5 年至 10 年。开山填海整治的土地是指纳税人经有关部门批准后自行填海整治的土地，不包括纳税人通过出让、转让、划拨等方式取得的已填海整治的土地。

### 7. 由财政部另行规定免税的能源、交通、水利用地和其他用地

个人所有的居住房屋及院落用地，房产管理部门在房租调整改革前经租的居民住房用地，免税单位职工家属的宿舍用地，集体和个人举办的各类学校、医院、托儿所、幼儿园用地等的征免税，由各省、自治区、直辖市税务局确定。

【例题 6.5】 某市一商场坐落在该市繁华地段，企业土地使用证书记载占用土地的面积为 6 000 平方米，经确定属一等地段；该商场另设两个统一核算的分店均坐落在市区三等地段，共占地 4 000 平方米；一座仓库位于市郊，属五等地段，占地面积为 1 000 平方米；另外，该商场自办托儿所占地面积 2 500 平方米，属三等地段。计算该商场全年应纳城镇土地使用税税额(一等地段年税额 4 元/平方米；三等地段年税额 2 元/平方米；五等地段年税额 1 元/平方米。当地规定托儿所占地面积免税)。

【解析】 (1) 商场占地应纳税额 = 6 000 × 4 = 24 000 (元)。

(2) 分店占地应纳税额 = 4 000 × 2 = 8 000 (元)。

(3) 仓库占地应纳税额 = 1 000 × 1 = 1 000 (元)。

(4) 商场自办托儿所按税法规定免税。

(5) 全年应纳土地使用税额 = 24 000 + 8 000 + 1 000 = 33 000 (元)。

## 六、城镇土地使用税的征收管理

### (一) 纳税义务发生时间

(1) 购置新建商品房，自房屋交付使用之次月起计征城镇土地使用税。

(2) 购置存量房，自办理房屋权属转移、变更登记手续，房地产权属登记机关签发房屋权属证书之次月起计征城镇土地使用税。

(3) 出租、出借房产，自交付出租、出借房产之次月起计征城镇土地使用税。

(4) 以出让或转让方式有偿取得土地使用权的，应由受让方从合同约定交付土地时间的次月起缴纳城镇土地使用税；合同未约定交付时间的，由受让方从合同签订的次月起缴

纳城镇土地使用税。

(5) 纳税人新征用的耕地，自批准征用之日起满 1 年时开始缴纳城镇土地使用税。

(6) 纳税人新征用的非耕地，自批准征用次月起缴纳城镇土地使用税。

### (二) 纳税期限

城镇土地使用税按年计算，分期缴纳。缴纳期限由省、自治区、直辖市人民政府确定。各省、自治区、直辖市税务机关结合当地情况，一般分别确定按月、季、半年或 1 年等不同的期限缴纳。

### (三) 纳税地点

城镇土地使用税的纳税地点为土地所在地，由土地所在地的税务机关负责征收。纳税人使用的土地不属于同一市(县)管辖范围内的，由纳税人分别向土地所在地的税务机关申报缴纳。在同一省(自治区、直辖市)管辖范围内，纳税人跨地区使用的土地，由各省、自治区、直辖市税务局确定纳税地点。

### (四) 纳税申报

纳税人应依据当地税务机关规定的期限，填写《城镇土地使用税纳税申报表》，将其占用土地的权属、位置、用途、面积和税务机关规定的其他内容，据实向当地税务机关办理纳税申报登记，并提供有关的证明文件资料。纳税人新征用的土地，必须于新征用土地批准之日起 30 日内申报登记。纳税人如有住址变更、土地使用权属转换等情况，从转移之日起，按规定期限办理申报变更登记。

# 任务四　车辆购置税

车辆购置税是以在中华人民共和国境内购置规定车辆为课税对象、在特定的环节向车辆购置者征收的一种税。

## 一、车辆购置税的纳税人

在中华人民共和国境内购置汽车、有轨电车、汽车挂车、排气量超过 150 毫升的摩托车的单位和个人，为车辆购置税的纳税人，应当依照《车辆购置税法》规定缴纳车辆购置税。单位是指国有企业、集体企业、私营企业、股份制企业、外商投资企业、外国企业以及其他企业，事业单位、社会团体、国家机关、部队以及其他单位。个人是指个体工商户及其他个人，泛指具有民事权利能力，依法享有民事权利，承担民事义务的自然人，包括中华人民共和国公民和外国公民。

## 二、车辆购置税的征税范围

车辆购置税的征税对象包括汽车、有轨电车、汽车挂车、排气量超过 150 毫升的摩托车。

具体包括购买自用、进口自用、受赠使用、自产自用、获奖自用和其他自用的应税车辆。

地铁、轻轨等城市轨道交通车辆，装载机、平地机、挖掘机、推土机等轮式专用机械车，以及起重机(吊机)、叉车、电动摩托车，不属于应税车辆。

### 三、车辆购置税的税率

我国车辆购置税实行统一比例税率(一个税种只设计一个比例的税率)，税率为10%。

### 四、车辆购置税的计税依据

应税车辆的计税价格，按照下列规定确定：

(1) 纳税人购买自用应税车辆的计税价格，为纳税人实际支付给销售者的全部价款，不包括增值税税款，具体计算公式如下：

$$计税价格 = 全部价款 \div (1 + 增值税税率或征收率)$$

(2) 纳税人进口自用应税车辆的计税价格，为组成计税价格，其计算公式如下：

$$组成计税价格 = 关税完税价格 + 关税 + 消费税$$

(3) 纳税人自产自用应税车辆的计税价格，按照纳税人生产的同类应税车辆的销售价格确定，不包括增值税税款；没有同类应税车辆销售价格的按照组成计税价格确定，具体计算公式如下：

$$组成计税价格 = 成本 \times (1 + 成本利润率)$$

属于应征消费税的应税车辆，其组成计税价格中应加计消费税税额。

(4) 纳税人以受赠、获奖或者其他方式取得自用应税车辆的计税价格，按照购置应税车辆时相关凭证载明的价格确定，不包括增值税税款。

纳税人申报的应税车辆计税价格明显偏低，又无正当理由的，由税务机关依照《中华人民共和国税收征收管理法》的规定核定其应纳税额。

纳税人以外汇结算应税车辆价款的，按照申报纳税之日的人民币汇率中间价折合成人民币计算缴纳税款。

### 五、车辆购置税的优惠政策

下列车辆免征车辆购置税：

(1) 依照法律规定应当予以免税的外国驻华使馆、领事馆和国际组织驻华机构及其有关人员自用的车辆；

(2) 中国人民解放军和中国人民武装警察部队列入装备订货计划的车辆；

(3) 悬挂应急救援专用号牌的国家综合性消防救援车辆；

(4) 设有固定装置的非运输专用作业车辆；

(5) 城市公交企业购置的公共汽电车辆。

根据国民经济和社会发展的需要，国务院可以规定减征或者其他免征车辆购置税的情形，报全国人民代表大会常务委员会备案。

## 六、车辆购置税的计算

车辆购置税实行从价定率的方法计算应纳税额，应纳税额的计算公式如下：

$$应纳税额 = 计税价格 × 税率$$

【例题 6.6】洪顺公司 2020 年 8 月购入一辆排量为 1.5 升的轿车，价格 9.5 万元(含增值税)；另从宣告破产的东亚公司以 9 万元竞拍到一辆排量为 1.8 升的桑塔纳轿车，该车为未上牌新车，国家税务总局核定同类型车辆的不含增值税销售价格为 13 万元。计算该公司 8 月份应缴纳的车辆购置税。

【解析】 应纳税额 = 95 000 ÷ (1 + 13%) × 10% + 130 000 × 10% = 21 407.08(元)。

## 七、车辆购置税的征收管理

2018 年 12 月 29 日第十三届全国人民代表大会常务委员会第七次会议通过了《中华人民共和国车辆购置税法》，2019 年 7 月 1 日起施行。

### (一) 纳税环节

车辆购置税的征税环节为使用环节，即最终消费环节。具体而言，纳税人应当在向公安机关等车辆管理机构办理车辆登记注册手续前，缴纳车辆购置税。

### (二) 纳税地点

(1) 需要办理车辆登记注册手续的纳税人，向车辆登记注册地的主管税务机关办理纳税申报；

(2) 不需要办理车辆登记注册手续的纳税人，单位纳税人向纳税人机构所在地的主管税务机关办理纳税申报；个人纳税人向其户籍所在地或经常居住地的主管税务机关申报纳税。

### (三) 纳税期限

车辆购置税的纳税义务发生时间为纳税人购置应税车辆的当日。纳税人应当自纳税义务发生之日起 60 日内申报缴纳车辆购置税。

### (四) 其他规定

(1) 免税、减税车辆因转让、改变用途等原因不再属于免税、减税范围的，纳税人应当在办理车辆转移登记或者变更登记前缴纳车辆购置税。计税价格以免税、减税车辆初次办理纳税申报时确定的计税价格为基准，每满一年扣减 10%。

(2) 纳税人将已征车辆购置税的车辆退回车辆生产企业或者销售企业的，可以向主管税务机关申请退还车辆购置税。退税额以已缴税款为基准，自缴纳税款之日至申请退税之日，每满一年扣减 10%。

(3) 税务机关和公安、商务、海关、工业和信息化等部门应当建立应税车辆信息共享和工作配合机制，及时交换应税车辆和纳税信息资料。

（五）纳税申报

车辆购置税实行一车一申报制度，实行一次性征收，购置已征车辆购置税的车辆，不再征收车辆购置税。

纳税人办理纳税申报时应如实填写《车辆购置税纳税申报表》，同时提供车辆合格证明和车辆相关价格凭证。2019 年 6 月 1 日起，纳税人在全国范围内办理车辆购置税纳税业务时，税务机关不再打印和发放纸质车辆购置税完税凭证。

# 任务五　城市维护建设税

城市维护建设税是对从事工商经营，缴纳增值税、消费税的单位和个人征收的一种税。

## 一、城市维护建设税的纳税人

凡缴纳增值税、消费税的单位和个人，为城市维护建设税的纳税人。包括国有企业、集体企业、私营企业、股份制企业、其他企业，行政单位、事业单位、军事单位、社会团体、其他单位，个体工商户和个人，外商投资企业、外国企业及外籍个人。

## 二、城市维护建设税的征税范围

城市维护建设税的征税范围比较广，具体包括城市、县城、建制镇，以及税法规定征收"二税"（增值税、消费税)的其他地区。城市、县城、建制镇的范围，应以行政区划为标准，不能随意扩大或缩小各自行政区域的管辖范围。

## 三、城市维护建设税的税率

城市维护建设税实行地区差别比例税率。按照纳税人所在地的不同，税率分别规定为三个档次：

（1）纳税人所在地为市区的，税率为 7%。

（2）纳税人所在地为县城、镇的，税率为 5%；撤县建市后，为 7%。

（3）纳税人所在地不在市区、县城或镇的，税率为 1%。

城市维护建设税的适用税率，一般规定按纳税人所在地的适用税率执行。但对下列两种情况，可按纳税人缴纳"两税"所在地的规定税率就地缴纳城市维护建设税：

（1）由受托方代收代缴、代扣代缴"两税"的单位和个人，其代收代缴、代扣代缴的城市维护建设税按受托方所在地适用税率；

（2）流动经营等无固定纳税地点的单位和个人，在经营地缴纳"两税"的，其城市维护建设税按经营地适用税率。

## 四、城市维护建设税的计税依据

城市维护建设税的计税依据是纳税人实际缴纳的增值税、消费税税额。城市维护建设税以"两税"税额为计税依据,指的是"两税"实际缴纳税额,不包括加收的滞纳金和罚款。但纳税人在被查补"两税"和被处以罚款时,应同时对其偷逃的城市维护建设税进行补税和罚款。城市维护建设税以"两税"税额为计税依据并同时征收,如减免"两税",也要同时减免城市维护建设税。但对出口产品退还增值税、消费税的,不退还已缴纳的城市维护建设税。

## 五、城市维护建设税的优惠政策

城市维护建设税原则上不单独减免,但因其具有附加税的性质,当主税发生减免时,必然会影响城市维护建设税而相应发生税收减免。针对一些比较特殊的情况,财政部和国家税务总局陆续作出一些税收优惠规定:

(1) 海关对进口产品代征增值税、消费税的,不征收城市维护建设税;

(2) 对出口产品退还增值税、消费税的,不退还已缴纳的城市维护建设税;

(3) 对"两税"实行先征后返、先征后退、即征即退办法的,除了另有规定,对随"两税"附征的城市维护建设税和教育费附加,一律不退(返)还;

(4) 对于因减免税而需要进行"两税"退库的,城市维护建设税也可以同时退库。

## 六、城市维护建设税的计算

城市维护建设税应纳税额按以下公式进行计算:

应纳税额 = (实际缴纳的增值税额 + 实际缴纳的消费税额) × 适用税率

【例题 6.7】 洪顺公司地处市区,2020 年 7 月应缴纳增值税 150 万元,消费税 30 万元;8 月应缴纳增值税 200 万元(其中因符合相关减免政策而退库 20 万元),消费税 90 万元。分别计算该公司 7、8 月份应缴纳的城市维护建设税。

【解析】 7 月份应纳城市维护建设税税额 = (150 + 30) × 7% = 12.6(万元)。

8 月份应纳城市维护建设税税额 = (200−20 + 90) × 7% = 18.9(万元)。

## 七、城市维护建设税的征收管理

### (一) 纳税地点

城市维护建设税是以实际缴纳的增值税、消费税税额为计税依据,与"两税"同时缴纳,纳税人在缴纳"两税"的地点即为缴纳城市维护建设税的地点。但以下情形例外:

(1) 代收代缴、代扣代缴"两税"的单位和个人,其城市维护建设税的纳税地点在代扣代收地。

(2) 跨省开采的油田,下属生产单位与核算单位不在一个省内的,各油井应纳的城市维护建设税,应由核算单位计算,随同增值税一并汇拨油井所在地,由油井在缴纳增值税时一并缴纳。

(3) 纳税人跨地区提供建筑服务、销售和出租不动产的,应在建筑服务发生地、不动产所在地预缴增值税时,以预缴增值税税额为计税依据,并按预缴增值税所在地的城市维护建设税适用税率和教育费附加征收率就地计算缴纳城市维护建设税和教育费附加。

预缴增值税的纳税人在其机构所在地申报缴纳增值税时，以其实际缴纳的增值税税额为计税依据，并按机构所在地的城市维护建设税适用税率和教育费附加征收率就地计算缴纳城市维护建设税和教育费附加。

(4) 对流动经营等无固定纳税地点的单位和个人，应随同"两税"在经营地按适用税率缴纳。

### (二) 纳税期限

城市维护建设税的纳税期限与"两税"的纳税期限一致。增值税、消费税的具体纳税期限，由主管税务机关根据税法规定和纳税人应纳税额的大小分别核定；不能按照固定期限纳税的，可以按次纳税。

### (三) 纳税申报

在中华人民共和国境内缴纳增值税、消费税的单位和个人，依照税收法律法规及相关规定确定的申报期限、申报内容，就其应税项目如实填写《城市维护建设税、教育费附加、地方教育附加税(费)申报表》。

相关知识：教育费附加和地方教育费附加。

#### 1. 概念

教育费附加和地方教育费附加是以单位和个人缴纳的增值税、消费税税额为计算依据征收的一种附加费。教育费附加和地方教育费附加对缴纳增值税、消费税的单位和个人征收，以其实际缴纳的增值税、消费税税额为计税依据，分别与增值税、消费税同时缴纳。

#### 2. 计征比率

1994 年 1 月 1 日至今，教育费附加征收比率为 3%。地方教育费附加征收率为 2%。

#### 3. 计算

应纳教育费附加 ＝ (实际缴纳的增值税额 ＋ 实际缴纳的消费税额) × 征收比率

#### 4. 减免规定

与城市维护建设税相同。

# 任务六　印花税

印花税是对经济活动和经济交往中，书立、领受、使用应税经济凭证的行为所征收的一种税。因纳税人主要是通过在应税凭证上粘贴印花税票来完成纳税义务，故名印花税。

## 一、印花税的纳税人

印花税的纳税义务人是在中华人民共和国境内书立、领受、使用属于征税范围内所列凭证的单位和个人。包括各类企业、事业、机关、团体、部队，以及中外合资企业、合作企业、外资企业、外国公司和其他经济组织及其在华机构等单位和个人。按照征税项目划分的具体纳税人是：

(1) 立合同人。书立各类经济合同的，以立合同人为纳税人。立合同人是指合同的当事人。所谓当事人，是指对凭证有直接权利义务关系的单位和个人，不包括保人、证人、鉴定人。如果应税凭证是由当事人的代理人代为书立的，则由代理人代为承担纳税义务。当事人为两方或两方以上的，各方均为纳税人。

(2) 立账簿人。建立营业账簿的，以立账簿人为纳税人。

(3) 立据人。订立各种财产转移书据的，以立据人为纳税人。立据人是指土地、房屋权属转移过程中买卖双方的当事人。

(4) 领受人。领取权利许可证照的，以领受人为纳税人。

(5) 使用人。指在国外书立或领受，但在国内使用应税凭证的单位和个人。

(6) 各类电子应税凭证的签订人。以电子形式签订的各类应税凭证的当事人。

对应税凭证，凡由两方或两方以上当事人共同书立的，其当事人各方都是印花税的纳税人，应各就其所持凭证的计税金额履行纳税义务。

## 二、印花税的征税范围

经济活动中发生的经济凭证种类繁多，数量巨大，因此现行印花税只对《印花税暂行条例》中列举的凭证征税，没有列举的凭证不征税。正式列举的凭证分为五类：经济合同、产权转移书据、营业账簿、权利、许可证照和经财政部门确认的其他凭证。具体内容如下。

### 1. 经济合同

合同是指当事人之间为实现一定目的，经协商一致，明确当事人各方权利、义务关系的协议。以经济业务活动作为内容的合同，通常称为经济合同。我国印花税只对依法订立的经济合同书征收。印花税税目中的合同比照我国《经济合同法》对经济合同的分类，在税目税率表中列举了10大类合同，具体内容如下：

(1) 购销合同。包括供应、预购、采购、购销结合及协作、调剂、补偿、易货等合同，还包括各出版单位与发行单位(不包括订阅单位和个人)之间订立的图书、报刊、音像征订凭证。

(2) 加工承揽合同。包括加工、定做、修缮、修理、印刷、广告、测绘、测试等合同。

(3) 建设工程勘察设计合同。包括勘察、设计合同的总包合同、分包合同和转包合同。

(4) 建筑安装工程承包合同。包括建筑、安装工程承包合同的总包合同、分包合同和转包合同。

(5) 财产租赁合同。包括租赁房屋、船舶、飞机、机动车辆、机械、器具、设备等合同；还包括企业、个人出租门店、柜台等所签订的合同，但不包括企业与主管部门签订的租赁承包合同。

(6) 货物运输合同。包括民用航空、铁路运输、海上运输、内河运输、公路运输和联运合同。

(7) 仓储保管合同。包括仓储、保管合同或作为合同使用的仓单、栈单(或称入库单)。

(8) 借款合同。包括银行及其他金融组织和借款人(不包括银行同业拆借)所签订的借款合同。

(9) 财产保险合同。包括财产、责任、保证、信用等保险合同。

(10) 技术合同。包括技术开发、转让、咨询、服务等合同。其中，技术转让合同包括专利申请转让、非专利技术转让所书立的合同，但不包括专利权转让、专利实施许可所书立的合同。后者适用于财产转移书据合同。

### 2. 产权转移书据

产权转移即财产权利关系的变更行为，表现为产权主体发生变更。产权转移书据是在产权的买卖、交换、继承、赠予、分割等产权主体变更过程中，产权出让人与受让人之间所订立的民事法律文书。

我国印花税税目中的产权转移书据包括财产所有权、版权、商标专用权、专利权、专有技术使用权共5项产权的转移书据。其中，财产所有权转移书据，是指经政府管理机关登记注册的不动产、动产的所有权转移所书立的书据，包括股份制企业向社会公开发行的股票，因购买、继承、赠予所书立的产权转移书据。其他4项则属于无形资产的产权转移书据。

另外，土地使用权出让合同、土地使用权转让合同、商品房销售合同按照产权转移书据征收印花税。

### 3. 营业账簿

印花税税目中的营业账簿归属于财务会计账簿，是按照财务会计制度的要求设置的，反映生产、经营活动的账册。按照营业账簿反映的内容不同，在税目中分为记载资金的账簿(简称资金账簿)和其他营业账簿两类，以便于分别采用按金额计税和按件计税两种计税方法。

### 4. 权利、许可证照

权利、许可证照是政府授予单位、个人某种法定权利和准予从事特定经济活动的各种证照的统称，包括政府部门发给的房屋产权证、工商营业执照、商标注册证、专利证、土地使用证等。

### 5. 其他凭证

经财政部门确定征税的其他凭证。

## 三、印花税的税率

现行印花税采用比例税率和定额税率两种税率。

### 1. 比例税率

印花税的比例税率分为4档，即1‰、0.5‰、0.3‰、0.05‰。按比例税率征收的应税项目包括各种合同及具有合同性质的凭证、记载资金的账簿和产权转移书据等。

(1) 财产租赁合同、仓储保管合同、财产保险合同的税率为1‰。

(2) 加工承揽合同、建设工程勘察设计合同、货物运输合同、产权转移书据、营业账簿中记载资金的账簿，其税率为0.5‰。

(3) 购销合同、建筑安装工程承包合同、技术合同的规定税率为0.3‰。

(4) 借款合同的税率为 0.05‰。

(5) 在上海证券交易所、深圳证券交易所、全国中小企业股份转让系统买卖、继承、赠予优先股所书立的股权转让书据，均依书立时的实际成交金额，由出让方按 1‰的税率计算缴纳证券(股票)交易印花税。

印花税税目税率表详
见二维码

#### 2. 定额税率

印花税中适用定额税率的是权利、许可证照和营业账簿中的其他账簿，采取按件规定固定税额，单位税额均为每件 5 元。

## 四、印花税的计税依据

### (一) 印花税计税依据的一般规定

(1) 购销合同的计税依据为购销金额。

(2) 加工承揽合同的计税依据为加工或承揽收入额。加工或承揽收入额是指合同中规定的受托方的加工费收入和提供的辅助材料金额之和。

(3) 建设工程勘察设计合同的计税依据为收取的费用。

(4) 建筑安装工程承包合同的计税依据为承包金额。

(5) 财产租赁合同的计税依据为租赁金额；经计算税额不足 1 元的，按 1 元贴花。

(6) 货物运输合同的计税依据为运输费用(即运费收入)，但不包括所运货物的金额、装卸费用和保险费等。

(7) 仓储保管合同的计税依据为仓储保管费用。

(8) 借款合同的计税依据为借款金额。

(9) 财产保险合同的计税依据为支付(收取)的保险费，不包括所保财产的金额。

(10) 技术合同的计税依据为合同所载金额报酬或使用费。

(11) 产权转移书据的计税依据为书据中所载金额。

(12) 营业账簿税目中记载资金的账簿的计税依据为"实收资本"与"资本公积"两项的合计金额。实收资本包括现金、实物、无形资产和材料物资；资本公积包括接受捐赠、法定财产重估增值、资本折算金额、资本溢价等。

(13) 营业账簿中的其他账簿、权利、许可证照的计税依据为应税凭证件数。

### (二) 印花税计税依据补充规定

(1) 上述凭证以"金额""收入""费用"作为计税依据的，应当全额计税，不得作任何扣除。

(2) 同一凭证，载有两个或两个以上经济事项而适用不同税目税率，如分别记载金额的，应分别计算应纳税额，相加后按合计税额贴花；如未分别记载金额的，按税率高的计税贴花。

(3) 按金额比例贴花的应税凭证，未标明金额的，应按照凭证所载数量及国家牌价计算金额；没有国家牌价的，按市场价格计算金额，然后按规定税率计算应纳税额。

(4) 应纳税额不足 1 角的，免纳印花税；1 角以上的，其税额尾数不满 5 分的不计，满 5 分的按 1 角计算。

(5) 有些合同(如技术转让、财产租赁等)，在签订时无法确定计税金额，可先按定额 5 元贴花，以后结算时再按实际金额计税。

(6) 应税合同在签订时纳税义务即已产生，应计算应纳税额并贴花。所以，不论合同是否兑现或是否按期兑现，均应贴花。

(7) 对有经营收入的事业单位，凡属由国家财政拨付事业经费，实行差额预算管理的单，其记载经营业务的账簿按其他账簿定额贴花，不记载经营业务的账簿不贴花；凡属经费来源实行自收自支的单位，应对记载资金的账簿和其他账簿分别计算应纳税额。

(8) 采用以货换货方式进行商品交易签订的合同，应按合同所载的购、销合计金额计税贴花；合同未列明金额的，应按合同所载购、销数量依照国家牌价或者市场价格计算应纳税额。

(9) 施工单位将自己承包的建设项目分包或者转包给其他施工单位所签订分包合同或者转包合同，应按新的分包合同或转包合同所载金额计算应纳税额。

(10) 对国内各种形式的货物联运，凡在起运地统一结算全程运费的，应以全程运费作为计税依据，由起运地运费结算双方缴纳印花税；凡分程结算运费的，应以分程的运费作为计税依据，分别由办理运费结算的各方缴纳印花税。

(11) 对于由受托方提供原材料的加工、定做合同，凡在合同中分别记载加工费金额和原材料金额的，应分别按"加工承揽合同""购销合同"计税，两项税额相加数即为合同应贴印花；若合同未分别记载，则应就全部金额依照加工承揽合同计税贴花。

(12) 对于由委托方提供原材料或主要材料，受托方只提供辅助材料的加工合同，无论加工费和辅助材料金额是否分别记载，均以辅助材料与加工费的合计数，依照加工承揽合同计税贴花。对委托方提供的主要材料或原材料金额不计税贴花。

必须明确的是，印花税票为有价证券，其票面金额以人民币为单位，分为 1 角、2 角、5 角、1 元、2 元、5 元、10 元、50 元、100 元 9 种。

## 五、印花税的优惠政策

根据《印花税暂行条例》及实施细则和其他有关税法的规定，下列凭证免纳印花税：

(1) 已缴纳印花税的凭证副本或抄本。由于这种副本或抄本属于备查性质，不是正式文本，对外不发生法律效力，所以对其不应再征收印花税。但副本或者抄本作为正本使用的，应另行贴花。

(2) 无息、贴息贷款合同。

(3) 房地产管理部门与个人订立的房租合同，凡房屋属于用于生活居住的免税。

(4) 对农牧业保险合同免税。

(5) 对与高校学生签订的高校学生公寓租赁合同免税。

(6) 对公租房经营管理单位建造管理公租房涉及的印花税免征。

## 六、印花税的计算

根据应纳税凭证的性质，印花税应纳税额分别按比例税率和定额税率计算。

(1) 按比例税率计算应纳税额的计算公式如下：

$$应纳税额 = 计税金额 × 适用税率$$

(2) 按定额税率计算应纳税额的计算公式如下：

$$应纳税额 = 凭证数量 × 单位税额$$

【例题 6.8】　洪顺公司于 2020 年 1 月开业时，领受工商营业执照、房产权证、土地使用证各一件，与文丰公司订立专用技术使用权转移书据一份，所载金额 100 万元；订立产品购销合同两份，所载金额为 200 万元；与银行签订借款合同一份，所载金额 100 万元。公司的营业账簿中，"实收资本"税目载有资金 1 000 万元，其他营业账簿 20 本。2020 年10 月，公司与通运货物运输公司签订运输合同一份，支付运输费 10 万元，装卸费 1 万元，同时"实收资本"所载资金增加到 1 500 万元。试计算洪顺公司 2020 年 1 月和 10 月应纳印花税额。

【解析】　2020 年 1 月：

领受执照等 3 件的应纳税额 = 3 × 5 = 15(元)；

使用权转移证书应纳税额 = 1 000 000 × 0.5‰ = 500(元)；

销售合同应纳税额 = 2 000 000 × 0.3‰ = 600(元)；

借款合同应纳税额 = 1 000 000 × 0.05‰ = 50(元)；

资金账簿应纳税额 = 10 000 000 × 0.5‰ = 5 000(元)；

其他营业账簿应纳税额 = 20 × 5 = 100(元)；

1 月应缴纳印花税额 = 15 + 500 + 600 + 50 + 5 000 + 100 = 6 265(元)。

2020 年 10 月：

运输合同应纳税额 = 100 000 × 0.5‰ = 50(元)；

资金账簿应纳税额 = (15 000 000 – 10 000 000) × 0.5‰ = 2 500(元)；

10 月应缴纳印花税额 = 50 + 2 500 = 2 550(元)。

## 七、印花税的征收管理

### (一) 纳税环节

印花税应当在书立或领受时贴花。具体是指，在合同签订、账簿启用和证照领受时贴花。如果合同是在国外签订，并且不便在国外贴花的，应在将合同带入境时办理贴花纳税手续。

### (二) 纳税地点

印花税一般实行就地纳税。对于全国性商品物资订货会(包括展销会、交易会等)上所签订合同应纳的印花税，由纳税人回其所在地后及时办理贴花完税手续；对地方主办、不涉及省际关系的订货会、展销会上所签合同的印花税，其纳税地点由各省、自治区、直辖市人民政府自行确定。

### (三) 纳税方法

印花税的纳税方法较其他税种不同，其特点是由纳税人根据税法规定，自行计算应纳税额，自行购买印花税票，自行完成纳税义务。同时，对特殊情形采取特定的纳税贴花方法。根据税额大小、贴花次数以及税收征收管理的需要，分别采用不同的方法纳税。

### 1. 一般纳税方法

印花税通常由纳税人根据规定自行计算应纳税额，购买并一次贴足印花税票，完纳税款。纳税人向税务机关或指定的代售单位购买印花税票，对于税务机关，印花税票一经售出，国家即取得印花税收入。但就纳税人来说，购买了印花税票，不等于履行了纳税义务。因此，纳税人将印花税票粘贴在应税凭证后，应即行注销，注销标记应与骑缝处相交。所谓骑缝处，是指粘贴的印花税票与凭证之间的交接处。

对已贴花的凭证，修改后所载金额增加的，其增加部分应当补贴印花税票。凡多贴印花税票者，不得申请退税或者抵用。

对国家政策性银行记载资金的账簿，一次贴花数额较大、难以承担的，经当地税务机关核准，可在 3 年内分次贴足印花。

### 2. 简化纳税方法

为简化贴花手续，对应纳税额较大或者贴花次数频繁的，税法规定了以下三种简化的缴纳方法。

(1) 以缴款书或完税证代替贴花的方法。

某些应税凭证，如资金账簿、大宗货物的购销合同、建筑工程承包合同等，如果一份凭证的应纳税额数量较大，超过 500 元，贴印花税票不方便的，可向当地税务机关申请填写缴款书或者完税证，将其中一联粘贴在凭证上或者由税务机关在凭证上加注完税标记，代替贴花。

(2) 按期汇总缴纳印花税的方法。

同一种类应纳税凭证若需要频繁贴花的，纳税人可向当地税务机关申请按期汇总缴纳印花税。经税务机关核准发给许可证后，按税务机关确定的限期(最长不超过 1 个月)汇总计算纳税。应纳税凭证在加注税务机关指定的汇缴戳记、编号并装订成册后，纳税人应将缴款书的一联粘附册后，盖章注销，保存备查。

(3) 代扣(代收)税款汇总缴纳的方法。

税务机关为了加强源泉控制管理，可以委托某些代理填开应税凭证的单位(如代办运输、联运的单位)对凭证的当事人应纳的印花税予以代扣(代收)，并按期汇总缴纳。

### (四) 纳税申报

印花税纳税期限为一个月，税额较小的，纳税期限可为一个季度，具体由主管税务机关确定。印花税纳税人应当在纳税期满之日起 15 日内，填写国家税务总局统一制定的纳税申报表缴纳核定征收的印花税。

纳税人无论采用哪一种纳税办法，均应对纳税凭证妥善保存。凭证的保存期限，凡国家已有明确规定的，按规定办理；其余凭证均应在履行完毕后保存 1 年。

# 任务七　土地增值税

土地增值税是对有偿转让国有土地使用权及地上建筑物及其附着物产权并取得增值

性收入的单位和个人所征收的一种税。

## 一、纳税义务人

《中华人民共和国土地增值税暂行条例》(以下简称《土地增值税暂行条例》)规定，土地增值税的纳税人是转让国有土地使用权、地上建筑物及其附着物(以下简称转让房地产)，并取得收入的单位和个人。包括机关、团体、部队、企事业单位、个体工商户及国内其他单位和个人，还包括外商投资企业、外国企业及外国机构、华侨、港澳台同胞及外国公民等。

土地增值税的纳税人不论法人与自然人、不论经济性质、不论内资与外资企业、中国公民与外籍个人、不论行业与部门，只要有偿转让房地产，都是土地增值税的纳税人。

## 二、征税范围

土地增值税的课税对象是有偿转让国有土地使用权、地上建筑物及其附着物产权所取得的增值额。

### (一) 征税范围的一般规定

#### 1. 转让国有土地使用权

土地增值税只对转让国有土地使用权的行为课税，转让非国有土地和出让国有土地的行为均不征税。

国有土地使用权出让是指国家以土地所有者的身份将土地使用权在一定年限内让与土地使用者，并由土地使用者向国家支付土地出让金的行为，属于土地买卖的一级市场。由于土地使用权的出让方是国家，出让收入在性质上属于政府凭借所有权在土地一级市场上收取的租金，所以，政府出让土地的行为及取得的收入也不在土地增值税的征税之列。

#### 2. 地上建筑物及其附着物连同国有土地使用权一并转让

土地增值税既对转让土地使用权课税，也对转让地上建筑物及其附着物的产权征税。

所谓地上建筑物，是指建于土地上的一切建筑物，包括地上地下的各种附属设施。如厂房、仓库、商店、医院、住宅、地下室、围墙、烟囱、电梯、中央空调、管道等。所谓附着物，是指附着于土地上不能移动，一经移动即遭损坏的种植物、养植物及其他物品。上述建筑物和附着物的所有者对自己的财产依法享有占有、使用、收益和处置的权利，即拥有排他性的全部产权。

税法规定，纳税人转让地上建筑物及其附着物的产权转让，取得的增值性收入，也应计算缴纳土地增值税。换言之，纳入土地增值税课征范围的增值额，是纳税人转让房地产所取得的全部增值额，并不仅仅是土地使用权转让的收入。

### (二) 征税范围的若干具体规定

#### 1. 合作建房

对于一方出地，一方出资金，双方合作建房，建成后分房自用的，暂免征收土地增值税。但是建成后转让的，属于征收土地增值税的范围。

### 2. 房地产的交换

房地产的交换是指一方以房地产与另一方的房地产进行交换的行为。这种行为既发生了房产产权、土地使用权的转移，交换双方又取得了实物形态的收入，按照规定属于征收土地增值税的范围，但对个人之间互换自有居住用房地产的，经当地税务机关核实，可以免征土地增值税。

### 3. 房地产的抵押

在抵押期间不征收土地增值税。待抵押期满后，视该房地产是否转移产权来确定是否征收土地增值税。以房地产抵债而发生房地产产权转让的，属于征收土地增值税的范围。

### 4. 房地产出租

房地产出租，出租人虽取得了收入，但没有发生房地产产权、土地使用权的转让，不属于征收土地增值税的范围。

### 5. 房地产代建行为

房地产代建是指房地产开发公司代客户进行房地产的开发，开发完成后向客户收取代建收入的行为。对于房地产开发公司而言，虽然取得了收入，但没有发生房地产权属的转移，其收入属于劳务收入性质，不属于土地增值税的征税范围。

### 6. 房地产评估增值

房地产评估增值主要是指国有企业在清产核资时对房地产进行重新评估而使其升值的情况。这种情况下，虽然房地产有增值，但是没有发生房地产权属的转让，不属于征收土地增值税的范围。

### 7. 国家收回国有土地使用权、征收地上建筑物及其附着物

国家收回或征收的房地产，虽然发生了权属的变更，原房地产所有人也取得了收入，但是按照《土地增值税暂行条例》的有关规定，可以免征土地增值税。

### 8. 房地产的继承

房地产的继承行为虽然发生了房地产的权属变更，但是作为房产产权、土地使用权的原所有人(即被继承人)并没有因为权属变更而取得任何收入。因此，房地产的继承不属于土地增值税的征税范围。

### 9. 房地产的赠予

房地产的赠予行为虽然发生了房地产的权属变更，但是作为房产产权、土地使用权的原所有人并没有因为权属的变更而取得任何收入。因此，房地产的赠予不属于土地增值税的征税范围。不征土地增值税的房地产赠予行为包括以下两种情况：

(1) 房产所有人、土地使用权所有人将房屋产权、土地使用权赠予直系亲属或承担直接赡养义务人的行为。

(2) 房产所有人、土地使用权所有人通过中国境内非营利的社会团体、国家机关将房屋产权、土地使用权赠予教育、民政和其他社会福利、公益事业的行为。其中，社会团体是指中国青少年发展基金会、希望工程基金会、宋庆龄基金会、减灾委员会、中国红十字

会、中国残疾人联合会、全国老年基金会、老区促进会，以及经民政部门批准成立的其他非营利的公益性组织。

### 三、税率

土地增值税采用四级超率累进税率，每级"增值额未超过扣除项目金额"的比例，均包括本比例数，具体如表 6-1 所示。

**表 6-1　土地增值税四级超率累进税率表**

| 级数 | 增值额与扣除项目金额的比率 | 税率/% | 速算扣除系数/% |
|---|---|---|---|
| 1 | 不超过50%的部分 | 30 | 0 |
| 2 | 50%～100%的部分 | 40 | 5 |
| 3 | 100%～200%的部分 | 50 | 15 |
| 4 | 超过 200%的部分 | 60 | 35 |

## 四、计税依据

土地增值税的计税依据是转让房地产所取得的增值额。转让房地产的增值额，是转让房地产的收入减除税法规定的扣除项目金额后的余额。

土地增值额的大小，取决于转让房地产的收入额和扣除项目金额两个因素。对这两个因素的内涵、范围和确定方法等，税法作了较为明确的规定。

## 五、应税收入与扣除项目

### （一）应收收入的确定

纳税人转让房地产所取得的收入，是指纳税人转让房地产取得的全部价款及有关的经济利益，包括货币收入、实物收入和其他收入，不允许从中减除任何成本费用。"营改增"后，纳税人转让房地产的土地增值税应税收入为不含增值税的收入。

### （二）扣除项目及其金额

计算土地增值税应纳税额，并不是直接对转让房地产取得的收入征税，而是要对收入额减除国家规定的各项扣除项目金额后的余额即纳税人在转让房地产中获得的增值额计算征税。因此，要计算增值额，首先必须确定扣除项目。

税法准予纳税人从转让收入额中减除的扣除项目包括以下几项。

#### 1. 取得土地使用权所支付的金额

取得土地使用权所支付的金额是指纳税人为取得土地使用权支付的地价款和按国家统一规定缴纳的有关费用之和。

其中"取得土地使用权所支付的金额"可以有以下三种形式：

(1) 以出让方式取得土地使用权的，为支付的土地出让金；

(2) 以行政划拨方式取得土地使用权的，为转让土地使用权时按规定补缴的出让金；

(3) 以转让方式取得土地使用权的，为支付的地价款。

房地产开发企业为取得土地使用权所支付的契税，应视同"按国家统一规定缴纳的有关费用"，计入"取得土地使用权所支付的金额"中扣除。

### 2. 房地产开发成本

房地产开发成本是开发土地、新建房及配套设施的成本简称，指纳税人开发房地产项目实际发生的成本。主要包括以下内容：

(1) 土地征用及拆迁补偿费，包括土地征用费、耕地占用税、劳动力安置费及有关地上地下附着物拆迁补偿的净支出、安置动迁用房支出等。

(2) 前期工程费，包括规划、设计、项目可行性研究和水文、地质、勘察、测绘、"三通一平"等支出。

(3) 建筑安装工程费，是指以出包方式支付给承包单位的建筑安装工程费，以自营方式发生的建筑工程安装费。

(4) 基础设施费，包括开发小区内的道路、供水、供电、供气、排污、排洪、通信、照明、环卫、绿化等工程发生的支出。

(5) 公共配套设施费，包括不能有偿转让的开发小区内公共配套设施发生的支出。

(6) 开发间接费用，是指直接组织、管理开发项目所发生的费用，包括工资、职工福利费、折旧费、修理费、办公费、水电费、劳动保护费、周转房摊销等。

### 3. 房地产开发费用

房地产开发费用是开发土地、新建房及配套设施的费用简称，是指与房地产开发项目有关的销售费用、管理费用、财务费用。根据现行财务制度的规定，与房地产开发有关的费用直接计入当年损益，不按房地产项目进行归集或分摊。为了便于计算操作，《土地增值税实施细则》对有关费用的扣除，尤其是财务费用中的数额较大的利息支出扣除，作了较为详细的规定。

(1) 纳税人能够按转让房地产项目计算分摊利息支出，并能提供金融机构的贷款证明的，其允许扣除的房地产开发费用计算公式如下：

利息 + (取得土地使用权所支付的金额 + 房地产开发成本) × 5%以内

(注：利息最高不能超过按商业银行同类同期贷款利率计算的金额。)

(2) 纳税人不能按转让房地产项目计算分摊利息支出或不能提供金融机构贷款证明的，其允许扣除的房地产开发费用计算公式如下：

(取得土地使用权所支付的金额 + 房地产开发成本) × 10%以内

全部使用自有资金，没有利息支出的，按照以上方法扣除，上述计算扣除的具体比例，由各省、自治区、直辖市人民政府规定。

(3) 房地产开发企业既向金融机构借款，又有其他借款的，其房地产开发费用计算扣除时不能同时适用上述两种办法。

(4) 土地增值税清算时，已经计入房地产开发成本的利息支出，应调整至财务费用中计算扣除。

此外，财政部、国家税务总局还对扣除项目金额中利息支出的计算问题作了两点专门规定：一是利息的上浮幅度按国家的有关规定执行，超过上浮幅度的部分不允许扣除；二是对于超过贷款期限的利息部分和加罚的利息不允许扣除。

### 4. 与转让房地产有关的税金

在转让房地产时缴纳的印花税、城市维护建设税、教育费附加也可视同税金扣除。

### 5. 财政部确定的其他扣除项目

对从事房地产开发的纳税人允许按取得土地使用权时所支付的金额和房地产开发成本之和，加计20%的扣除。

### 6. 旧房及建筑物的评估价格

(1) 能够取得评估价格的。

税法规定，转让旧房能够取得评估价格的，应按房屋及建筑物的评估价格、取得土地使用权所支付的地价款或出让金、国家统一规定缴纳的有关费用以及在转让环节缴纳的税金作为扣除项目金额计征土地增值税。

旧房及建筑物的评估价格是指转让已使用过的房屋及建筑物时，由政府批准设立的房地产评估机构评定的重置成本价乘以成新度折扣率后的价格。评估价格须经当地税务机关确认。

重置成本价指对旧房及建筑物，按转让时的建材价格及人工费用计算，建造同样面积、同样层次、同样建设标准的新房及建筑物需花费的成本费用。成新度折扣率指按旧房的新旧程度作一定比例的折扣。例如，一栋房屋已使用10年，建造时的造价为100万元，按转让时的建材及人工费用计算，建同样的新房需花费500万元，该房有6成新，则该房的评估价格为：500 × 60% = 300(万元)。

(2) 不能够取得评估价格，但能够提供购房发票的。

经当地税务机关确认，不能取得土地使用权所支付的金额、旧房及建筑物的评估价格，可按发票所载金额并从购买年度起至转让年度止每年加计 5%计算扣除。其中"每年"按购房发票所载日期起至售房发票开具之日止，每满12个月计1年；超过1年，未满12个月但超过6个月的，可以视同为1年。对纳税人购房时缴纳的契税，凡能提供契税完税凭证的，准予作为"与转让房地产有关的税金"予以扣除，但不作为加计5%的基数。

(3) 既不能取得评估价格，又不能提供购房发票的。

税务机关可以根据《中华人民共和国税收征收管理法》第三十五条的规定，实行核定征收。

## 六、应纳税额的计算

### (一) 增值额的确定

确定增值额是计算土地增值税的基础。核算增值额需要有准确的房地产转让收入和扣除项目金额。

增值额为土地增值税纳税人转让房地产所取得的收入减除规定的扣除项目金额后的余额，具体计算公式如下：

$$增值额 = 转让房地产取得的收入 - 扣除项目金额$$

在实际房地产交易活动中，有些纳税人由于不能准确提供房地产转让价格或扣除项目金额，致使增值额不准确，直接影响应纳税额的计算和缴纳。因此有下列情形之一的，按房地产评估价格计算征收：

(1) 隐瞒、虚报房地产成交价格的；

(2) 提供扣除项目金额不实的；

(3) 转让房地产的成交价格低于评估价格，又无正当理由的。

### (二) 应纳税额的计算方法

应纳税额的计算公式如下：

$$应纳税额 = \sum(每级距的土地增值额 \times 适用税率)$$

实际工作中，分步计算比较烦琐，一般采用速算扣除法计算。即，计算土地增值税税额，可按增值额乘以适用的税率减去扣除项目金额乘以速算扣除数的简便方法计算，具体公式如下：

(1) 增值额未超过扣除项目金额50%：

$$土地增值税税额 = 增值额 \times 30\%$$

(2) 增值额超过扣除项目金额50%，未超过100%：

$$土地增值税税额 = 增值额 \times 40\% - 扣除项目金额 \times 5\%$$

(3) 增值额超过扣除项目金额100%，未超过200%：

$$土地增值税税额 = 增值额 \times 50\% - 扣除项目金额 \times 15\%$$

(4) 增值额超过扣除项目金额200%：

$$土地增值税税额 = 增值额 \times 60\% - 扣除项目金额 \times 35\%$$

【例题 6.9】　某房地产开发企业转让房地产所取得的收入为500万元，其扣除项目金额为100万元，计算其应缴纳土地增值税的税额。

【解析】　第一种方法(按《土地增值税暂行条例》规定的方法计算)：

第一步，计算增值额。

增值额 = 500－100 = 400(万元)。

第二步，计算增值额与扣除项目金额之比。

增值额与扣除项目金额之比 = 400 ÷ 100 × 100% = 400%。

由此可见，增值额超过扣除项目金额200%，分别适用30%、40%、50%、60%四阶税率。

第三步，分别计算各级次土地增值税税额。

(1) 增值额未超过扣除项目金额50%的部分，适用30%的税率。

这部分增值额 = 100 × 50% = 50(万元)；

这部分增值额应纳的土地增值税 = 50 × 30% = 15(万元)。

(2) 增值额超过扣除项目金额50%，未超过100%的，适用40%的税率。

这部分增值额 = 100 × (100% － 50%) = 50(万元)；

这部分增值额应纳的土地增值税 = 50 × 40% = 20(万元)。

(3) 增值额超过扣除项目金额100%，未超过200%，适用50%的税率。

这部分增值额 = 100 × (200% － 100%) = 100(万元)；

这部分增值额应纳的土地增值税 = 100 × 50% = 50(万元)。

(4) 增值额超过扣除项目金额 200%的部分，适用 60%的税率。

这部分增值额 = 400 – 100 × 200% = 200(万元)；

这部分增值额应纳的土地增值税 = 200 × 60% = 120(万元)。

第四步，将各级的税额相加，得出总税额。

土地增值税税额 = 15 + 20 + 50 + 120 = 205(万元)。

第二种方法(按《土地增值税暂行条例实施细则》规定的速算扣除法计算)：

第一步，计算增值额。

增值额 = 500 – 100 = 400(万元)。

第二步，计算增值额与扣除项目金额之比。

增值额与扣除项目金额之比 = 400 ÷ 100 × 100% = 400%。

由此可见，增值额超过扣除项目金额 200%，其适用的简便计算公式如下：

土地增值税税额 = 增值额 × 60% – 扣除项目金额 × 35%。

第三步，计算土地增值税税额。

土地增值税税额 = 400 × 60% – 100 × 35% = 205(万元)。

## 七、减免税优惠

(1) 建造普通标准住宅出售，其增值额未超过扣除项目金额之和 20%的，予以免税。超过 20%的，应就其全部增值额按规定计税。

对纳税人既建造普通标准住宅，又建造其他房地产开发的，应分别核算增值额；不分别核算增值额或不能准确核算增值额的，其建造的普通标准住宅不适用该免税规定。

(2) 因国家建设需要而被政府征用、收回的房地产，免税。

这类房地产是指因城市市政规划、国家建设需要拆迁，而被政府征用、收回的房地产。由于上述原因，纳税人自行转让房地产的，亦给予免税。

(3) 企事业单位、社会团体以及其他组织转让旧房作为公共租赁住房房源的且增值额未超过扣除项目金额 20%的，免征土地增值税。

## 八、不同类型企业的土地增值税的计算

### 1. 房地产企业的新房在计算土地增值税时可扣除的项目

房地产企业的新房在计算土地增值税时可扣除以下项目：

(1) 取得土地使用权所支付的金额；

(2) 房地产开发成本；

(3) 房地产开发费用；

(4) 与转让房地产有关的税金；

(5) 财政部确定的其他扣除项目。

【例题 6.10】 某房地产开发企业，建造并出售了一幢写字楼，取得收入 5 000 万元，并按税法规定缴纳了有关税费 277.5 万元，该单位为建该写字楼支付地价款 600 万元，投入的房地产开发成本为 1 500 万元，房地产开发费用为 400 万元。计算出售写字楼应缴纳

的土地增值税(开发费用的扣除比例按最高标准执行，利息不能提供金融机构证明)。

【解析】　(1) 转让收入 = 5 000(万元)。

(2) 扣除项目金额合计 = 600 + 1 500 + (600 + 1 500) × 10% + 277.5 + (600 + 1 500) × 20% = 3 007.5(万元)。

(3) 增值额 = 5 000 – 3 007.5 = 1 992.5(万元)。

(4) 增值额与扣除项目金额的比率 = 1 992.5 ÷ 3 007.5 × 100% ≈ 66.25%。

(5) 应纳土地增值税数额 = 1 992.5 × 40% – 3 007.5 × 5% = 646.625(万元)。

### 2. 非房地产企业的新房在计算土地增值税时可扣除的项目

非房地产企业的新房在计算土地增值税时可扣除以下项目：

(1) 取得土地使用权所支付的金额；

(2) 房地产开发成本；

(3) 房地产开发费用；

(4) 与转让房地产有关的税金。

【例题 6.11】　某非房地产开发企业，建造并出售了一幢写字楼，取得收入 5 000 万元，并按税法规定缴纳了有关税费 277.5 万元，该单位为建该写字楼支付地价款 600 万元，投入的房地产开发成本为 1 500 万元，房地产开发费用为 400 万元。计算出售写字楼应缴纳的土地增值税。

【解析】　(1) 转让收入 = 5 000(万元)。

(2) 扣除项目金额合计 = 600 + 1500 + 400 + 277.5 = 2777.5(万元)。

(3) 增值额 = 5 000 – 2 777.5 = 2 222.5(万元)。

(4) 增值额与扣除项目金额的比率 = 2 222.5 ÷ 2 777.5 × 100% ≈ 80%。

(5) 应纳土地增值税数额 = 2 222.5 × 40% – 2 777.5 × 5% = 750.125(万元)。

### 3. 转让旧房在计算土地增值税时可扣除的项目

转让旧房在计算土地增值税时可扣除以下项目：

(1) 取得土地使用权所支付的金额；

(2) 旧房及建筑物的评估价格；

(3) 与转让房地产有关的税金。

【例题 6.12】　某事业单位转让一幢旧办公楼，原造价 500 万元，该办公楼已提折旧 100 万元，经房地产评估机构评定，该楼重置成本价为 1 500 万元，成新度折扣率为七成新，转让前为取得土地使用权支付的地价款和有关费用为 300 万元，转让时取得收入为 2 300 万元，转让过程中发生的相关税费 127.65 万元。计算该单位转让办公楼应缴纳的土地增值税税额。

【解析】　(1) 转让收入 = 2 300(万元)。

(2) 扣除项目金额合计 = 300 + 1 500 × 70% + 127.65 = 1 477.65(万元)。

(3) 增值额 = 2 300 – 1 477.65 = 822.35(万元)。

(4) 增值额与扣除项目金额的比率 = 822.35 ÷ 1 477.65 × 100% ≈ 56%。

(5) 应纳土地增值税数额 = 822.35 × 40% – 1 477.65 × 5% = 255.057 5(万元)。

## 九、土地增值税的征收管理

### 1. 纳税期限

纳税人应当自转让房地产合同签订之日起 7 日内向房地产所在地主管税务机关办理纳税申报，并在税务机关核定的期限内缴纳土地增值税。

### 2. 纳税地点

土地增值税向房地产所在地主管税务机关办理纳税申报，并在税务机关核定的期限内缴纳土地增值税。

房地产所在地是指房地产的坐落地。纳税人转让房地产坐落在两个或两个以上地区的，应按房地产所在地分别申报纳税。

### 3. 纳税申报

土地增值税的纳税申报表分为从事房地产开发纳税人和其他纳税人两种类型，纳税人应按照规定期限办理纳税申报，并如实填写《土地增值税纳税申报表》。